公路工程
管理与实务研究

王　毅　马学元　王桂珍◎著

吉林科学技术出版社

图书在版编目（CIP）数据

公路工程管理与实务研究 / 王毅，马学元，王桂珍
著. -- 长春：吉林科学技术出版社，2022.4
ISBN 978-7-5578-9466-5

Ⅰ. ①公… Ⅱ. ①王… ②马… ③王… Ⅲ. ①道路工
程－施工管理－研究 Ⅳ. ①U415.1

中国版本图书馆 CIP 数据核字(2022)第 115994 号

公路工程管理与实务研究

著	王 毅 马学元 王桂珍	
出 版 人	宛 霞	
责任编辑	李永百	
封面设计	金熙腾达	
制 版	金熙腾达	
幅面尺寸	185mm×260mm	
开 本	16	
字 数	454 千字	
印 张	19.75	
印 数	1-1500 册	
版 次	2022年4月第1版	
印 次	2022年4月第1次印刷	

出 版 吉林科学技术出版社
发 行 吉林科学技术出版社
地 址 长春市南关区福祉大路5788号出版大厦A座
邮 编 130118
发行部电话/传真 0431-81629529 81629530 81629531
81629532 81629533 81629534
储运部电话 0431-86059116
编辑部电话 0431-81629510
印 刷 廊坊市印艺阁数字科技有限公司

书 号 ISBN 978-7-5578-9466-5
定 价 48.00 元

前　言

公路工程施工属于一次性工程，其特点是规模大、变动因素多、施工单位流动性强、行业竞争激烈，这些特性要求必须加大项目的管理工作，使公路施工企业按照项目管理要求设置施工组织机构，组建施工队伍，对工程项目实施过程严格管理。同时，又要保证工程进度、质量、劳动、机械、材料、成本、安全、环境、资料、竣工验收等方面能相互协调，并得到很好的控制，以保证项目顺利完成。

基于此，本书以"公路工程管理与实务研究"为选题，在内容编排上共设置六章：第一章为公路工程概论，内容涉及公路的发展与组成、公路工程的建设程序、公路工程施工方案的确定与计划编制；第二章研究公路工程成本管理，内容包括公路工程成本管理概述、公路工程成本会计与预算管理、公路工程责任成本与质量成本管理；第三章基于公路工程招投标与合同管理视角，探析公路工程的招标管理及其资格审查、公路工程的投标管理与决策技巧、公路工程的合同管理与竣工决算；第四章围绕公路工程路基与路面施工技术、公路工程桥梁和隧道施工技术、公路工程质量控制管理展开论述；第五章对公路工程安全管理的范围与原则、方法与内容、技术交底与检查进行全面分析；第六章突出创新性，探讨公路工程施工生态环境保护管理路径、公路工程管理中信息化技术与云平台建设、公路工程管理中 BIM 技术的创新应用。

本书实践性强、涉及面广，融知识性、实践性于一体，各章节单独成篇，其内容既前后呼应、相互联系，又自成体系、相对独立；既可供读者全面、系统地学习，又便于读者有针对性地查阅与选学。

为了确保研究内容的丰富性和多样性，作者在本书写作过程中参考了大量与公路施工相关的理论与研究文献，在此向涉及的专家学者表示衷心感谢。限于作者水平，加之时间仓促，本书难免存在疏漏，在此，恳请同行专家和读者朋友批评指正。

作者

2022 年 5 月

目　录

第一章　公路工程概论 ·· 01

　　第一节　公路的发展与组成　　　　　　　　　　　　　　　　01

　　第二节　公路工程的建设程序　　　　　　　　　　　　　　　06

　　第三节　公路工程施工方案的确定与计划编制　　　　　　　　14

第二章　公路工程成本管理研究 ··· 23

　　第一节　公路工程成本管理概述　　　　　　　　　　　　　　23

　　第二节　公路工程成本会计与预算管理　　　　　　　　　　　33

　　第三节　公路工程责任成本与质量成本管理　　　　　　　　　61

第三章　公路工程招投标与合同管理 ·· 88

　　第一节　公路工程的招标管理及资格审查　　　　　　　　　　88

　　第二节　公路工程的投标管理与决策技巧　　　　　　　　　　94

　　第三节　公路工程的合同管理与竣工决算　　　　　　　　　105

第四章　公路工程施工技术与质量控制管理 ································· 126

　　第一节　公路工程路基与路面施工技术　　　　　　　　　　126

　　第二节　公路工程桥梁和隧道施工技术　　　　　　　　　　149

　　第三节　公路工程质量控制管理探析　　　　　　　　　　　165

第五章　公路工程安全管理与技术检查·····························213

　　第一节　公路工程安全管理的范围与原则　　　　　　213

　　第二节　公路工程安全管理的方法与内容　　　　　　230

　　第三节　公路工程安全技术交底与检查　　　　　　　257

第六章　公路工程生态管理与技术创新·····························273

　　第一节　公路工程施工生态环境保护管理路径　　　　273

　　第二节　公路工程管理中信息化技术与云平台建设　　278

　　第三节　公路工程管理中 BIM 技术的创新应用　　　　281

参考文献···307

第一章　公路工程概论

第一节　公路的发展与组成

由于我国经济飞速发展，互联网商业也逐渐发达，依靠公路交通运输的行业也不断增加。交通运输业不断发展，有效推动了我国国民经济快速增长，交通成为经济发展的有效推力，公路工程是交通运输业的核心部分，良好的公路质量可以确保交通运输安全稳定。

一、公路的发展概况

（一）公路运输的地位和特点

由于我国幅员辽阔、物产丰富、人口众多，因此需要有一个四通八达且完善的交通运输体系，以进一步促进国民经济的发展，提高人们的物质文化生活水平。

1. 公路运输的地位

"公路运输关系到国计民生，其本身也是国家经济建设发展的重要渠道，在经济发展中扮演着重要的角色。"[①] 公路运输是将工业与农业、城市与乡村的生产和消费联系起来的纽带。因此，想要实现国民经济现代化，就必须先实现交通运输现代化，这也是经济建设和发展的客观规律。

现代交通运输是由铁路、水运、航空、管道和公路等五种运输方式所组成的，它们各有分工又相互联系与合作，共同承担国家建设所需的原材料及产品的集散、城乡物资的交流及生产和生活必需品的运输任务。

（1）铁路运输对于远程的大宗货物及人流运输起着主要的作用。

（2）水运在通航的地区是廉价运输的首选。

---

① 宋金美：《新形势下公路运输经济发展路径探究》，载《中国商论》2021年第16期，第111页。

（3）航空运输则起着快速运送旅客，还有运送贵重、紧急物品等的作用。

（4）管道多用于运输液态、气态以及散装物品（如石油、煤气等）。

（5）公路运输具有机动、灵活、直达、迅速、适应性强和服务面广的特点，对于客货运输，特别是短距离的运输，其经济效益尤其显著。

以上五种运输方式，在技术经济上各有特点，各自适应着一定的自然地理条件和各类运输需要，它们在发展社会主义市场经济中，相互分工、相互连接、取长补短、协调发展，形成了统一的综合运输体系，为社会主义建设事业发挥了巨大的作用。

公路运输在交通运输体系中占有较大的比重，是短途客货运输的主力，在缺乏铁路、水运或这些运输不是很发达的地区，公路运输就成了运输的主体。随着国民经济不断发展，特别是汽车专用公路（如高速公路、一级公路等）里程增加，公路运输在国民经济建设和社会服务等各方面的重要作用日益突出，并显示出广阔的发展前景。

2. 公路运输的特点

（1）公路运输的资金周转更快，社会效益也更加显著。

（2）公路运输的机动灵活性更强，可以在需要的时间、规定的地点将货物迅速集中或分散。

（3）公路运输的方式可以深入到货物集散点进行直接装卸而不需要中转，能够大量节约时间与费用，还能够减少货物的损失，并且对于短途运输而言效益更加显著。

（4）公路运输的适应性更强、服务面更广，与其他的交通运输方式相比局限性更小，受固定交通设施的限制也更小，并且还可以直接到达边远的山区、小镇及任何工矿企业的场地和厂区。

（5）公路运输与铁路、水运相比，由于所用的燃料较贵、服务人员多、单位运量较小等，因此运输成本偏高。但是这些缺点将随着汽车制造技术不断改进、公路技术等级提高及运输组织管理改善而逐渐克服。

由于我国近年来高等级公路迅速发展，汽车运输速度也得到了提高，载重量也在不断增大，因此公路运输已经成为我国目前采用最广泛的一种运输方式。

（二）我国公路的现状和发展规划

1. 我国公路的现状

我国是一个历史悠久的文明古国，道路运输远比西欧各国发展得早。早在公元前2600年前就有了轩辕氏造舟车；秦始皇（公元前259–前210年）统一六国后，为了巩固政权和便利商贾，开始修建气势宏伟、纵横国内的道路网。秦朝之后的各个朝代，都在道路交通方面进行了必要保养及有限扩充，但是由于生产力的束缚，导致我国交通运输工具很少改进，长期停留在人力、畜力拉车的水平。

20世纪初，我国开始从发达工业国进口汽车，起初只是在上海等大城市街道上行驶。1913年在湖南省修建了从长沙至湘潭的公路，揭开了我国交通运输史上公路与汽车运输的新篇章。到中华人民共和国成立前夕，全国共修建了130 000km的公路。其中大多数分布在沿海和中心地带，广大山区和边远的落后地区仍处于人力和畜力运输状态。那时的公路不仅数量少，而且技术标准低，工程质量差，能勉强维持通车的公路不到80 000km，其中高级、次高级路面仅315km，而当时我国汽车保有量也只有5万辆。

中华人民共和国成立以来，党和国家对发展公路运输予以了应有重视，交通运输事业有了很大的发展。解放初期，公路建设的重点是西南、西北及其他大山区和少数民族地区，1954年举世闻名的川藏、青藏公路全线通车。20世纪60年代中期许多省区就已初步建成了地方公路网，省会之间的干道也基本开通。20世纪80年代中期，我国开始修建高速公路。

从1984年底我国开始修建第一条高速公路——上海嘉定高速公路，到1994年，我国相继建成了广佛、沈大、京津唐、西临、济青等一批高速公路。

经过几十年的努力，全国220多个县市全部通了公路，93%以上的乡和70%以上的村通了公路和汽车，形成了一个以北京为中心，与各大城市、省会及沿海经济开发区相连的四通八达的公路网。

华北平原，高速公路加快成网。京秦高速遵秦段工地热火朝天，工程机械紧张作业，重型卡车来回穿梭，力争于2022年底前完工。京津冀协同发展，三地交通一体化跑出加速度。

公路的铺设越来越密。截至2021年底，全国公路总里程约528万公里，公路密度约

55 公里 / 百平方公里。其中，高速公路总里程近 17 万公里，稳居世界第一，约占公路总里程的 3.2%。

2. 我国公路的发展规划

中华人民共和国成立之后，我国在公路技术的发展方面取得了较大成绩，具体表现在以下五方面：

（1）全国已建立一批维护公路正常运营的养护力量。

（2）交通科研体系已经基本形成，交通教育已具相当规模。

（3）公路的设计理论、施工养护技术水平和机械化程度都有了很大提高。

（4）拥有了渣油路面、双曲拱桥、钻孔灌注桩、高原冻土带的沥青铺筑等具有我国特点的新成果。

（5）交通系统职工队伍数量和素质逐渐提高，他们除承担国内修建任务外，还先后赴亚、非等洲的 20 余国承担经援任务，为增进与各国人民之间的友谊做出了显著贡献。

随着交通量增长和车速提高，近些年来，我国在修建公路新线的同时，也集中了大量投资对原有公路进行技术改造。公路线形改造并铺筑高级、次高级路面后，与原有老路相比，不仅降低了养护费用，而且汽车运量提高、燃料消耗降低、行车速度提高、大修间隔里程延长、轮胎行驶里程延长、运输成本降低等，由此可见其效果是显著的。因此，在新建公路的同时加速原有公路的技术改造是今后公路建设的一项长期而重要的任务。

为了加速我国公路网建设，改善公路施工技术，在科研工作方面，必须解放思想，实事求是，尊重科学技术，讲求实效，从我国国情和公路交通的特点出发努力学习国内外先进经验和技术，采用新理论、新技术、新工艺、新材料，使公路测量、设计、施工、养护的科技水平向前发展。在管理方面，坚持全面规划，统筹安排，充分调动中央和地方、政府和群众修建公路的积极性；贯彻自力更生、艰苦奋斗、修养并重、分期修建、逐步提高的原则；制定专业队伍与民工建勤相结合、国家投资与地方多渠道集资相结合、民办与公助相结合的方针，充分调动各方面的积极因素，努力使我国公路技术状况有较大改进和提高。

一个国家公路网的完善程度如何，不仅关系到公路运输的效益，还直接影响着国民经济发展。我国的国道主干线规划研究已于 1994 年 1 月完成并通过了鉴定，该规划紧密结合国情，面向未来 30 年，利用系统工程理论提出了解决我国公路交通紧张的关键，就是抓主干线，重点建设汽车专用公路的发展战略。国道主干线作为全国公路网的主骨架和全国运输大通道的组成部分，建成后，将有力改善我国的综合运输结构，提高运输效率，有利于缓解我国交通紧张局面；国道主干线的平均车速将比目前提高一倍左右，每年可带来 400 亿～500 亿元的直接经济效益。我国准备用 30 年的时间修建"五纵、七横"共 12 条主干线，总长达 3.5 万公里，形成将全国重点城市、工业中心、交通枢纽、对外口岸连接起来，与国民经济发展格局相适应，与其他运输方式相协调，由高速公路、一级公路和二级汽车专用公路组成的快速、安全的国道主干线系统。

二、公路的基本组成

（一）公路路基

公路路基是按线形设计的位置和横断面尺寸在天然地面上用土或石填筑成路堤（填方路段）或挖成路堑（挖方路段）的带状结构物，其主要作用是承受路面传递的车荷载，是用来支撑路面的重要基础。因此，路基本身必须具有足够的强度及稳定性，还应具有不易变形等特点，并且要能够防止水分及其他自然因素对路基本身的侵蚀和损害。

水是造成路基破坏的主要自然因素之一，因此为了排除地面水和地下水，保证路基使用寿命与强度，须设计完善的公路排水系统。

路基防护工程是为了加固路基边坡，确保路基稳定而修建的结构物。按其作用不同，具体分为以下三种类型：

（1）坡面防护：路基边坡坡面防护一般有植物防护、坡面处置及护坡与护面墙等。

（2）冲刷防护：冲刷防护除上述防护外，为调节水流速度及流向，防护路基免受水流冲刷，在沿河路基还可设置顺坝、丁坝、格坝等导流结构物。

（3）支挡构造物：支挡构造物一般是指填（砌）石边坡、挡土墙、护脚及护面墙等。

（二）公路路面

公路路面是一种运用各种材料及混合料，分层或多层铺筑在路基顶面以供车辆行驶的层状结构物，直接受车辆荷载作用和自然因素影响。因此，路面必须具有能够满足车辆在其表面安全、迅速、舒适行驶的强度、刚度、平整度、稳定性以及抗滑性。

（三）桥涵

桥涵是工业术语，是桥梁和涵洞的统称。

桥梁是在公路跨越河流、沟谷或其他线路时，为保证公路的连续性而设置的构造物。

涵洞是指在公路工程建设中，为了使公路顺利通过水渠不妨碍交通，设于路基下的排水孔道（过水通道），通过这种结构可以让水从公路的下面流过。涵洞主要由洞身、基础、端和翼墙等组成。涵洞根据连通器的原理，常用砖、石、混凝土和钢筋混凝土等材料筑成。其一般孔径较小，形状有管形、箱形及拱形等。

（四）隧道

交通隧道是由主体建筑物与附属建筑物两个部分所组成的结构。隧道的主体建筑物由洞身衬砌和洞门建筑两部分组成。隧道的主体建筑物是为了保持隧道稳定，保证行车安全运行而修的。隧道洞身衬砌的平、纵、横断面的形状由其几何设计而确定；衬砌断面的轴线形状和厚度由衬砌计算决定；洞门的构造形式由多方面因素决定，例如地形地貌、岩体稳定性、通风方式、照明状况及环境条件等。在洞门容易坍塌或在山体坡面有崩坍和落石地段，则应接长洞身（即早进洞或晚出洞），或加筑明洞洞口。

（五）交通服务设施

交通服务设施指的是在公路沿线所设置的一些与交通安全、服务环境保护以及养护管理等相关的设施，其目的是保证行车安全、舒适、迅速与美观。

第二节　公路工程的建设程序

一、公路工程基本建设程序

基本建设项目在整个建设过程中各项工作的先后顺序，称为基本建设程序。这个程序是由基本建设进程的客观规律（包括自然规律和经济规律）和政府管理体制决定的。

基本建设涉及面广，受到地质、气候、水文等自然条件和资源供应、技术水平等物质技术条件的严格制约，需要内外各个环节的密切配合，并且要求按照符合既定需要和有科学根据的总体设计进行建设。

一般地说，公路工程基本建设的程序是：根据国民经济长远规划及布局所确定的公路网规划，提出项目建议书；通过调查，进行可行性研究，编制可行性研究报告；经批准后进行初步测量及编制初步设计文件；经批准后，列入国家年度基本建设计划，并进行定线测量编制施工图设计文件；经批准后组织施工；完工后，进行竣工验收，最后交付使用。这些程序必须循序渐进，不完成上一环节，就不能进入下一阶段。如没有可行性研究报告就不能盲目设计，没有设计就不能施工，工程不经竣工验收合格就不能交付使用等，否则就会造成不必要的经济损失和不良后果。

所有新建及改建的大中型项目，都应严格按照程序进行。对于小型项目，可根据具体情况适当合并或删去某些程序。

现将公路工程基本建设程序的具体内容分述如下：

（一）项目建议书

项目建议书是在经济规划、运输规划和道路规划的基础上产生的技术政策性文件，是按项目或年度列出的待建项目，既是进行各项前期准备工作的依据，又是进行可行性研究的基础。项目建议书应对拟建项目的目的、要求、主要技术指标、原材料、投资估算及资金来源等提出文字说明。

（二）可行性研究

可行性研究是基本建设前期工作的重要组成部分，是建设项目立项、决策的主要依据。大中型工程、高等级公路及重点工程建设项目（含国防、边防），均应进行可行性研究，小型项目可适当简化。

公路建设项目可行性研究的任务是在对拟建工程地区社会、经济发展和公路网状况进行充分的调查研究、评价、预测和必要的勘察工作的基础上，对项目建设的必要性、经济合理性、技术可行性、实施可能性，提出综合性研究论证报告。

可行性研究按工作深度划分为预可行性研究和工程可行性研究两个阶段。预可行性研究应重点阐明建设项目的必要性，通过踏勘和调查研究，提出建设项目的规模、技术标准，进行简要的经济效益分析。工程可行性研究应通过必要的测量、地质勘探（大桥、隧道及不良地质地段等），在认真调查研究，拥有必要资料的基础上，对不同建设方案在经济上、技术上进行综合论证，提出推荐建设方案，经审批后作为初步设计的依据。工程可行性研究的投资估算与初步设计概算总额之差，应控制在10%以内。

公路建设项目可行性研究报告的主要内容包括：建设项目依据、历史背景；建设地区综合运输网的交通运输现状和建设项目在交通运输网中的地位及作用；原有公路的技术状况及适应程度；论述建设项目所在地区的经济特征，研究建设项目与经济发展的内在联系，预测交通量、运输量的发展水平；建设项目的地理位置以及地形、地质、地震、气候、水文等自然特征；筑路材料来源及运输条件；论证不同建设方案的路线起讫点和主要控制点、建设规模、标准，提出推荐意见；评价建设项目对环境的影响；测算主要工程数量、征地拆迁数量，估算投资，提出资金筹措方式；提出勘测、设计、施工计划安排；确定运输成本及有关经济参数，进行经济评价、敏感性分析。收费公路、桥梁、隧道尚须做财务分析，评价推荐方案，提出存在问题和有关建议。

（三）工程设计

工程设计是对工程对象进行构思，并进行计算、验算和编制设计文件的过程。设计文件是安排建设项目、控制投资、编制招标文件、组织施工和竣工验收的重要依据。设计文件的编制必须坚持精心设计，认真贯彻国家有关方针政策，严格执行基本建设程序的规定。

根据基本建设项目的性质和设计内容不同，工程设计一般可分为"一阶段设计""两阶段设计"和"三阶段设计"三种类型。

公路工程基本建设一般采用两阶段设计，即初步设计和施工图设计。对于技术简单、方案明确的小型建设项目，可采用一阶段设计，即一阶段施工图设计；对于技术复杂而又缺乏经验的建设项目或建设中个别路段、特殊大桥、互通式立体交叉、隧道等，必要时采用三阶段设计，即初步设计、技术设计和施工图设计。

（1）初步设计。初步设计应根据批准的可行性研究的要求和初测资料，拟定修建原则，选定设计方案，计算主要工程数量，提出施工方案审核意见，编制设计概算，提供文字说明和图表资料。初步设计文件经审查批准后，是国家控制建设项目投资及编制施工图设计文件或技术设计文件（采用三阶段设计时）的依据，并且作为订购或准备主要材料、机具设备，安排重大科研项目，筹划征用土地及控制项目投资的依据。

（2）技术设计。技术设计应根据已批准的初步设计和补充初测，对重大、复杂的技术问题通过科学试验、专题研究，加深勘探调查及分析比较，解决初步设计中未能解决的问题。进一步落实各项技术方案，计算工程数量，提出修正的施工方案，编制修正设计概算。批准后的技术设计文件将作为施工图设计的依据。技术设计文件的内容与初步设计文件类似，但此时的技术方案和技术细节都已基本确定。

（3）施工图设计。一阶段施工图设计应根据批准的可行性研究和定测资料，拟定修建原则，确定设计方案和工程数量，提出文字说明和图表资料以及施工组织计划，编制施工图预算，满足审批的要求，适应施工的需要。两阶段（或三阶段）施工图设计应根据批准的初步设计（或技术设计）和定测（或补充初测）资料，进一步对所审定的修建原则、设计方案、技术决策加以具体化和深化，最终确定工程数量，提出文字说明和适应施工需要的图表资料以及施工组织计划，编制施工图预算。

为了便于对设计工作进行管理（核定和审查等），避免设计文件内容的遗漏，提高工程设计质量，必须对设计文件的编制方法、编制内容、内容顺序以及格式做出严格的要求。设计文件必须由具有相应等级的公路勘察设计证书的单位编制，其编制与审批应按规定办理。

（四）列入年度基本建设计划

建设项目的初步设计和概算经上报批准后，才能列入国家年度基本建设计划。建设单位根据年度基本建设计划控制数字，按照批准的可行性研究报告和设计文件，编制本单位的年度基本建设计划，经上报批准后，再编制物资、劳动、财务计划。这些计划分别经过主管机关审查平衡后，作为国家安排生产、宏观调控物资和财政拨款或贷款的依据，并通过招标或其他方式落实施工单位和监理单位。

（五）施工准备

为了保证施工的顺利进行，在施工准备阶段，建设单位、勘测设计单位、施工单位、监理单位和银行均应在自己的职责范围内，针对施工的要求充分做好各项准备工作。

建设主管部门应根据计划要求的建设进度，组建基本建设项目的专门管理机构，办理登记及拆迁，做好施工沿线有关单位和部门的协调工作，抓紧配套工程项目的落实，提供技术资料，落实材料、设备的供应。

勘测设计单位应按照技术资料供应协议，按时提供各种图纸资料，做好施工图纸的会审及移交工作。

施工招投标中中标并已签订工程承包合同的施工单位应组织机具、人员进场，进行施工测量，修筑便道及生产、生活等方面的临时设施，建立实验室，组织材料、物资采购、加工、运输、供应、储备，做好施工图纸的接收工作，熟悉图纸的要求，编制实施性施工组织设计和施工预算，提出开工报告。

监理招投标中中标并已签订监理合同的监理单位应组织监理机构，建立监理组织体系，熟悉施工设计文件和合同文件；组织监理人员和设备进场，建立中心实验室；根据工程监理规划规定的程序和合同条款，对施工单位的各项准备工作进行检查、验收、审批，合格后，签发开工令。

银行应会同建设、设计、施工单位做好图纸的会审，严格按计划要求进行财政拨款或贷款，做好建设资金的调拨计划。

（六）工程施工

在开工报告批准后，施工单位即可正式施工。施工过程中，施工单位应遵照合理的施工程序，按照设计要求、施工规范及进度要求，确保工程质量，安全施工。坚持施工过程组织原则，加强施工管理，大力推广应用新技术、新工艺、新方法、新设备和新材料，努力缩短工期、降低造价，做好施工记录，建立技术档案。

（七）竣工验收、交付使用

建设项目的竣工验收是基本建设全过程的最后一个程序。竣工验收是一项十分细致和严肃的工作，必须从国家和人民的利益出发，按照相关要求，认真负责地对全部基本建设工程进行总验收。"道路竣工验收阶段进行安全审核不仅可以审核前期阶段道路工程项目的完成情况，而且可以在预通车和正式通车之前及时发现道路交通安全隐患，提出可行的、有效的整改措施，从而最大限度地避免后期交通事故的发生。因此制定科学、合理的道路竣工验收安全审核程序及审核项目有着非常重要的作用。"[①]

竣工验收包括两部分内容：一是工程技术验收，二是工程资金决算，即对工程质量、数量、期限、生产能力、建设规模、使用条件的审查，对建设单位和施工单位编制的固定资产移交清单、隐蔽工程说明和竣工决算等进行细致检查。

当全部基本建设工程经过竣工验收合格，完全符合设计要求后，应立即移交给生产部门正式使用。在竣工验收时，对遗留问题、存在问题要明确责任，确定处理措施和期限。

养护和大中修工程，即固定资产的更新与技术改造，原则上也应参照基本建设程序，按交通运输部有关规定执行。

二、公路工程施工程序

公路工程施工程序是指在整个公路施工过程中各项工作必须遵循的前后顺序。它是多年来施工实践经验的总结，也反映了施工过程中必须遵循的客观施工规律。施工程序包括接受施工任务、签订工程承包合同、施工准备工作、组织施工和竣工验收等阶段。

（一）接受施工任务和签订合同

施工企业接受施工任务通常有三种方式：一是上级主管单位统一布置任务，安排计划下达；二是经主管部门同意，自行对外接受的任务；三是参加投标，中标而获得的任务。随着我国社会主义市场经济体制的建立和发展，施工任务将主要通过参加投标并在建筑市场的平等竞争中取得。

接受施工任务是通过已签订工程承包合同加以肯定的。建筑安装企业，凡接受工程项目，都必须同建设单位签订工程承包合同，明确各自的经济技术责任。合同一经签订，即具有法律效力，双方要严格履行合同。

① 曹长剑、刘建军、尹岩：《浅析道路竣工验收中的安全审核》，载《公路》2011年12期，第136页。

工程承包合同内容一般包括承包的依据、承包方式、工程范围、工程质量、施工工期、开工竣工日期（包括中间交工日期）、工程造价、技术物资供应、拨款结算方式、奖惩条款和各自应做的准备工作及配合关系等。承包合同应满足工程施工的需要，反映工程的特点，合同内容要具体，责任要明确，条款要简明，文字解释要清楚，便于检查。

（二）施工准备工作

施工企业的施工准备工作千头万绪，涉及面广，必须有计划、按步骤、分阶段地进行，才能在较短时间内为工程开工创造必要的条件。施工准备工作的基本任务是：了解施工现场的客观条件，根据工程特点、进度要求，合理安排施工力量，从人力、物力、技术和施工组织等方面为工程施工提供一切必要的条件。

1. 施工技术准备

（1）熟悉、核对设计文件、图纸及有关资料。组织有关人员熟悉、了解设计文件、图纸和有关资料，使施工人员明确设计者的设计意图，熟悉施工图的内容和结构物的细部构造，掌握各种原始资料。

对设计文件和图纸必须进行现场核对，其主要内容包括：各项计划的安排、设计图纸和资料是否符合国家有关方针、政策和规定，图纸是否齐全，图纸内容有无错误以及相互之间有无矛盾；掌握设计内容和技术条件，弄清工程规模、结构特点和形式；设计文件所依据的水文、地质、气象、岩土等资料是否准确、可靠、齐全；核对路线中线、主要控制点、转角点、三角点、基线等是否准确无误；重要构造物的位置、尺寸、孔径等是否恰当，能否采用先进的技术或使用新材料；路线或构造物与农田、水利、铁路、电信、管道、公路、航道及其他建筑物的互相干扰情况和解决办法是否恰当，干扰可否避免；对地质不良地段、水土流失、环境影响采取的处理措施；施工方法、料场分布、运输方式、道路条件等是否符合实际情况；临时房屋、便道、便桥、电力电信设备、临时供水供电等场地布置是否恰当；各项协议书等文件是否完善、齐备；明确建设期限，包括分期、分批工程期限的要求。

现场核对发现设计不合理或错误之处，应提出修改意见报上级机关审批，然后根据批复的修改设计意见进行施工测量、补充图纸等工作。

（2）补充调查资料。进行现场补充调查是为修改设计和编制实施性施工组织设计收集资料。调查研究和搜集资料是施工准备工作中不可缺少的内容。

（3）编制实施性施工组织设计和施工预算。这是施工准备工作阶段中的一项深入细致的工作，是指导施工的重要技术文件。由于公路建筑生产的特点，不可能采用一个定型的、一成不变的施工方法。所以，每个建设工程项目都需要分别确定施工方案和组织方法，故要求在施工阶段必须编制实施性施工组织设计和施工预算。

（4）组织先遣人员进场，做好后勤准备工作。在大批施工人员进场之前，施工先遣人员的任务是根据总任务的具体安排，结合施工现场实际情况，具体落实施工人员进场后在生产、生活等方面必须解决的问题；对施工中涉及其他部门的问题，做好联系，签订协议书或合同；及时与当地政府取得联系，争取当地政府部门的支持和帮助。

2. 施工现场准备

依据设计文件及已编制的实施性施工组织设计做好施工现场准备工作。

（1）测出占地和征用土地范围，拆迁房屋、电信设备等各种障碍物。

（2）平整场地，做好施工放样。

（3）修建便桥、便道，搭盖工棚和大型临时设施（预制场、机修厂、沥青加工场、混凝土搅拌站等）。

（4）料场布置，安装供水、供电设备等。

（5）各种施工物资的调查与准备，包括建筑材料、构件、施工机械及机具设备、工具等的货源安排以及进场的堆放、入库、保管及安全工作。

（6）建立工地实验室，进行各种建筑材料和土质的试验，为施工提供可靠依据。

（7）施工机构设置、施工队伍集结、进场及开工上岗前的政治思想工作及安全技术教育。

上述各项具体准备工作全部就绪后，即可向建设单位或监理工程师提出开工报告。必须坚持没有做好施工准备工作不准开工的原则。

3. 组织施工

做好施工准备并报请批准后，才能进行正式施工。施工时要严格按照施工图纸进行，要按照施工组织设计确定的施工顺序、施工方法以及进度要求，科学、合理地组织施工，而且对施工过程要进行全面的质量管理及成本控制。对大中型工程建设项目，要严格执行监理制度。

对各分项工程，特别是地下工程和隐蔽工程，施工时要做好原始记录，每道工序施工完毕并经监理工程师检验合格后，才能进行下一道工序。施工要严格按照设计要求和施工验收技术规范的规定进行，保证质量，不留隐患，发现问题及时解决。

组织施工时的基本文件包括：①设计文件；②施工规范和技术操作规程；③各种定额；④施工图预算；⑤施工组织设计；⑥公路工程质量检验评定标准和施工验收规范。

4. 竣工验收

建设项目和单位工程都要按照设计文件所规定的内容全部建成完工，完工后以批准的设计文件为依据，根据国家有关规定，评定质量等级，进行竣工验收，并经监理工程师签字确认。

第三节　公路工程施工方案的确定与计划编制

一、公路工程施工方案的确定

施工方案的选择是决定整个工程全局的关键，施工方案一经确定，则整个工程施工的进程、人力及机械的需要和布置、工程质量、施工安全、工程成本、现场的状况等也就随之被规定下来。施工组织的各方面都无一不与施工方案发生联系而受到重大影响。施工方案的优劣，在很大程度上决定了施工组织设计的质量和施工任务完成的好坏。

选择施工方案的基本要求是：科学合理；组织严密；实用性强；施工期限满足业主要求；确保工程质量和施工安全；工料机消耗和施工费用最低。

工程施工方案主要包括技术方面（施工方法的制定、施工机具的选择）和组织方面（施工顺序的安排、流水施工的组织）的内容。

（一）施工方法的确定

工程的各个施工过程均可以采用各种不同的方法进行施工。凡是采用新技术、新工艺、新材料、新设备和对本工程的施工质量起关键作用的项目，或技术复杂、工人操作不熟练的工序，在施工方案中均要详细说明施工方法和技术措施，必要时单独编制施工作业设计指导书；对于常见的一般结构形式，工人已熟练掌握的常规做法，则可不必详述。

在拟定工程施工方法的同时，要明确指出该施工项目的质量标准及确保质量和安全的措施。

施工方法的确定取决于工程特点、工期要求、施工条件、质量要求等因素，所以各种不同类型工程的施工方法有很大差异。对于同一种工程，其施工作业方法也有多种可供选择，例如路基填土拌和时可采用路拌法和厂拌法两种，桥梁安装时可采用木扒杆、架桥机或起重设备等多种方法。

（二）施工机具的选择

在机具的选择上，一般应以满足施工方法的需求为基本依据。在某种施工条件下，以选择施工机具为主来确定施工方法，所以在选择施工机具时，应注意以下四点：

（1）在现有的或可能获得的机械中选择满足工程施工使用的机械。如果某种机械在各方面都比较适合，但又不可能得到，就不能作为一个选择方案。

（2）所选择的机具必须满足施工的需要，要避免大机小用或性能范围大幅超过使用要求。

（3）在选择机具时，要考虑机械之间的互相配套，充分发挥主机械的生产率。如在土方工程施工中，用自卸汽车运输配合装载机装土时，自卸汽车的数量必须保证装载机能连续不断地工作而不致因等车停歇。同时，自卸汽车的容量也必须与装载机斗容量相匹配，以保证充分发挥装载机的效力。

（4）在选择施工机具时，要从全局出发，统筹考虑，不仅要考虑到在本工程或某分部工程施工中使用，还要考虑到同一现场上其他工程或其他分部分项工程是否也可以使用。

（三）施工顺序的安排

工程施工顺序具有一定的规律性，所以在工程施工中要认真研究和分析施工顺序的基本因素，制定出最佳的施工顺序。施工顺序安排的原则如下：

（1）符合工程施工工艺的要求，即工程项目各施工过程之间存在一定的工艺顺序关系。例如在桩基础施工中，钻孔后要尽快地灌注混凝土，以防止塌孔，所以两道工序必须紧密衔接。

（2）遵从合理组织施工过程的基本原则，即符合施工过程的连续性、协调性、均衡性、经济性原则。

（3）考虑关键工程、重点工程、控制工程的合理施工顺序。例如公路工程中的大桥、隧道、深堑等，如不在前期完工，可能导致其他工程不能施工（如无法运输材料、机具，工期太长，耽误路面摊铺等），所以要集中力量，重点控制，重点安排。

（4）考虑施工质量的要求，在安排施工顺序时，要以确保施工质量作为前提条件，如果有影响工程质量的问题，要重新安排或者采取必要的技术措施保证工程质量。

（5）施工顺序、施工方法、施工机具相协调。例如，在钢筋混凝土梁体施工时，简支梁桥和连续梁桥的施工顺序显然不相同，由于施工方法不同，所采用的机具设备不同，施工顺序也必然不同。

（6）考虑水文、地质、气候的影响。在安排施工顺序时，要充分考虑洪水、雨季、冬季、季风、不良地质地段等因素的影响。例如路基施工一般应安排在雨季到来之前或雨季结束之后。

（7）考虑施工期、安全生产、环境保护等要求，尽力使工期最短。

二、公路工程进度计划的编制

（一）施工进度计划的作用

施工进度计划就是在既定施工方案的基础上，根据规定的工期和各种资源供应条件，按照施工过程的合理施工顺序及施工组织的原则，对全工地的所有工程项目进行时间上的安排。施工进度计划反映了工程从施工准备工作开始直至工程竣工为止的全部施工过程，反映了各分部分项工程及各工序之间的相互衔接关系。

施工进度计划的作用在于确定各个施工项目及其主要工种工程、准备工作和全工地性工程的施工期限及其开工和竣工的日期，从而确定公路施工现场劳动力、材料、成品、半成品、施工机械的需要数量和调配情况以及现场临时设施的数量、水电供应数量和能源、交通的需要数量等。施工进度计划的编制有助于领导部门抓住关键，统筹全局，合理布置人力、物力，正确指导施工生产活动的顺利进行；有利于工人群众明确目标，更好地发挥主动精神；有利于施工企业内部及时配合，协同作战。因此，正确地编制施工进度计划是保证各施工项目以及整个建设工程按期交付使用、充分发挥投资效益、降低公路工程施工成本的重要条件。

（二）施工进度计划的依据和步骤

1. 编制施工进度计划的依据

（1）工程的全部施工图纸及有关水文、地质、气象和其他技术经济资料。

（2）上级或合同规定的开工、竣工日期。

（3）主要工程的施工方案。

（4）劳动定额和机械使用定额。

（5）劳动力、机械设备供应情况。

2. 编制施工进度计划的步骤

（1）研究施工图纸和有关资料及施工条件。

（2）划分施工项目，计算实际工程数量。

（3）编制合理的施工顺序和选择施工方法。

（4）计算各施工过程的实际工作量（劳动量）。

（5）确定各施工过程的劳动力需要量（及工种）和机械台班数量及规格。

（6）设计与绘制施工进度图。

（7）检查与调整施工进度。

（三）施工进度图的形式

施工进度图通常以图表形式表示，主要形式有横道图、垂直图和网络图三种。

1. 横道图

横道图由两大部分组成，左面部分是以分部分项工程为主要内容的表格，包括相应的工程量、定额和劳动量等计算依据；右面部分是指示图表，是由左面表格中的有关数据经计算得到的。指示图表用横向线条形象地表示出分部分项工程的施工进度，线的长短表示某施工持续时间；线的位置表示施工过程；线上的数字表示劳动力数量；线的不同符号表示作业队或施工段别，线段表示各施工阶段的工期和总工期，并综合反映各分部分项工程相互间的关系。

横道图的表示方法比较简单、直观、易懂，容易编制，但缺点是：①分项工程（或工序）的相互关系不明确；②施工日期和施工地点无法表示，只能用文字说明；③工程数量实际分布情况不具体；④仅反映平均施工强度。它适用于绘制集中性工程进度图、材料供应计划图或作为辅助性的图示附在说明书内用来向施工单位下达任务。

2. 垂直图

垂直图的表示特点是以纵坐标表示施工日期，以横坐标表示里程或工程位置，而各分部分项工程的施工进度则相应地用不同的斜线表示。工程量在图表上方相应位置表示，施工组织平面示意图可在图表的下方相应地表示，资源分布图可在图表右侧以曲线表示。

垂直图的优点是：弥补了横道图的某些不足，工程项目的相互关系、施工的紧凑程度和施工速度都十分清楚，工程的分布情况和施工日期一目了然，从图中可以直接找出任何一天各施工队的施工地点和应完成的工程数量。

垂直图的缺点是：①反映不出某项工作提前（或推迟）完成对整个计划的影响程度；②反映不出哪些工程是主要的，不能明确表达出哪些是关键工作；③计划安排的优劣程度很难评价；④不能使用电子计算机，因此绘制和修改进度图的工作量很大。

3. 网络图

网络图与横道图、垂直图相比，不但能反映施工进度，而且更能清楚地反映出各个工序、各施工项目之间错综复杂的相互联系、相互制约的生产和协作关系。不论是集中性工程，还是线性工程，都可以用网络图表示工程进度，因此这是一种比较先进的工程进度图的表示形式，应大力推广使用。

（四）横道图及垂直图进度计划的编制

1. 划分施工项目，确定施工方法

在编制单位工程施工进度计划时，先要划分施工项目的细目，即将施工项目划分为若干种工序、操作，并填入相应的栏内。划分时应注意以下四点：

（1）划分施工项目应与施工方法相一致，使进度计划能够完全符合施工实际进展情况，真正起到指导施工的作用。

（2）划分施工项目的粗细程度一般要按施工定额（或预算定额）的细目和子目来填列，这样既简明清晰，又便于查定额计算。

（3）施工项目在进度计划表内填写时，应按工程的施工顺序排列（指横道图），而且应首先安排好主导工程。

（4）施工项目的划分一定要结合工程结构特点仔细分项填列，切不可漏填，以免影响进度计划的准确性。

选择施工方法首先要考虑工程的特点和机具的性能，其次要考虑施工单位所具有的机具条件和技术状况，最后还要考虑技术操作上的合理性。确定施工方法后，还应根据具体条件选择最先进合理的施工组织方法。

2. 计算工程数量与劳动量

（1）工程数量计算。施工进度计划项目列好以后，即可根据施工图纸及有关工程数量的计算规则，按照施工顺序的排列，分别计算各个施工过程的工程数量并填入表中。工程数量的计算单位，应与相应定额的计算单位一致。

（2）劳动量计算。所谓劳动量，就是施工过程的工程量与相应的时间定额的乘积。

三、公路工程资源供应计划的编制

（一）资源供应计划的作用及编制原则

工程项目资源供应计划是在确定施工方案及施工进度的基础上进行编制的。资源供应计划必须满足施工方案、施工进度的实施和发包方要求。

1. 资源供应计划的作用

资源的供应计划，可作为有关职能部门按计划调配各种资源需要量的依据；有利于及时组织劳动力和物资的供应，以保证施工生产的顺利进行。

资源供应计划与施工成本有着密切的关系，特别是材料供应计划，编制时一定要满足施工实际的需要，既要保证正常的施工需要，还要保证施工进度加快时的需要。资源供应计划编制的优劣与流动资金的周转率和利用率有直接的关系。

2. 资源供应计划的编制原则

为保证公路施工生产的正常进行，编制资源供应计划应遵循下列原则：

（1）必须遵守国家的法律、法规和各项规定。

（2）按照国家各项物资管理政策和要求进行编制。

（3）用科学的态度，实事求是地编制资源供应计划并应留有余地。

（4）了解市场、掌握市场，按照市场规律编制资源供应计划。

（5）编制资源供应计划，应尽量采用当地的资源，以减少运杂费，降低资源采购成本。

（二）资源供应计划的编制方法及程序

1. 资源供应计划的编制方法

（1）收集基础资料，包括设计部门提供的工程项目设计资料、施工部门提供的施工组织设计资料、财务部门提供的计划年度资金、计划部门规定的主要资源材料消耗定额。

（2）根据工程量和规定的劳动定额及要求的工期计算完成工程所需的劳动力数量，计算过程中应考虑节假日、雨天和施工方法不同对劳动力数量产生的影响。

（3）确定计划年度主要工程材料的储备定额，根据完成的工程量和所选用材料消耗定额计算材料需要量。

（4）结合施工方案，确定选择机械配备的数量和种类，再根据工程量和机械时间定额，考虑施工所需各种机械的施工作业班制，进行各种施工机械台班需要量的计算。

2. 资源供应计划的编制程序

资源供应计划一般分为三个阶段进行编制，编制时应考虑周到，切合实际。

（1）准备阶段。通过调查、研究收集上期计划情况和本期计划的任务，调整储备定额的有关资料以及新技术、新材料、新工艺的使用和市场变化的信息。

（2）编制阶段。核算需要、确定储备、查清库存和可供安排的资源，要进行物资计划的审查，避免漏项和人为的差错，使计划尽可能符合实际。

（3）执行阶段。不断检查计划的执行情况，发现问题及时调节处理。

（三）资源供应计划图表

各项资源需要量计划可用来确定施工现场的临时设施，并按计划供应材料、调配劳动力，以保证施工按计划顺利进行。在工程施工进度计划正式编制完成后，就可以编制各项资源需要量计划。

1. 劳动力需要量计划

根据已确定的施工进度计划，就可计算出各个施工项目每天所需的人工数，将同一时间内所有施工项目的人工数进行累加，即可绘出每日施工的人工数量随时间变化的劳动力需要量图。

劳动力需要量图表明了劳动力需要量与施工期限之间的关系，不同的工程进度安排下，劳动力需要量图呈现不同的状态。

正确的施工组织设计应该使劳动力需要量均衡，以减少服务性的各种临时设施和避免因施工调动频繁而形成窝工。在较长时间内劳动力保持均衡，符合施工规律，是最好的情况。

劳动力消耗的均衡性，可用劳动力不均衡系数 K 表示。劳动力不均衡系数的值应大于或等于1，一般不超过1.5。其值按下式计算：

$$K = \frac{R_{max}}{R_{平均}}$$

$$(1-1)$$

式中：

R_{max}——施工期间劳动力最高人数；

$R_{平均}$——施工期间加权平均人数，即总劳动量／计划总工期。

根据劳动力需要量图，可以编制劳动力需要量计划表。劳动力需要量计划，主要作为平衡安排劳动力、调配和衡量劳动力耗用指标、安排生活福利设施的依据，其编制方法是将施工进度计划表内所列各施工过程每天（或旬、月）所需人工数按工种汇总而得。

2. 主要材料需要量计划

主要材料包括施工需要的钢材、水泥、木材、沥青、石灰、砂、石料、爆破器材等，以及有关临时设施和拟采取的各种施工技术措施用料，预制构件及其他半成品亦列入主要材料计划中。

主要材料需要量计划是备料、供料和确定仓库、堆场面积及组织运输的依据，其编制方法是将施工进度计划表中各施工过程的工程量，按材料品种、规格、数量、使用时间、材料的来源及运输方式计算汇总而得。

主要材料需要量计划的编制过程同劳动力需要量计划类似，一般按年度和季度进行编制。

3. 构件和半成品需要量计划

结构构件、配件和其他加工半成品的需要量计划主要用于落实加工订货单位，并按照所需规格、数量、时间，组织加工、运输和确定仓库或堆场。可根据施工图和施工进度计划编制。

4. 主要施工机具、设备需要量计划

主要施工机具、设备需要量包括基本生产过程、辅助生产过程所需的主要机具、设备数量，并应考虑机械设备进出场所需台班以及使用期间检修、轮换的备用数量。

主要施工机具、设备需要量计划用于确定施工机具类型、数量、进场时间，可据此落实施工机具来源，组织进场，保证施工进度的正常进行。其编制方法是将施工进度计划表中的每个施工过程、每天所需的机械类型及数量和施工工期进行汇总，以得出主要施工机具、设备需要量计划。

第二章 公路工程成本管理研究

第一节 公路工程成本管理概述

一、公路工程成本管理的特点

根据我国公路工程成本管理的实践，其管理的特点主要体现在：事先能动性、内容适应性、综合优化性和动态跟踪性等四方面。

（一）事先能动性

对于某项公路建设工程来说，项目管理具有一次性的特征，因而其成本管理只能在这种不再重复的过程中进行管理，以避免某一工程项目上的重大失误。这就要求项目成本管理必须是事先的、能动性的、主动的管理。公路工程项目通常在项目管理的起始点就要对成本进行预测，制订计划，明确目标，然后以目标为出发点，采取各种技术、经济、管理措施实现目标。

（二）内容适应性

公路工程项目成本管理的内容是由公路工程项目管理的对象范围决定的。它与企业成本管理的对象范围既有联系，又有明显的差异。因此对公路工程项目成本管理中的成本项目、核算台账、核算办法等必须进行深入的研究，不能盲目地要求与企业成本核算对口。

通常来说，项目成本管理只是对工程项目的直接成本和间接成本的管理，除此之外的内容均不属于项目成本管理范畴。

（三）综合优化性

项目成本管理的综合优化性是由项目成本管理在公路工程项目管理中的特定地位所决定的。项目经理部并不是企业的财务核算部门，而是在实际履行工程承包合同中，以为企业创造经济效益为最终目的的施工管理组织。它是为生产有效益的合格项目产品而存在的，不是仅仅为了成本核算而存在于企业之中。因此，公路工程项目成本管理的过程，必然要求其与项目的工期管理、质量管理、技术管理、分包管理、预算管理、资金管理、安全管理紧密结合起来，从而组成项目成本管理的完整网络。

工程项目中每一项管理职能，每个管理人员都参与着工程项目的成本管理，他们的工作都与项目的成本直接或间接、或多或少有关。公路工程项目只有把所有管理职能、所有管理对象、所有管理要素纳入成本管理轨道，整个项目才能收到综合优化的功效。

（四）动态跟踪性

公路工程项目产品的生产过程不同于工业产品的生产，其成本状况随着生产过程的推进会随客观条件的改变而发生较大的变化。尤其是在市场经济的背景下，各种不稳定因素会随时出现，从而影响到项目成本。例如建材价格的提高、工程设计的修改、产品功能的调整、因建设单位责任引起的工期延误、资金的到位情况、国家规定的预算定额的调整、人工机械安装等分包人的价格上涨等，都使项目成本的实际水平处在不稳定的环境中。

公路工程项目想要实现预期的成本目标，维护企业的合法权益，争取应有的经济效益，就应采取有效措施，控制成本。其中包括调整预算、合同索赔、增减账管理等一系列针对性措施。从项目成本管理的这一特点可以更进一步看清项目成本管理的重要性和综合性。

二、公路工程成本管理的原则

为了搞好公路工程成本管理工作，在进行管理的实施过程中应当遵循以下原则：

（一）领导者推动原则

企业的领导者是企业成本的责任人，必然是公路工程施工成本的责任人。当承接一项公路工程任务后，领导者应该制定项目成本管理的方针和目标，组织项目成本管理体系的建立和保持，使企业全体员工能充分参与施工成本管理，营造企业成本目标的良好内部环境。

（二）以人为本的全员参与原则

工程项目管理的本质是人，人的本质是思想和精神。纵观世界发展史，从工业革命到信息化时代，历史的滚滚车轮无一不是人在推动。具体到工程成本管理，管理的每一项工作、每一个内容都需要相应的人员来完善，抓住本质、全面提高人的积极性和创造性是搞好施工项目成本管理的前提。

公路工程成本管理工作是一项系统工程，进度管理、质量管理、安全管理、施工技术管理、物资管理、劳务管理、计划统计、财务管理等一系列管理工作都关联到施工项目成本。公路工程项目成本管理是工程管理的中心工作，只有让企业全体人员共同参与，才能保证工程成本管理工作顺利地进行。

（三）目标分解的责任明确原则

公路工程成本管理的工作业绩最终要转化为定量指标，而这些指标的完成是通过上述各级各个岗位的工作实现的，为明确各级各岗位的成本目标和责任，就必须进行指标分解。施工企业确定工程责任成本指标和成本降低率指标，是对工程成本进行了一次目标分解。企业的责任是降低企业管理费用和经营费用，组织项目经理部完成工程责任成本指标和成本降低率指标。项目经理部还要对工程项目责任成本指标和成本降低率目标进行二次目标分解，根据岗位不同、管理内容不同，确定每个岗位的成本目标和所承担的责任；把总目标进行层层分解，落实到每一个人，通过每个指标的完成来保证总目标的实现。

指标分解并不是提倡分散主义，只要各人自己的工作完成就行。提倡风险分担更不是不要集体主义；相反，企业管理水平的提高需要建立在团结互助的集体主义精神和团队精神的基础上。施工项目成本管理涉及施工管理的方方面面，而它们之间又是相互联系、相互影响的，必须发挥项目管理的集体优势，协同工作，才能完成公路工程成本管理这一系统工程。

（四）管理层次与内容一致原则

项目成本管理是企业各项专业管理的一个部分，从管理层次上讲，企业是决策中心、利润中心，项目是企业的生产场地、生产车间，行业的特点是大部分的成本耗费在此发生，因而它是成本中心。项目完成了材料和半成品在空间和时间上的流水，绝大部分要素或资源要在项目上完成价值转换，并要求实现增值，其管理上的深度和广度远远大于一个生产车间所能完成的工作内容，因此项目上的生产责任和成本责任是非常大的，为了完成或者实现工程管理和成本目标，就必须建立一套相应的管理制度，并授予相应的权力。

因而，相应的管理层次，它所对应的管理内容和管理权力必须相称和匹配，否则会发生责、权、利的不协调，从而导致管理目标和管理结果的扭曲。

（五）动态管理，及时准确原则

项目成本管理是为了实现工程成本目标而进行的一系列管理活动，是对工程成本实际开支的动态管理过程。由于工程成本的构成是随着工程施工的进展而不断变化的，因而动态性是施工成本管理的属性之一。进行工程成本管理的过程，即不断调整优化工程成本支出与计划目标的偏差，使工程成本支出基本与目标一致，这就需要进行工程成本的动态管理，它决定了工程成本管理不是一次性的工作，而是工程全过程每日每时都在进行的工作。公路工程成本管理需要及时、准确地提供成本核算信息，不断反馈，为上级部门或项目经理进行工程成本管理提供科学的决策依据。

公路工程成本管理所编制的各种成本计划、消耗量计划，统计的各项消耗、各项费用支出，必须是实事求是的、准确的。若计划的编制不准确，各项成本管理就失去了基准；若各项统计不实事求是、不准确，成本核算就不能真实反映成本出现虚盈或虚亏，就会导致决策失误。

因此，确保工程成本管理的动态性、及时性、准确性是工程成本管理的灵魂。

（六）过程控制与系统控制原则

公路工程成本是由工程各个环节的资源消耗形成的。因此，工程成本的控制必须采用过程控制的方法，分析每一个过程影响成本的因素，制定工作程序和控制程序，使之时时处于受控状态。工程成本形成的每一个过程又是与其他过程互相关联的，一个过程成本的降低，可能会引起关联过程成本的提高。因此，工程成本的管理，必须遵循系统控制的原则，进行系统分析，制定过程的工作目标必须从全局利益出发，不能为了小团体的利益损害了整体的利益。

三、公路工程成本管理的内容

公路工程项目成本管理的内容很广泛，主要包括成本预测、成本计划、成本控制、成本核算、成本分析和成本考核等。

（一）成本预测

公路工程项目的成本预测是通过成本信息和工程项目的具体情况，并运用一定的预测分析方法，对未来的成本水平及其可能的发展趋势做出科学的估计，其实质就是在正式施工之前对成本进行核算。通过成本预测，可以使项目经理部在满足建设单位和施工企业要求的前提下，选择成本低、效益好的最佳成本方案，并可以在工程项目成本形成的过程中，针对成本管理的薄弱环节，加强对成本的控制，从而克服盲目性，提高预见性。因此进行工程项目的成本预测是项目成本决策与计划的依据。

（二）成本计划

公路工程项目成本计划是项目经理部对项目施工成本进行计划管理的工具。它是以货币形式编制工程项目在计划期内的生产费用、成本水平、成本降低率以及为降低成本所采取的主要措施和规划的书面方案，它是建立项目成本管理责任制、开展成本控制和核算的重要基础。

一个项目成本计划应包括从开工到竣工所必需的施工成本，它是降低项目成本的指导文件，是设立目标成本的依据。

（三）成本控制

公路工程项目成本控制是指在施工过程中，对影响项目成本的各种因素加强管理，并采取各种有效措施，将施工中实际发生的各种消耗和支出严格控制在成本计划范围之内，随时揭示并及时反馈，严格审查各项费用是否符合标准、计算实际成本和计划成本之间的差异并进行分析，消除施工中的损失浪费现象，发现和总结先进的经验。通过成本控制，使之最终实现甚至超过预期的成本节约目标。项目成本控制应当贯穿在公路工程项目从招投标阶段开始直到项目竣工验收的全过程，它是企业全面成本管理的重要环节。

（四）成本核算

公路工程项目成本核算是指项目施工过程中所发生的各种费用和形式项目成本的核算，其核算的基本方法如下：

（1）按照规定的成本开支范围，对施工费用进行归集，计算出施工费用的实际发生额。

（2）根据成本核算对象，采用适当的方法，计算出该工程项目的总成本和单位成本。

项目成本核算所提供的各种成本信息，是成本预测、成本计划、成本控制、成本分析和成本考核等各个环节的依据。因此加强项目成本核算工作，对降低项目成本、提高企业的经济效益有积极的作用。

（五）成本分析

公路工程项目成本分析是在成本的形成过程中，对项目成本进行的对比评价和剖析总结工作，它贯穿于项目成本管理的全过程，也就是说项目成本分析主要利用工程项目的成本核算资料（成本信息），与目标成本（计划成本）、预算成本以及类似的工程项目的实际成本等进行比较，了解成本的变动情况，同时也要分析主要技术经济指标对成本的影响，系统地研究成本变动的因素，检查成本计划的合理性，并通过成本分析，深入揭示成本的变动规律，寻找降低项目成本的途径，以便有效地进行成本控制。

（六）成本考核

公路工程项目成本考核是指在项目完成之后，对项目成本形成中的各责任者，按照项目成本目标责任制的有关规定，将成本的实际指标与计划、定额、预算进行对比和考核，评定项目成本计划的完成情况和各责任者的业绩，并以此给予相应的奖励和处罚。通过成本考核，做到有奖有惩，赏罚分明，才能够有效地调动企业的每一个职工在各自的施工岗位上努力完成目标成本的积极性，为降低项目成本和增加企业的积累做出自己的贡献。

四、公路工程成本管理的责任体系

（一）成本管理责任体系的组织结构

公路工程项目成本管理责任体系中的组织结构，即企业职工为实现成本管理目标，在项目的管理工作中进行的分工协作，以及在职务范围、责任和权利方面所形成的结构体系。

（1）职能结构。职能结构是指完成成本管理目标所需的各项业务工作及其关系，主要包括机构设置、业务分工及其相互关系。

（2）层次结构。层次结构也称为组织的纵向结构，即各管理层次的构成。在成本管理工作中，管理层次的多少，表明企业组织结构的纵向复杂程度。根据现在大多数施工企业的管理体制，一般设置三个层次，即公司层次、项目层次和岗位层次。

（3）部门结构。部门结构也称为组织的横向结构，即各管理部门的构成。与成本管理相关的部门主要有生产、计划、技术、劳动、人事、物资、财务、预算、审计及负责企业制度建设工作的部门等。

（4）职权结构。职权结构是指各层次、各部门在权利和责任方面的分工及相互关系。由于与成本管理相关的部门较多，在纵向结构上层次也比较多。因此，在确定成本管理的职权结构时，一定（要）注意权利要有层次，职责要有范围，分工要明确，关系要清晰。

（二）成本管理责任体系的特征

1. 完整的组织机构

项目成本管理责任体系必须有完整的组织机构，保证成本管理活动的有效运行。应根据工程项目不同的特性，因地制宜建立工程项目成本管理责任体系的组织机构。组织机构的设计应包括管理层次、机构设置、职责范围、隶属关系、相互关系及工作接口等。

2. 明晰的运行程序

项目成本管理责任体系必须有明晰的运行程序，其内容主要包括项目成本管理办法，实施细则、工作手册、管理流程、信息载体及传递方式等。运行程序以成本管理文件的形式表达，表述控制施工成本的方法、过程，使之制度化、规范化，用以指导项目成本管理工作的开展。程序设计要简洁、明晰，保证流程的连续性、程序的可操作性。信息载体和传输应尽可能采用现代化手段，利用计算机及互联网，提高运行程序的先进性。

3. 明确的成本目标与岗位职责

项目成本管理责任体系对企业各部门和工程项目的各管理岗位要制定明确的成本目标和岗位职责，使企业各部门和全体职工明确自己为降低项目成本应该做什么和如何做，以及应负的责任和应达到的目标。岗位职责和目标可以包含在实施细则和工作手册中，岗位职责一定要考虑全面、分工明确。

4. 规范的成本核算方法

项目成本核算是在成本范围内，以货币为计量单位，以项目成本直接耗费为对象，在区分收支类别和岗位成本责任的基础上，利用一定的方法，正确组织项目成本核算，全面反映项目成本耗费的核算过程。它是项目成本管理的一个重要组成部分，也是对项目成本管理水平的一个全面系统的反映，因此规范项目成本核算十分重要。

5. 严格的考核制度

项目成本管理责任体系应包括严格的考核制度，考核包括项目成本考核和成本管理体系及其运行质量的考核。项目成本管理是项目施工成本全过程的实时控制，所以考核也是全过程的实时考核，绝非工程项目施工完成后的最终考核。当然工程项目施工完成后的施工成本的最终考核也是必不可少的，一般是通过财务报告反映。但如果只是最终考核，由于已经盖棺论定，为时已晚，因此要以全过程的实时考核确保最终考核的通过。

（三）成本管理责任体系的内容

项目成本控制是一项涉及施工生产各方面的综合性工作。因此项目成本控制体系由项目成本控制标准体系、项目成本控制责任体系和项目管理责任体系三部分构成。其中项目管理责任体系又包括成本预测体系、成本控制体系和信息流通体系。

项目管理责任体系为施工项目成本控制的有效执行提供了控制责任主体的保障。只有明确工程项目各部门、各单位的责任，才能够使成本的控制工作真正落到实处，实现降低项目成本的目的。

1. 成本预测体系

成本预测体系是在企业经营整体目标的指导下，通过对项目成本的预测、决策和计划确定目标成本，再将目标成本进一步层层落实，分解到企业各层次、各部门及生产各个环节，进而形成明确的成本目标，保证成本管理控制的具体实施。

2. 成本控制体系

成本控制体系是进行项目成本管理的组织保证，实际上是围绕着工程项目，企业从纵向上和横向上，根据分解的成本目标，对成本形成的整个过程进行控制。其具体内容包括：在投标过程当中对成本的预测、决策和成本计划的事前控制，对施工阶段成本计划实施的事中控制，项目验收成本结算评价的事后控制。

3. 信息流通体系

信息流通体系是对成本形成过程中有关成本信息进行汇总、分析和处理的系统。施工企业各层次、各部门及各生产环节，对成本形成过程中实际成本信息进行收集和反馈，用具体的数据及时、准确地反映成本管理中的情况。反馈的成本信息经过分析处理，对企业各层次、各部门及各生产环节发出调整成本偏差的指令，确保降低成本目标按计划得以实现。

（四）成本管理责任体系的建立

1. 责任体系组织机构的建立

组织机构是施工项目成本控制的关键和保障，也是层层落实成本管理目标的重要措施。根据我国公路工程施工企业的现状，组织机构主要包括：组织管理层、项目经理部及岗位层次的组织机构。

（1）组织管理层。组织管理层主要是建立项目成本管理体系，组织体系的运行，行使管理职能和监督职能。负责项目全面成本管理的决策，确定项目合同价格及成本计划，确定项目管理层的成本目标。

（2）项目经理部。项目经理部的成本管理职能是组织项目部人员，在确保工程质量、如期完成工程项目的前提下，制定成本管理方面的具体措施，落实公司制定的各项成本管理规章制度，完成上级确定的施工成本降低目标。项目经理部是工程施工的具体领导机构，其很重要的一项工作是将成本指标进行层层分解，并与各岗位人员签订项目经理部内部责任合同。

（3）岗位层次的组织机构。岗位层次的组织机构即项目经理岗位的设置。由项目经理部根据公司人事部门的工程施工管理办法及工程项目的规模、特点和实际情况进行确定，具体人员可由项目经理部在公司的持证人员中选定。

项目经理部的岗位人员负责完成各岗位的业务工作，落实制度规定的本岗位的成本管理职责，这是成本管理目标得以实现的关键所在。

2. 责任体系相关文件的制定

制定相关文件是项目成本管理责任体系实施的依据，主要包括：公司层次、项目层次及岗位层次的项目成本管理办法。

（1）公司层次的项目成本管理办法。公司层次的项目成本管理办法主要包括：①项目责任成本的确定及核算办法；②物资管理或控制办法；③项目成本核算办法；④成本的过程控制及审计；⑤成本管理业绩的确定及奖罚办法等。

（2）项目层次的项目成本管理办法。项目层次的项目成本管理办法主要包括：①成本目标的确定办法；②材料及机具管理办法；③成本指标的分解办法及控制措施；④各岗位人员的成本职责；⑤成本记录整理及报表程序。

（3）岗位层次的项目成本管理办法。岗位层次的项目成本管理办法主要包括：①岗位人员日常工作规范；②成本目标的落实措施等。

3. 成本管理内部配套的工作

公路工程的项目经理部是根据工程管理需要而设置的一次性临时机构，因此项目的成本收益也具有明显的一次性。工程项目经理部与商业、工业等行业不同，既无法像其他行业那样可以获得抵御市场风险的能力和相应的风险收益，也无法拥有固定的资源和要素。

工程项目经理部只能对供应到本工程项目的要素拥有支配权和处置权，为保证项目成本管理顺利进行，使经理部获得相应的经济效益，施工企业必须对项目施工成本管理，完成内部配套工作。配套工作主要包括建立内部模拟要素市场；远离项目施工成本中的市场风险；建立项目施工成本管理体制。

4. 完善其他的配套管理系统

因项目成本管理纵向贯穿工程投标、施工准备、正式施工、竣工结算的全过程，横向覆盖企业的经营、技术、物资、财务、审计等管理部门及项目经理部等现场管理部门，涉及面很广、施工周期长，是一项综合性的管理工作。所以在建立项目成本管理体系的过程中，要注意以成本管理目标（系数）为中心，相应地配套或完善管理系统，其主要内容如下：

（1）以确定项目成本核算岗位责任和协调成本管理工作为主要任务，建立企业成本决策和成本管理考核系统。

（2）以确定项目责任成本和项目成本责任范围为主要任务，建立由预算、计划部门牵头，生产、技术、劳资等部门参加的项目成本测算管理系统。

（3）以落实项目成本支出和消耗为主要任务，建立由财务部门牵头，物资、设备、劳动等部门参加的项目成本核算管理系统。

（4）以建立工程各项专业管理为主要任务，建立企业生产管理和经济管理系统。

（5）以建立健全企业内部模拟市场管理为主要任务，建立由物资部门牵头，设备、劳动等部门参加的工程施工内部要素市场管理系统。

第二节　公路工程成本会计与预算管理

一、公路工程成本会计原理

（一）会计与成本会计的基础

1. 会计

会计是以货币为主要计量单位，以凭证为依据，采用专门的技术方法，对一定单位的资金运动进行全面、综合、连续、系统的核算和监督，提供会计信息、参与经营管理以提高经济效益的一种经济管理工作。

会计学则是人们对会计工作规律的认识，也可以说是研究会计工作的学问。会计学基础主要阐述会计的基本理论、基本方法和基本技能，它是会计学的入门学科。

（1）会计的基本职能。会计的基本职能包括会计核算和会计监督两方面。其中，会计核算职能是指会计以货币为主要计量单位，对一个单位（特定主体）的经济活动进行记账、算账、报账，为各有关方面提供会计信息的功能；而会计监督职能是指会计人员在进行会计核算的同时，对一个单位经济活动的合法性、合理性进行审核、检查和督促。会计的核算职能与监督职能之间存在着相辅相成、辩证统一的关系。会计核算是会计监督的基础，而会计监督又是会计核算的保障。

随着社会经济的发展，会计又产生了会计预测、决策、控制、分析与考核等多种新的职能。

（2）会计工作岗位。会计工作岗位一般可分为会计机构负责人或会计主管人员、出纳、财产物资核算、工资核算、成本费用核算、财务成果核算、资金核算、往来结算、总账报表、稽核、档案管理等。开展管理会计的单位，可以根据需要设置相应的工作岗位，也可以与其他工作岗位相结合。

会计工作岗位，可采取一人一岗制，也可采取一人多岗或一岗多人制。但出纳人员不得兼管稽核、会计档案保管以及收入、费用、债权债务账目的登记工作。会计人员的工作岗位应当有计划地进行轮换。

2. 成本会计

成本会计是根据会计资料和其他有关资料，对企业生产经营活动过程所发生的成本，根据成本最优化的要求，有组织、系统地进行预测、决策、控制、分析和考核，促进企业提高产品质量，降低成本，实现生产经营的最佳运转，不断提高企业经济效益的一项经济管理活动。成本会计是财务会计与管理会计的混合物，是计算及提供成本信息的会计方法。

成本会计的方法和理论体系，随着发展阶段的不同而有所不同。随着经营管理的发展，成本概念不断丰富，成本会计范围更加开阔，逐步向经营型成本会计发展。因此现代成本会计是广义的成本会计，实际上已经发展成为成本管理。

随着会计管理的发展与完善以及责任会计与目标成本管理在企业的应用，企业内部的责任会计体系也就应运而生。工程成本会计就是运用于管理施工企业生产活动的一种责任会计。

成本会计的各种职能相互联系、互为条件、相辅相成，放松或是削弱任何一种职能，都不利于加强成本会计工作。成本预测是成本决策的前提；成本决策既是成本预测的结果，又是制订成本计划的依据；成本计划是成本决策的具体化；成本控制是对成本计划的实施进行监督，是实现成本决策既定目标的保证；成本核算是成本会计的最基本职能，是发挥其他职能的基础，同时是对成本计划预期目标是否实现的最后检验；成本分析是实现成本决策和成本计划目标的有效手段；只有通过正确评价与考核各责任单位的工作业绩，才能够调动各部门和全体职工的积极性，为切实执行成本计划，实现既定目标提供动力。

（二）会计核算的基本内容

1. 会计核算的基本前提

会计的基本前提（会计假设），是指组织会计核算工作应当明确的前提条件，是对会计领域中某些不确定因素所做的合乎常理的判断。会计的基本前提是建立会计原则的基础，一般包括：会计主体前提、持续经营前提、会计分期前提、货币计量前提。

（1）会计主体。会计主体是指会计所服务的特定单位。会计主体前提是指会计反映的是一个特定单位的经营活动，而不包括投资者本人的经济业务或其他经营单位的经营活动。会计主体与法律主体概念不同，一般来说，法律主体往往是会计主体，但会计主体并不一定是法律主体。

会计主体主要包括以下特征：

第一，经济性，它是一个有经济业务并发生收支的实体。

第二，整体性，会计在反映和处理会计主体的经济活动时要从整体出发。

第三，独立性，会计主体是一个独立的组织或相对独立体，独立核算和编制对外报表。

会计主体前提的意义在于划清企业所有者财产、企业经营活动与企业所有者个人的活动以及与其他会计主体的界限，使企业在会计核算上作为一个独立核算单位。会计主体前提的目的在于每一个经济实体，在处理一切会计实务时，均居于自身的立场去做，进而使它产生的会计信息能反映其本身的财务状况或经营成果，而不受所有权关系或非相关因素的影响。会计主体前提明确了会计工作的空间范围。

（2）持续经营。持续经营指的是会计核算应以持续、正常的生产经营活动为前提，而不考虑企业是否破产清算。

会计主体的生产经营活动是持续、正常地进行下去，还是面临破产情况，对会计核算有着重大的影响。若会计主体的生产经营活动将持续、正常地进行下去，在可预见的未来不会面临破产和进行清算，就意味着它所拥有的资产能在正常的生产经营过程中被耗用或出售，其所持有的债权和承担的债务也能在正常的生产经营过程中得以收回和清偿。那么以此为前提，会计就采用一般方法来对其生产经营活动情况予以确认、计量和报告。否则，就应采用破产清算的特殊方法来进行会计处理。

持续经营前提为资产计量和收益确认奠定了基础，提供了理论依据，同时在这一前提基础之上，企业所采用的会计方法、会计程序才能保持稳定，才能够按正常的基础反映企业的财务状况和经营成果。因此持续经营是会计在每个主体中正常活动的前提条件，它明确了会计工作的时间范围。

（3）会计分期。会计分期指将会计主体持续不断的生产经营过程，人为地划分为若干个较短的、首尾相连的、相等间距的时期，即会计期间，以分期反映经营活动情况及其结果。通常情况下，企业的生产经营活动是持续不断地进行的，财务会计不能等到企业的生产经营过程终结时才做出财务会计报告，提供会计信息。因为企业管理当局和外界信息使用者需要及时了解和掌握企业的会计信息，为了满足企业管理和信息使用者的需要，就必须将企业持续不断的生产经营过程分割成一系列的会计期间。

明确了会计分期前提，产生了本期与非本期的差别，才引起企业的资产、负债、收入和费用归属于哪个期间的问题，从而出现了权责发生制和收付实现制的区别，也使不同类型的会计主体有了记账的基准，出现了应收、应付、递延、预提、待摊等会计处理方法。

（4）货币计量。货币计量是指会计主体在会计核算过程中采用货币作为计量单位，记录、反映会计主体的经营情况。企业生产经营活动的反映，虽然涉及多种计量标准如货币、实物数量、重量、劳动时间等，但货币作为一般等价物，最具代表性和适用性。因此会计使用货币作为统一的计量标准，对企业的各项生产经营活动进行计量和综合反映。

在货币计量前提下，我国企业的会计核算应当以人民币为记账本位币。业务收支以人民币以外的货币为主的企业，可以选定其中一种货币作为记账本位币，但是编报的财务会计报告应当折算为人民币。

2. 会计核算的一般原则

会计核算的一般原则是对会计核算提供信息的基本要求，是处理具体会计业务的基本依据，也是成本会计核算应遵循的一般原则。

（1）客观性原则。客观性原则是指会计核算应当以实际发生的经济业务以及证明经济业务发生的原始凭证为依据，如实反映企业的财务状况、经营成果和现金流量。企业提供会计信息的目的是满足会计信息使用者的决策需要，所以就必须做到内容真实、数字准确、资料可靠。

（2）实质重于形式原则。实质重于形式原则要求企业按照经济业务实质进行会计核算，而不应当仅仅按照他们的法律形式作为会计核算的依据。在实际工作中，经济业务的外在法律形式并不总能完全真实地反映其实质内容。因此会计信息要想反映其拟反映的经济业务，就必须根据经济业务的实质和现实，而不能仅仅根据他们的法律形式进行核算和反映。

（3）相关性原则。相关性原则是指会计核算提供的会计信息应能同时满足以下方面的需要：

第一，国家进行宏观经济管理的需要。

第二，企业外部有关方面了解企业的财务状况和经营成果的需要。

第三，满足企业加强内部经营管理的需要。

会计信息是重要的决策支持信息，要提高信息的价值，必须在会计核算的过程中考虑到信息使用者对信息需要的不同特点，保证信息与使用者的决策相关联，对使用者的决策有用。只有这样，才能充分发挥会计信息的作用。

（4）可比性原则。可比性原则是指要求不同的企业采用统一规定的会计处理方法进行会计核算，从而提供相同口径的会计指标，便于相互比较。会计信息要想满足使用者的需要，对使用者的决策有用，不同单位的会计指标必须口径一致、相互可比，以便使用者相互比较、分析和汇总。

（5）一贯性原则。一贯性原则是指会计处理方法前后各期应当保持一致，不得随意变更。一贯性原则可以将不同期的会计信息进行纵向比较分析，利于正确揭示企业的经营成果及其发展趋势，从而提高会计信息的使用价值。

在会计核算工作中要求企业的会计核算方法前后应保持一致，不得随意变更，并不意味着所选择的会计核算方法不能做任何变更，在符合一定条件的情况下，企业也可以变更会计核算方法，并在企业财务会计报告中做相应披露。

（6）及时性原则。及时性原则是指应当按照规定的时间，及时提供信息，以满足有关方面管理的需要，从而充分发挥会计信息应有的作用。为此应当及时收集、加工处理和传递会计信息，以提高会计信息的实效性。

（7）明晰性原则。明晰性原则是指会计记录和会计报表必须清晰明了，有利于会计信息使用者准确、完整地把握会计信息的内容，从而更好地加以利用。

（8）权责发生制原则。权责发生制原则要求企业的会计核算以权责发生制为基础。凡是当期已经实现的收入和已经发生或应当负担的费用，不论款项是否收付，均应作为当期的收入和费用；凡是不属于当期的收入和费用，即使款项已在当期收付，也不应当作为当期的收入和费用。权责发生制主要是从时间上规定了会计确认的基础，其核心是根据权责关系的实际发生期间来确认收入和费用。

（9）配比原则。收入与支出相互配比的原则是指在某一会计期间所实现的收入应当和为获取这些收入而发生的成本费用（支出）相互配合、比较，以确定在该会计期间所实现的净损益。配比原则是根据收入与费用的内在联系，要求将一定时期内的收入与为取得收入所发生的费用在同一期间进行确认和计量。在会计核算工作中坚持配比原则有两层含义：①因果配比，将收入与其对应的成本相配比，如将其他业务收入与其他业务成本相配比；②时间配比，将一定时期的收入与同时期的费用相配比，如将当期的收入与管理费用、财务费用等期间费用相配比等。

（10）历史成本原则。历史成本原则要求企业的各项财产在取得时按照实际成本计量，而不考虑随后市场价格变动的影响。除了法律、行政法规和国家统一的会计制度另有规定外，企业一律不得自行调整其账面价值。对资产、负债、所有者权益等项目的计量，应基于实际交易价格或成本，这主要是因为历史成本是资产实际发生的成本，有客观依据，便于查核，也容易确定，比较可靠。

（11）划分收益性支出与资本性支出原则。划分收益性支出与资本性支出原则要求企业在进行会计核算时，合理划分收益性支出与资本性支出的界限。凡支出的效益仅及于本年度（或一个营业周期）的，应作为收益性支出；凡支出的效益及于几个会计年度（或几个营业周期）的，应作为资本性支出。

在会计核算工作中划分资本性支出与收益性支出，要求企业在会计核算工作中确认支出时，要区分两类不同性质的支出，把资本性支出列于资产负债表中，以真实地反映企业的财务状况；把收益性支出列于利润表中，计入当期损益，以正确地计算企业当期的经营成果。这主要是因为，资本性支出的效益可在几个连续的会计期间发挥作用，而收益性支出的效益只在当期发挥作用。

（12）谨慎性原则。谨慎性原则要求企业在进行会计核算时，不得多计资产或收益、少计负债或费用。在会计核算工作中坚持谨慎性原则，要求企业在面临不确定因素的情况下做出职业判断时，应保持必要的谨慎，既不高估资产或收益，也不低估负债或费用。

（13）重要性原则。重要性原则要求企业在会计核算过程中对交易或事项区别其重要程度，采用不同核算方式。对资产、负债、损益等有较大影响，并进而影响财务报告使用者据以做出合理判断的重要会计事项，必须根据规定的会计方法和程序进行处理，并在财务会计报告中予以充分、准确的披露；对于次要的会计事项，在不影响会计信息真实性和不至于误导会计报告使用者做出正确判断的前提下，可适当进行简化处理。

3. 会计要素

会计要素是对会计对象所进行的基本分类。企业会计要素分为资产、负债、所有者权益、收入、费用及利润六类。其中，资产、负债和所有者权益是反映财务状况的会计要素，收入、费用和利润是反映经营成果的会计要素。

（1）资产。资产是指过去的交易和事项形成的、由企业拥有或控制、预期会给企业带来经济利益的资源。资产按其流动性质可以分为流动资产和非流动资产两大类。

第一，流动资产，指可以在一年内或超过一年的一个营业周期内变现或耗用的资产，包括库存现金及各种存款、应收及预付款项、存货（材料、产品）等。

第二，非流动资产。凡是不符合流动资产条件的资产均为非流动资产，包括长期投资、固定资产、无形资产和其他资产。

（2）负债。负债是指过去的交易和事项形成的、预期会导致经济利益流出企业的现时义务。负债按其流动性质可以分为流动负债和非流动负债两大类。

第一，流动负债，指可以在一年内或超过一年的一个营业周期内偿还的债务，包括短期借款、应付账款、应付职工薪酬、应交税费等。

第二，非流动负债，指偿还期在一年或者超过一年的一个营业周期以上的债务，包括长期借款、应付债券、长期应付款等。

（3）所有者权益。所有者权益是指企业的资产扣除负债后由所有者享有的剩余权益。公司的所有者权益又称股东权益。所有者权益通常分为以下四个项目：

第一，实收资本，指投资者投入企业且构成注册资本的那部分资金。

第二，资本公积金，包括资本（或股本）溢价、外币资本折算差额等。

第三，盈余公积金，指按照国家有关规定从利润中提取的公积金。

第四，未分配利润，是企业留于以后年度分配的利润或待分配利润。

（4）收入。收入是指企业在日常活动中形成的，会导致所有者权益增加的、与所有者投入资本无关的经济利益的总流入。按照日常活动在企业所处的地位，收入可分为以下两种：

第一，主营业务收入，指企业为完成其经营目标而从日常活动中取得的主要收入，如建筑企业的合同收入、工商企业的销售商品收入等。

第二，其他业务收入，指从主营业务以外的其他日常活动中取得的主要收入，如施工企业提供的机械作业劳务收入、工商企业的销售材料收入等。

（5）费用。费用是指企业在日常活动中发生的，会导致所有者权益减少的，与向所有者分配利润无关的经济利益的总流出。按照费用与收入之间的关系，费用可以分为以下两类：

第一，营业成本，指所销售商品或提供劳务的成本，营业成本按其在企业日常活动中所处的地位可以分为主营业务成本和其他业务成本。

第二，期间费用，指费用发生时直接计入当期损益的费用，期间费用包括管理费用、销售费用和财务费用。

（6）利润。利润是企业在一定期间的经营成果。利润包括收入减去费用后的净额、直接计入当期利润的利得和损失等。利润按其构成通常分为营业利润、利润总额和净利润。

4. 会计等式

会计等式是指反映会计要素数量关系的等式。会计等式可采用下列表示方式：

（1）资产 = 负债 + 所有者权益。这是会计基本等式。企业的资产来源于所有者的投入资本和债权人的借入资金及其在生产经营中所产生的效益,分别归属于所有者和债权人。归属于所有者的部分形成所有者权益;归属于债权人的部分形成债权人权益(即企业的负债)。资产来源于权益(包括所有者权益和债权人权益),资产与权益必然相等。

资产与权益的恒等关系是设置账户、试算平衡、复式记账的理论基础,也是企业编制资产负债表的依据。

(2)收入 – 费用 = 利润。该等式反映了收入、费用和利润三者之间的关系,是企业编制利润表的基础。在实际工作中,收入减去费用,还要再进行调整,才等于利润。

(3)资产 = 负债 + 所有者权益 + 收入 – 费用。这是会计综合等式,它表明了会计主体的财务状况与经营成果之间的联系。企业的经营成果最终会影响到企业的财务状况。企业发生的经济业务,会引起会计等式中各个会计要素的增减变动,但不会破坏会计基本等式的平衡。

(三)会计核算的方法类型

1. 会计核算的基本方法

会计核算的基本方法,是对会计对象进行完整、连续、系统的确认、计量、记录、整理、计算所应用的方法,主要包括以下七种:

(1)设置会计科目。设置会计科目是对会计对象的具体内容进行归类、反映和监督的一种方法。因会计对象十分复杂,为了系统、连续地进行反映和监督,企业除了设置会计科目对会计对象进行详细分类之外,还必须根据规定的会计科目名称开设账户,分别登记各项经济业务,以便取得各种核算指标,并随时加以分析、检查和监督。

(2)复式记账。复式记账是记录经济业务的一种方法。它要求对每一笔交易或事项,都必须用相等的金额在两个或是两个以上的有关账户中同时登记,使每项经济业务所涉及的两个或两个以上的账户发生对应关系。通过账户之间的对应关系及金额相等的平衡关系,可了解每项经济业务的来龙去脉,可检查有关经济业务的记录是否正确。

(3)填制和审核凭证。会计凭证是记录经济业务、明确经济责任、作为记账依据的书面证明。对于已经发生或已经完成的经济业务,都需要由有关单位或经办人员填制凭证,并签名盖章,所有凭证都要经过审核并确认无误,才能够作为记账的依据。通过凭证的填制和审核，可以提供真实可靠、合理合法的入账依据，它是保证会计核算质量的必要手段，也是实行会计监督的重要方法。

（4）登记账簿。账簿是用来全面、系统、连续地记录各项经济业务的簿籍。在账簿中要按规定和需要开设账户，用以分类记录经济业务。登记账簿就是以会计凭证作为依据，运用复式记账法将各项经济业务分类登记到有关账户中去，形成账簿记录，并定期进行结账和对账。账簿记录又是编制会计报表的主要依据。

（5）成本计算。成本计算是对生产经营过程中所发生的各种费用，按照一定的对象和标准进行归集和分配，以计算确定各对象的总成本和单位成本的一种专门方法。

（6）财产清查。财产清查是对各项财产物资进行实物盘点、账面核对以及对各项往来款项进行查询、核对，以确保账账相符、账实相符的一种专门方法。通过定期与不定期的财产清查，可以查明财产物资的保管和使用是否合理，物资储备是否能确保生产需要，有无积压、呆滞情况，债权债务结算是否及时，有无拖欠不清的情况等。在清查中如发现财产物资和资金的实有数与账面结存数不一致，应及时查明原因，明确责任，并调整账簿记录，使账实相符。

（7）编制财务会计报告。财务会计报告是总括反映企业、单位在一定期间内的财务状况、经营成果和现金流量情况的书面报告。编制财务会计报告就是定期对日常分散的会计账簿资料进行加工整理和综合汇总，以表格的形式提供系统化的会计信息，为会计报告的使用者服务。编制财务会计报告，对于保证国家宏观经济管理的需要，满足社会各方了解企业、单位的财务状况和经营成果的需要，满足企业、单位加强内部管理的需要有着重要的作用。

以上七种会计核算方法相互联系，密切配合，构成一个完整严密的会计核算方法体系。

综上所述，对于企业日常发生的经济业务，会计核算应遵循的步骤主要包括以下内容：

第一，必须取得或填制原始凭证，并根据审核无误的原始凭证、规定的会计科目，采用复式记账的方法填制证账凭证，确定相关账户的增减金额。

第二，根据审核无误的原始凭证和记账凭证，将经济业务计入相互联系的账簿之中。

第三，运用成本计算方法计算出各成本核算对象的实际总成本及单位成本。

第四，通过财产清查，在账证相符、账账相符、账实相符的基础上，根据账簿记录，定期编制各种财务会计报告，提供符合一定质量标准的会计信息。会计核算工作就是这样周而复始循环的。

2. 会计科目与账户

（1）会计科目。会计科目简称"科目"，是对会计要素的具体内容进行分类核算的项目。会计科目必须根据合法性、相关性和实用性原则进行设置。企业在不影响会计核算要求和会计报表指标汇总，以及对外提供统一的财务报告的前提下，可以根据实际情况自行增设、减少或合并某些会计科目。为了正确地掌握和运用会计科目，可按照下列标准对会计科目进行适当的分类：

1）会计科目按其所归属的会计要素即经济内容不同进行分类，执行《企业会计准则》的企业其会计科目可以划分为资产类科目、负债类科目、所有者权益类科目、共同类科目、成本类科目和损益类科目六大类。

2）会计科目按所提供核算指标的详细程度，可分为总分类科目和明细分类科目两类。前者是对会计要素的具体内容进行总括分类、提供总括信息的会计科目；后者是对总分类科目做进一步分类、提供更为详细和具体的会计信息的科目。对于明细科目较多的总账科目，可在总分类科目与明细科目之间设置二级或多级科目。

（2）账户。账户是根据会计科目开设的，具有一定结构、用以分类核算会计要素情况的载体。账户的基本结构，在金额部分通常划分为左、右两方，用来记录各项会计要素增加和减少的数额。如果在右方记增加额，则在左方记减少额；反之亦然。账户左右两方的金额栏，其中一方记录增加额，另一方则记录减少额。增减金额相抵后的差额，称为账户的余额。因此，在账户中所记录的金额，可以分为期初余额、本期增加额、本期减少额和期末余额。这四项金额之间的关系，可采用下列关系式表示：

$$期末余额 = 期初余额 + 本期增加发生额 - 本期减少发生额$$

$$(2-1)$$

每个账户的期末余额一般在增加方。为了便于说明，可将上列账户的左、右两方略去有关栏次。

账户按提供会计信息的详细程度分为总分类账户和明细分类账户。其中，总分类账户又称总账账户，指按照总分类科目开设，用以反映某一类经济业务总括资料的账户；明细分类账户又称明细账户，指按照明细科目开设，用以反映某一类经济业务详细资料的账户。

3. 借贷记账法

借贷记账法是以会计等式为依据，以"借""贷"作为记账符号的一种复式记账法。所谓复式记账法，是指对任何一项经济业务，都必须用相等的金额在两个或两个以上的有关账户中，以相互联系的方式进行登记的一种记账方法。

（1）账户分类及其结构。掌握借贷记账法，只有了解账户的结构以及账户所反映的经济内容，才能正确地运用记账规则，登记账簿。

1）在借贷记账法下，账户按内容可划分为资产类账户、负债类账户、所有者权益类账户、共同类账户、成本类账户和损益类账户六大类。各类账户的结构如下：

第一，资产类和成本类账户，借方登记增加、贷方登记减少、余额在借方。

第二，负债类和所有者权益类账户，借方登记减少、贷方登记增加、余额在贷方。

第三，损益类账户中费用类账户，借方登记增加、贷方登记减少、期末一般无余额。

第四，损益类账户中收入账户，借方登记减少、贷方登记增加、期末一般无余额。

2）在借贷记账法下，账户按余额方向可划分为余额方向一般在借方的账户、余额方向一般在贷方的账户、余额方向不一定的账户和无余额的账户四种。

（2）借贷记账法的记账规则。借贷记账法的记账规则是"有借必有贷，借贷必相等"，即对于每一笔经济业务都要在两个或两个以上相互联系的账户中以借方和贷方相等的金额进行登记。

（3）账户对应关系与会计分录。一项经济业务所涉及的账户之间的借贷关系，称为账户的对应关系；而具有对应关系的账户，则称为对应账户。

为了保证记录的正确性且便于检查，要采用确定账户对应关系及其金额的方法，即编制会计分录。会计分录是指对某项经济业务标明其应借应贷会计科目及其金额的记录，简称分录。

按照所涉及账户的数量，会计分录分为简单会计分录和复合会计分录两种。前者是指只涉及一个账户借方和另一个账户贷方的会计分录，即一借一贷的会计分录；后者是指由两个以上（不含两个）对应账户所组成的会计分录，即一借多贷、一贷多借或多借多贷的会计分录。

一般情况下，借贷记账法的账户对应关系应十分清楚。为了使账户之间保持清晰的对应关系，在借贷记账法下，一般编制一借一贷、一借多贷或多借一贷的会计分录，尽量避免编制多借多贷的会计分录。原因是从多借多贷的会计分录中无法看出账户的对应关系。

（4）试算平衡。在借贷记账法下，试算平衡是运用借贷记账规则和会计等式的原理来检查和验证各个账户记录是否正确的一种方法。借贷记账法下的平衡方法主要分为发生额平衡和余额平衡两种。

1）发生额试算平衡法。发生额试算平衡法是根据本期所有账户借方发生额合计与贷方发生额合计的恒等关系，来检验本期发生额记录是否正确的方法，可用下列关系式来表示：

$$全部账户本期借方发生额合计 = 全部账户本期贷方发生额合计$$

$$(2-2)$$

2）余额试算平衡法。余额试算平衡法是根据本期所有账户借方余额合计与贷方余额合计的恒等关系，来检验本期账户记录是否正确的方法。根据余额时间的不同又分为期初余额平衡与期末余额平衡两类，用下式表示为：

$$全部账户的借方期初余额合计 = 全部账户的贷方期初余额合计$$

$$(2-3)$$

$$全部账户的借方期末余额合计 = 全部账户的贷方期末余额合计$$

$$(2-4)$$

在实际工作当中，余额试算平衡一般通过编制试算平衡表的方式进行。试算平衡，说明记账基本正确，但不是绝对正确。因为有些登记错误，是试算平衡表无法发现的，如漏记或重记某项业务等。

4. 会计凭证与账簿

为了使会计核算提供的会计信息能够如实地反映企业的生产经营状况与经营成果，必须取得和填制可供事后验证的会计凭证，并按照会计凭证和规定的账务处理程序，在账簿中记录实际发生的经济业务，从而保证会计记录的正确性与真实性。因此，企业会计必须填制和审核会计凭证，设置并登记会计账簿。

（1）会计凭证。会计凭证是记录经济业务事项发生或完成情况的书面证明，也是登记账簿的依据。合法地取得、正确地填制和审核会计凭证，是会计核算工作的起点。会计凭证按编制程序和用途的不同，可分为原始凭证和记账凭证两类。

1）原始凭证，又称单据，是在经济业务发生或完成时取得或填制的，用来记录或证明经济业务发生或完成情况的文字凭据，它是登记账簿的原始依据，原始凭证按填制手续和内容的不同，可分为一次凭证、累计凭证和汇总凭证三类。

第一，一次凭证。一次凭证是指一次填制完成、只记录一笔经济业务的原始凭证。

第二，累计凭证。累计凭证是指在一定时期内多次记录发生的同类型经济业务的原始凭证。其特点是在一张凭证内可以连续登记相同性质的经济业务，随时结出累计数及结余数，并按照费用限额进行费用控制，期末按实际发生额记账。

第三，汇总凭证。汇总凭证是指对一定时期内反映经济业务内容相同的若干张原始凭证，按照一定标准综合填制的原始凭证。

2）记账凭证，又称记账凭单，是会计人员根据审核无误的原始凭证按照经济业务事项的内容进行归类，并以此为依据来确定会计分录后所填制的会计凭证，它是登记账簿的直接依据，记账凭证按内容的不同，可分为收款凭证、付款凭证和转账凭证三类。其中，收款凭证是指用于记录现金和银行存款收款业务的会计凭证；付款凭证是指用于记录现金和银行存款付款业务的会计凭证；转账凭证是指用于记录不涉及现金和银行存款业务的会计凭证。

企业记账凭证也可以不分收、付、转凭证，采用一种通用记账凭证。

（2）原始凭证的填制与审核。

1）原始凭证的填制要求。

第一，记录要真实。原始凭证所填列的经济业务，其内容和数字必须真实可靠，且符合实际情况。

第二，内容要完整。原始凭证所要求填列的项目必须逐项填列齐全，不得遗漏和省略。

第三，手续要完备。单位自制的原始凭证必须有经办单位领导人或其他指定人员的签名盖章；对外开出的原始凭证必须加盖本单位的公章；从外部取得的原始凭证，必须盖有填制单位的公章；从个人取得的原始凭证，必须有填制人员的签名盖章。

第四，书写要清楚、规范。原始凭证要按照规定填写，文字要简明扼要，字迹要清楚、易于辨认，不得使用未经国务院公布的简化汉字。大小写金额必须相符且填写规范，大写金额用汉字壹、贰、叁、肆、伍、陆、柒、捌、玖、拾、佰、仟、万、亿、元、角、分、零、整等来表示，一律用正楷或行书字书写；小写金额用阿拉伯数字逐个书写，不得写连笔字。在金额前要填写人民币符号"￥"，并且人民币符号"￥"与阿拉伯数字之间不得留有空白。大写金额前未印有"人民币"字样的，应加写"人民币"三个字，并且"人民币"字样和大写金额之间不得留有空白。大写金额到元或角为止的，后面要写"整"或"正"字；有分的，不写"整"或"正"字。如小写金额为￥2005.00，大写金额应写成"贰仟零伍元整"。

第五，编号要连续。如果原始凭证已预先印定编号，在写坏作废时，应加盖"作废"戳记，并妥善保管，不得撕毁。

第六，不得涂改、刮擦、挖补。原始凭证有错误的，应由出具单位重开或更正，更正处应加盖出具单位印章。原始凭证金额有错误的，应由出具单位重开，不得在原始凭证上进行更正。

第七，填制要及时。各种原始凭证一定要及时填写，并按照规定的程序及时送交会计机构经会计人员进行审核。

2）原始凭证的审核要求。原始凭证的审核内容主要包括原始凭证的真实性、合法性、合理性、完整性、正确性和及时性。经审核的原始凭证应根据下列情况进行处理：

第一，对于完全符合要求的原始凭证，应及时据以编制记账凭证入账。

第二，对于真实、合法、合理但内容不够完整、填写有错误的原始凭证，应退回给有关经办人员，由其负责将有关凭证补充完整、更正错误或重开后，再办理正式会计手续。

第三，对于不真实、不合法的原始凭证，会计机构和会计人员有权不予接受，并向单位负责人报告。

出纳人员在办理收款或付款业务之后，应在原始凭证上加盖"收讫"或"付讫"的戳记，以避免重收重付。

（3）记账凭证的填制与审核。

1）编制记账凭证的基本要求。

第一，记账凭证的各项内容必须完整。

第二，记账凭证应连续编号。一笔经济业务需要填制两张以上记账凭证的，可采用分数编号法进行编号。

第三，记账凭证的书写应清楚、规范。相关要求与原始凭证相同。

第四，记账凭证可根据每一张原始凭证填制，或根据若干张同类原始凭证汇总编制，也可根据原始凭证汇总表填制；但不得将内容和类别不同的原始凭证汇总填制在一张记账凭证上。

第五，除了结账和更正错误的记账凭证可以不附原始凭证以外，其他记账凭证必须附有原始凭证。

第六，填制记账凭证时如果发现错误，则应重新填制。已登记入账的记账凭证在当年内发现填写错误时，可用红字填写一张与原内容相同的记账凭证，在摘要栏内注明"注销某月某日某号凭证"的字样，同时再用蓝字重新填制一张正确的记账凭证，注明"订正某月某日某号凭证"的字样。如果会计科目没有错误，只是金额错误，也可将正确数字与错误数字之间的差额另外编制一张调整的记账凭证，调增金额用蓝字，调减金额用红字。如果发现以前年度记账凭证有错误，则应用蓝字填制一张更正的记账凭证。

第七，记账凭证填制完经济业务事项以后，如有空行，则应自金额栏最后一笔金额数字下的空行处至合计数上的空行处画线注销。

2）编制记账凭证的具体要求。

第一，收款凭证的编制要求。收款凭证左上角的"借方科目"按收款的性质填写"现金"或"银行存款"；日期应填写编制本凭证的日期；右上角填写编制收款凭证的顺序号；"摘要"填写对所记录的经济业务的简要说明；"贷方科目"填写与收入现金或银行存款相对应的会计科目；"记账"是指该凭证已登记账簿的标记，防止经济业务事项重记或漏记；"金额"是指该项经济业务事项的发生额；该凭证右边的"附件张"是指本记账凭证所附原始凭证的张数；最下边分别由有关人员签章，以明确经济责任。

第二，付款凭证的编制要求。付款凭证的编制方法与收款凭证大致相同，只是左上角由"借方科目"变为"贷方科目"，凭证中间由"贷方科目"变为"借方科目"。对于涉及"现金"和"银行存款"之间的经济业务，一般只编制付款凭证，不编制收款凭证。如从银行提取现金10 000元，以备零星开支，要填付款凭证。

第三，转账凭证的编制要求。转账凭证将经济业务事项中所涉及的全部会计科目按照先借后贷的顺序计入"会计科目"栏中的"一级科目"和"二级及明细科目"，并按应借、应贷方向分别计入"借方金额"或"贷方金额"栏。其他项目的填列与收、付款凭证相同。

（4）记账凭证的审核内容。记账凭证的审核内容主要包括内容是否真实，项目是否齐全，科目是否正确，金额是否正确，书写是否正确。

（5）会计账簿。会计账簿是指由一定格式的账页组成的，以经过审核的会计凭证为依据，全面、系统、连续地记录各项经济业务的簿籍。各单位应按照国家统一的会计制度的规定和会计业务的需要设置会计账簿。设置和登记账簿是编制会计报表的基础，是连接会计凭证与会计报表的中间环节，在会计核算中具有十分重要的意义。通过账簿的设置和登记，可以记载、储存、分类、汇总、检查、校正、编报、输出会计信息。

1）会计账簿与账户的关系。账户存在于账簿之中，账簿中的每一账页就是账户的存在形式和载体，没有账簿，账户就无法存在；账簿序时、分类地记载经济业务，是在个别账户中完成的。因此，账簿只是一个外在形式，账户才是它的真实内容。账簿与账户之间的关系是形式和内容的关系。

2）会计账簿的分类。①按账页格式的不同，会计账簿可分为两栏式账簿、三栏式账簿、多栏式账簿、数量金额式账簿和横线登记式账簿；②按用途的不同，会计账簿可分为序时账簿、分类账簿和备查账簿；③按外形特征的不同，会计账簿可分为订本账、活页账和卡片账。

3）会计账簿的基本内容。①封面，用来标明账簿的名称；②扉页，用来列明科目索引、账簿启用和经管人员一览表；③账页，是账簿用来记录经济业务事项的载体，包括账户的名称、登记账户的日期栏、凭证种类和号数栏、摘要栏、金额栏、总页次、分户页次等基本内容。

4）会计账簿的启用。启用会计账簿时，应在账簿封面上写明单位名称和账簿名称，并在账簿扉页上附启用表。启用订本式账簿时，应从第一页到最后一页顺序编定页数，不得跳页、缺号。使用活页式账页时，应按账户顺序编号，而且必须定期装订成册；装订后再按实际使用的账页顺序编定页码，另加目录，记明每个账户的名称和页次。

（四）成本核算的基本原理

1. 成本核算的原则

为确保成本核算的正确性，提高成本信息的质量，应当遵循以下原则：

（1）实际成本（历史成本）原则。实际成本是资产计价的一条重要原则。在成本核算中遵循实际成本原则，是指生产过程中发生的各种劳动耗费，都应以其取得或发生时的实际成本计量，它包含三方面的含义：①对经营活动中所耗用的原材料、燃料、动力和人工等费用，都要按实际成本计价；②对固定资产折旧必须按其原始成本和规定的使用年限计算；③对成本对象要按实际成本计价。

这样计算出的产品成本是实际的生产成本，可真实反映生产过程中的耗费水平。特别是材料成本，易受市场变动的影响，但在该原则下，市场变动的影响无须加以考虑。

遵循实际成本原则，企业不得以计划成本、估计成本、定额成本代替实际成本。但是并不排除企业为了进行成本控制而建立各种标准成本、预算成本和定额成本等控制标准。这些标准只能是一种规划成本或目标成本，是企业成本管理努力的方向。在建立控制标准的前提下，再将生产过程中的实际生产耗费与之比较，还可以揭示成本差异，评价成本管理绩效。所以采用计划成本或定额成本核算的企业，应当按照规定的成本计算期，及时调整为实际成本。

（2）权责发生制原则。权责发生制是收入、费用的确认原则。成本核算中大量地存在着确认费用支出的问题，这就要求遵循权责发生制原则。即一切生产费用，都应当按照其受益的会计期间而非按其支付的会计期间加以确认。在企业，生产费用的发生与支付可能同时，也可能不同时。如以银行存款支付办公费、差旅费，就属于前种情况；而低值易耗品摊销及预提借款利息则属于后一种情况，即通常所说的待摊费用和预提费用。因此对待摊费用和预提费用等跨期摊配费用应确认计入哪一个会计期间，是权责发生制下的核心问题。成本核算贯彻权责发生制原则，能够使成本信息较为准确地反映成本责任，从而为正确计算损益提供可靠的依据。

（3）配比原则。配比原则是收入与费用相比较，以确定损益的原则。配比原则有广义和狭义之分：广义的配比是指一定的费用支出必定会带来相应的收入，两者具有经济上的因果关系，但在时间上不一定同步，即费用发生在先，收入实现在后。在生产过程中，各种生产耗费与其收入之间的关系，大多具有这种特征。另外，这些生产费用虽然已经发生，但不一定构成期间费用，而是先凝结为在产品或产成品成本，随着产品交付的实现，其耗费才能够从收入中得以补偿。狭义的配比仅指一定期间实际支付的费用或从资产价值中转化的费用与相应收入进行比较，它强调收入与费用必须计入同一会计期间，它们之间的配比关系会直接影响到当期的损益。

（4）受益原则。受益原则是归集和分配生产费用的原则，即确定一项费用是否应计入某一期间、某一部门，应当看费用的发生是否是该期间、该部门受益。如果受益，应当承担该项费用；如果不受益，则不应承担该项费用。如辅助生产费用，就应当按照各种受益部门及其受益的劳务量的比例进行分配。因此受益原则的基本特点可以概括为：何者受益，何者负担费用；何时受益，何时负担费用；负担费用的多少应与收益量或受益程度的大小成正比。按受益原则归集和分配生产费用，是为了使收入与费用更好地加以配比。

（5）正确划分各种费用界限。为正确进行成本核算，正确计算产品、劳务成本和期间费用，必须正确划分以下费用界限：

1）正确划分应计入成本费用和不应计入成本费用的支出界限。施工企业经营活动的多样性决定了费用支出的多样性。在企业诸多的费用支出中，有些与生产经营活动密切相关，有些却与生产经营活动无关，在成本核算中，一定要划清这两种费用的界限。即与生产经营活动有关的成本费用，都可计入产品、劳务成本或期间费用，由生产经营活动收入予以补偿；与生产经营活动无直接关系的营业外支出，也可以直接计入当期损益。还有一些支出，不属于企业的生产经营活动，如购买或建造固定资产、取得无形资产和其他资产、对外投资等，其支出也就不能作为生产经营的成本费用。

另外，被没收的财物，支付的滞纳金和罚款、违约金、赔偿金，以及企业赞助、捐赠支出；国家法律、法规规定以外的各种付费以及国家规定不得列入成本、费用的其他支出均不得列入成本、费用。

2）正确划分生产费用和期间费用的界限。企业日常生产经营所发生的各项耗费，其用途和计入损益的时间是有所不同的。用于产品生产和劳务的费用形成产品成本和劳务成本，并在产品销售和劳务提供后作为营业成本计入企业损益，而当期发生的营业费用、管理费用和财务费用则作为期间费用，直接计入当期损益。因此，应正确划分生产费用和各项期间费用的界限，防止人为调节各月成本和各月损益的做法。

3）正确划分各月份的费用界限。为了按月分析和考核成本计划的执行情况和结果，正确计算各月损益，还必须正确划分各月份的费用界限。本月发生的费用，都应在本月全部入账，不能将其一部分延至下月入账。更重要的是，应当贯彻权责发生制原则，正确地核算待摊费用和预提费用。本月份支付，但属于本月及以后各月受益的费用，应记作待摊费用，在各月间合理分摊计入成本（受益期限超过一年的费用，应记作长期待摊费用，在费用项目的受益期限内，分月摊入成本）。本月虽未支付，但本月已经受益，应由本月负担的费用，应记作预提费用，预提计入本月的成本。

为了简化核算工作，对于数额较小的应该跨期摊销和预提的费用，也可以将其全部计入支付月份的成本，而不作为待摊费用和预提费用处理。正确划分各月份的费用界限，是确保成本核算正确的重要环节。应当防止利用待摊和预提的办法人为地调节各月成本，人为地调节各月损益的错误做法。

4）正确划分各种产品的费用界限。如果企业生产的产品不止一种，那么为了正确地计算各种产品的成本，正确地分析和考核各种产品成本计划或定额成本的执行情况，必须将应计入本月产品成本的生产费用在各种产品之间正确地进行划分。

凡属于某种产品单独发生，能够直接计入该种产品的费用，都应直接计入该种产品成本；凡属于几种产品共同发生，不能直接计入某种产品的费用，则应采用适当的分配方法，分配计入这几种产品的成本。应该防止在盈利产品与亏损产品之间、可比产品与不可比产品之间任意转移生产费用，借以掩盖成本超支或以盈补亏的错误做法。

5）正确划分完工产品与在产品的费用界限。在月末计算产品成本时，若某种产品已全部完工，那么，这种产品的各项生产费用之和就是这种产品的完工产品成本；若某种产品均未完工，那么，这种产品的各项生产费用之和，就是这种产品的月末在产品成本；若某种产品既有完工产品，又有在产品，则应将这种产品的各项生产费用，采用适当的分配方法在完工产品与月末在产品之间进行分配，分别计算完工产品成本和月末在产品成本。应当防止任意提高或降低月末在产品成本，人为地调节完工产品成本的错误做法。

上述五方面费用界限的划分过程，也就是成本的计算和各项期间费用的归集过程。在这一过程中，应贯彻受益原则，即何者受益何者负担费用，何时受益何时负担费用；负担费用的多少应与受益程度的大小成正比。

2. 财产物资计价与价值结转方法

施工企业的生产经营过程，同时也是各种劳动的耗费过程。在各种劳动耗费中，财产物资的耗费（即生产资料价值的转移）占有相当的比重。因此这些财产物资计价和价值结转方法是否恰当，会对成本计算的正确性产生重要的影响。企业财产物资计价和价值结转，主要包括以下方法：

（1）固定资产原值的计算方法、折旧方法、折旧率的种类和高低。

（2）固定资产与低值易耗品的划分标准。

（3）材料成本的组成内容、材料按实际成本进行核算时发出材料单位成本的计算方法、材料按计划成本进行核算时材料成本差异率的种类（个别差异率、分类差异率还是综合差异率，本月差异率还是上月差异率）、采用分类差异率时材料类距的大小等。

（4）低值易耗品和包装物价值的摊销方法、摊销率的高低及摊销期限的长短等。

为了正确地计算成本，对于各种财产物资的计价和价值的结转，均应采用既较为合理又较为简便的方法。国家有统一规定的，应采用国家统一规定的方法。各种方法一经确定，应保持相对稳定，不能随意改变，以保证成本信息的可比性。

3. 成本对象与成本分配

（1）成本对象。成本计算对象是为了计算经营业务成本而确定的归集经营费用的各个对象，也是成本费用的承担者。成本对象可以是一种产品、一项服务、一张订单、一纸合同、一个作业、或是一个部门。近几年，作业开始成为重要的成本对象。作业是一个组织内部分工的基本单元。作业还可以定义为组织内行动的集合，它有助于管理人员进行计划、控制和决策。在成本分配中，作业扮演着重要的角色，成为现代成本会计系统的必要组成部分。

1）成本对象的特点。产品分有形产品和无形产品两种。生产有形产品的企业称为生产性企业，提供无形产品（服务）的企业称为劳务性企业。有形产品指的是通过耗用人工以及工厂、土地和机器等资本投入将原材料加工而成的产品。建筑产品是有形产品之一。无形产品是指为顾客开展的各项服务或作业，或是顾客使用组织的产品或设施自行开展的作业，即为顾客提供服务。服务也需要耗用材料、人工和投入资本。

服务与有形产品相比，主要有四方面的差别：无形性、瞬时性、不可分割性和多样性。无形性是指某项服务的购买者在购买之前无法直接感觉到该项服务的存在，因而服务是无形产品；瞬时性是指顾客只能即时享受服务，而不能储存到未来；不可分割性是指服务的提供者与购买者通常有直接的接触，以使交换得以发生；多样性是指服务的提供比产品的生产有着更大的差异性，提供服务的人员会受到所从事工作、工作伙伴、教育程度、工作经验、个人因素等的影响。

2）成本对象的构成要素。

第一，成本计算实体。成本计算实体是指承担费用的企业经营成果的实物形态。对于生产性企业而言，成本计算实体可以划分为某种产品、某批产品和某类产品的产成品或半成品；对于劳务性企业而言，往往不存在有形的成本计算实体，而只能确定劳务的性质。

第二，成本计算期。成本计算期是指归集费用、计算企业成本所规定的起讫日期，也就是每次计算成本的期间。生产性企业按其生产特点，可分为产品的生产周期和日历月份；劳务性企业一般均以日历月份为成本计算期。

第三，成本计算空间。成本计算空间是指费用发生并能组织企业成本计算的地点（部门、单位）。生产性企业的成本计算空间可分为全厂和各生产步骤；劳务性企业可划分为各部门和各单位。

（2）成本分配。成本分配包括成本追溯与成本分摊。成本追溯是把直接成本分配给相关的成本对象；成本分摊是把间接成本分配给相关的成本对象。成本分配主要有以下方法：

1）直接追溯法。直接追溯法是根据成本的可追溯性分配成本的方法。可追溯性是指采用某一经济可行方法并遵循因果关系将成本分配至各成本对象的可能性。成本的可追溯性越强，成本分配的准确性就越高。因此建立成本的可追溯性是提高成本分配准确性的关键一环。

2）动因追溯法。通过因果分析确定成本耗费因素，称为成本动因。这些动因是可观察的，且能够计量出成本对象的资源消耗情况。它是影响资源耗用、作业耗用、成本及收入等方面的变化因素。动因追溯是指使用动因将成本分配至各成本对象的过程。尽管它不如直接追溯法准确，但如果因果关系建立合理，成本归属仍有可能达到较高的准确性。

动因追溯法分为使用资源动因和作业动因两种动因类型来追溯成本。资源动因计量各作业对资源的需要，用以将资源分配到各个作业上；作业动因计量各成本对象对作业的需求，并被用来分配作业成本。

3）分摊法。分摊法是分配间接成本的方法。将间接成本分配至各成本对象的过程，称为分摊。由于不存在直接的因果关系，分摊间接成本就建立在成本的发生与分配标准有密切联系的基础上。在将该种间接成本分配计入各成本计算对象时，所选择的分配标准应满足"受益"原则，并认为按此分配标准计入企业成本中的费用是真实的。

一般情况下，分配间接成本的标准主要包括三类：①成果类，例如分配对象的重量、体积、产量、产值等；②消耗类，例如分配对象的生产工时、生产工资、机器工时、原材料消耗量或原材料费用等；③定额类，例如分配对象的定额消耗量、定额费用等。

4. 成本计算方法

产品成本是在生产过程中形成的，产品的生产工艺过程和生产组织不同，采用的产品成本计算方法也有所不同。计算产品成本是为了加强成本管理。所以企业只有按照产品生产特点和管理要求，选用适当的成本计算方法，才能正确、及时计算成本，为成本管理提供有用的成本信息。

在长期的成本计算实践中，人们总结出了多种不同的成本计算方法，以适应不同企业成本核算和管理的需要。这些成本计算方法大体可分为成本计算基本方法和成本计算辅助方法两类。

（1）成本计算的基本方法。成本计算基本方法是根据企业的不同生产类型及特点，按照成本对象的不同设计的成本计算方法，是设计其他成本计算方法的基础。成本计算的基本方法包括品种法、分批法和分步法三种。

1）品种法。品种法是以产品品种为成本对象，并按产品品种归集和分配生产费用的一种产品成本计算方法。它适用于大量大批单步骤生产的企业。在这种类型的生产中，产品的生产工艺过程具有不可间断性，或是在管理上不要求划分步骤，或是在生产组织上是按流水线进行的，都可以采用品种法计算产品成本。品种法适用于集中的商品混凝土生产、金属结构加工等生产，以及提供汽车运输、机械使用等劳务作业和供水、供电、机修等辅助生产。

2）分批法。分批法也称订单法，它是以产品的生产批次为成本计算对象，并按不同批次的产品归集和分配生产费用的一种成本计算方法。分批法的生产特点是：生产断断续续，不如分步法生产连续紧密；在生产中有许多不同的批号订货同时进行，每批订货所需要的材料、人工和制造方法各不相同，因此，必须分批组织产品成本的计算，分批核算其生产成果。这种方法主要适用于小批量生产的企业，如建筑机械制造、修配、专项工程等。

3）分步法。分步法是以产品的生产步骤为成本计算对象，并按产品的生产步骤归集和分配生产费用的产品成本计算方法。它比较广泛地适用于大批大量的连续式复杂生产，如建筑工业的木材加工、混凝土构件制作等。

由于成本管理对步骤成本结转的要求不同，又有两种不同的结转方法，即逐步结转法和平行结转法。①逐步结转分步法，按照产品连续加工的先后顺序，将上一生产步骤的半成品成本顺序结转为下一生产步骤相同产品的生产费用，逐步计算出各中间步骤的半成品成本和最后一个生产步骤的产成品成本的方法；②平行结转分步法，平行结转分步法是以步骤产品成本及最终产品为成本计算对象的方法。所谓步骤产品成本，是指各步骤按其承担的责任核算该步骤应计入产品成本的份额，即为完工产品的步骤成本。成本的结转是以完成最终产品为依据的。

（2）成本核算的辅助方法。成本计算的辅助方法是根据企业生产的具体特点和管理要求，在成本计算的基本方法的基础上，进行调整、改造或简化而产生的成本计算方法，包括分类法、定额法、标准成本法和作业成本法等。

1）分类法。它是将成本核算中的品种法的成本对象进行分类，以产品类别为成本对象归集和分配生产费用，计算产品成本的一种成本核算方法。一般来说，对于那些产品品种、规格繁多的企业，如果采用品种法计算产品成本，计算工作会比较繁杂，可以考虑采用分类法。这种方法可以减少会计人员成本计算的工作量，是一种简便有效的成本计算方法。

2）定额法。它是以产品的生产定额为基准，通过计算实际成本脱离定额成本的差异来进行成本计算，配合企业进行成本定额管理的一种成本核算方法。对于实行定额管理且定额管理工作有一定基础的企业单位，为了配合定额管理工作，满足定额管理工作的要求并加强成本控制，通常采用定额法。该种方法要求按照符合定额的费用及脱离定额的差异分别进行核算并计算产品成本。

3）标准成本法。它是以标准成本为基准，为进行成本控制和考核，通过计算各成本项目的实际成本和标准成本的差异来进行成本计算和差异分析的一种成本核算方法。标准成本法的核心是建立标准成本制度。通过建立标准成本制度，考察企业现实成本与标准成本之间的差异，并通过差异分析，查找造成成本差异的原因，以便在生产过程中进行成本控制。

与传统的成本核算方法相比，标准成本制度更有利于企业在实际生产过程中进行成本控制。传统的成本核算主要"事后"核算，反映的是产品生产过程中所发生的实际消耗。但对管理而言，如果某些费用已经发生，人们也就无法对这些费用进行管理。标准成本制度在成本核算中，强调"事中"控制，特别注重产品生产过程中所发生的成本差异和差异分析，有利于管理部门根据企业成本变动情况及时采取有效措施，降低企业的成本水平。

4）作业成本法。它是以"作业"为核心，通过对不同作业的成本动因分析进行成本归集和计算的一种成本计算方法。作业成本法中的"作业"是指企业为了提供一定数量的产品或劳务，所发生的各种人力、物力、技术等消耗。作业成本法通过把企业的生产经营活动划分为各项不同作业，扩大了成本核算的范围。对企业生产经营按作业进行分解和进行作业动因分析，有利于分析各项资源向成本对象的流动情况，便于按生产经营活动计算成本和经营业绩，促进企业优化各类资源的组合。

成本计算是成本管理的基础，为进行成本分析、成本预测、成本决策等管理活动提供资料来源。管理会计人员均要熟悉企业成本的计算程序和计算方法。

二、公路工程成本预算管理

"在我国现阶段的公路工程建设工作中，为加强对工程施工企业预算成本的控制，当务之急是创建一个完整的预算管理体系，同时不断地完善与预算成本有关的制度。"[①]

（一）工程费用的估算

工程费用估算，即对工程项目各种费用的累计计算，也就是根据工程项目的设计图纸、说明书以及估算的其他条件等，得出该工程项目的工程数量；然后依据工程量中不同作业定额的类型算出所需的人工费、材料费、机械费和临时工程及其他各种管理费等；最后将这些费用汇总得出该工程项目所需要的资金总额。我国公路工程建设项目费用的估算一般包括工程项目的概算和预算两种形式。

1. 概算

概算是在工程项目计划开始的时候，根据国家及地方政府有关公路交通建设的文件和法定标准，进行工程项目费用的概略性估算。它是编制建设项目计划、签订建设项目总承

---

① 金拴仙：《浅议如何加强公路工程预算管理》，载《商品与质量》2015年13期，第55页。

包合同、实行建设项目包干、控制预算、考核设计经济合理性和建设成本的依据。编制概算或修正概算，应当全面了解工程所在地的建设条件，掌握各项基础资料，正确引用规定的定额、取费标准、工资单价和材料机械设备价格，使概算能完整准确地反映设计内容。

2. 预算

预算是根据工程项目设计图纸和说明书，按照工程项目的细目分别详尽地计算工程费。设计图纸经审定为施工图纸，而据此编制的预算又称为施工图预算。它是确定工程造价，签订工程合同，实行建设单位和施工单位投资承包和办理工程结算，实行经济核算和考核工程成本的依据。

由于概、预算涉及工程建设项目的计划投资和结算等重大问题，因此编制时必须严格执行国家的方针、政策和有关制度，符合公路设计、施工技术规范等专业技术标准的要求。概、预算文件一经批准就具有法定的约束力，所以它具有十分重要的意义。

（二）概算编制的依据

为了与实际工程项目的情况相符，经济合理准确地编制概预算文件，我国交通运输部经过多年的调查研究，又根据社会经济发展需要和工程技术的进步，近年几次修订了概、预算定额和编制办法，逐渐完善了我国公路建设项目的基础资料。国家法定性规定对公路工程建设中人工、材料、机械及其他费用的取费标准都做了具体详细的规定。

除此之外，因公路工程施工建设的地域条件和环境差别，还有一些其他地方性法定文件规定，主要包括以下内容：

（1）各省（自治区、直辖市）交通部门关于编制概、预算文件的补充规定，包括：人工、材料、机械、运输和征用土地等方面的地方性规定。

（2）工程设计图纸与设计文件。

（3）施工组织设计；从施工组织设计中，在确定的施工方案、方式和方法、施工进度及施工组织等方面，可得到编制概、预算的资料和依据。

（4）概、预算的调查资料；工程施工当地的自然条件、劳动力、材料、机具、动力分布和运输条件等方面的资料，可作为结合工程实际情况编制概、预算的依据。

（三）公路工程概、预算文件的组成

关于公路工程基本建设费用的概、预算细目，交通运输部统一制定了样式，已正式确定了工程项目造价成本计算的科目分类。因此，在编制时均应按照此标准来执行。概、预算文件由封面及目录，概、预算编制说明及全部概、预算计算表格组成。

（1）封面及目录。概、预算文件的封面和扉页应按规定制作。扉页的次页应有建设项目名称，编制单位，编制、复核人员姓名并加盖执业（从业）资格印章，编制日期及第几册共几册等内容。目录应按概、预算表的表号顺序编排。

（2）概、预算编制。概、预算编制完成后，应写出编制说明，文字力求简明扼要。应叙述的内容一般包括：①建设项目设计资料的依据及有关文号，如建设项目可行性研究报告批准文号、初步设计和概算批准文号（编修正概算及预算时），以及根据何时的测设资料及比选方案进行编制的等；②采用的定额、费用标准，人工、材料、机械台班单价的依据或来源，补充定额及编制依据的详细说明；③与概、预算有关的委托书、协议书、会议纪要的主要内容（或将抄件附后）；④总概、预算金额，人工、钢材、水泥、木料、沥青的总需要量情况，各设计方案的经济比较，编制中存在的问题；⑤其他与概、预算有关但不能在表格中反映的事项。

（3）概、预算表格。公路工程概、预算应按统一的概、预算表格计算，其中概、预算相同的表式，在印制表格时，应将概算表与预算表分别印制。

（4）概、预算文件。概、预算文件是设计文件的组成部分，按不同需要分为两组，甲组文件为各项费用计算表，乙组文件为建筑安装工程费各项基础数据计算表（只供审批使用）。甲、乙组文件应按《公路工程基本建设项目设计文件编制办法》关于设计文件报送份数的要求，随设计文件一并报送。报送乙组文件时，还应提供"建筑安装工程费各项基础数据计算表"的电子文档和编制补充定额的详细资料，并随同概、预算文件一并报送。

第三节　公路工程责任成本与质量成本管理

一、公路工程责任成本管理

（一）责任成本的含义与特征

责任成本是按照工程项目的经济责任制要求，在项目组织系统内部的各个责任层次，进行项目预算的分解，形成各责任层次的控制成本。因此，责任成本是以成本责任中心为主体所汇集的，隶属于该主体管理权限范围，并负有相应经济责任的可控制成本。"公路工程项目一般规模和投资大、建设周期长、参与的各方人员多、不确定性因素多、风险大，采取一般的成本管理方式很难有效控制成本。责任成本管理可通过对单位内部各职能部门或个人的经济责任和工作成绩进行计量、检查和考评，实现对公路项目成本的有效控制。"[1]

与工程成本相比，责任成本具有以下主要特征：

（1）成本核算对象不同。工程成本以特定时空范围的产品为生产费用汇集对象，而责任成本以责任成本中心为责任费用汇集对象。责任成本要落实到各责任中心，按责任中心进行核算、控制和考核，从而将成本核算和责任控制紧密地结合起来。

（2）成本核算原则不同。工程成本核算遵循的是权责发生制和受益原则，注重成本核算结果的真实性，所提供的成本信息与责任主体相关性较弱，对成本控制的有效性较差，而责任成本核算有效地强化了成本控制与监督职能。

（3）成本核算目的不同。工程成本核算主要是为正确计算损益提供成本依据，而责任成本核算的目的在于落实成本责任、考核成本管理工作绩效，为加强成本管理提供信息。

（4）成本核算依据不同。由成本核算目的所决定，工程成本核算必须严格执行企业会计准则和企业会计制度的有关规定，计算的是"财务成本"，而责任成本核算只须按企业内部管理的要求和特点自行设计责任成本制度，可以采用不同的核算模式和方法，计算的是"管理成本"。

（5）成本核算内容不同。工程成本的构成内容是产品生产过程发生的与生产经营活

---

① 　张志明：《价值工程责任成本管理在公路工程中的应用研究》，载《建材与装饰》，2018 年 30 期，第 209 页。

动相关的制造性费用，既包括可控成本，也包括不可控成本，但不包括期间费用；责任成本是各责任中心可以控制的各项耗费，不论其是否与生产过程直接相关，因此责任成本在内容上不仅包括产品可控成本，也包括可控期间费用。各责任中心以该中心可控成本为其责任范围。

（6）成本核算的期间范围不同。工程成本是在权责发生制的基础上，按成本核算对象汇集本期生产费用，调整期初、期末在工程成本计算中的结果，当期完工的工程成本，不一定全是当期发生的生产耗费。责任成本主要是责任主体在当期发生且应承担责任的耗费，基于"责任产生于耗费发生之时"的指导思想，在责任成本核算方法上，既不必考虑期初、期末的工程成本结转，也不必考虑权责发生制的要求。

尽管责任成本与工程成本存在着上述种种差别，但是它们之间仍存在着许多重要的联系。两者都属于成本范畴，数据都来自企业生产经营过程，具有一定的共享性；实行责任成本管理的主要目的是为了加强成本管理，最终要以降低工程成本为归属。

（二）责任成本管理的程序

（1）划分责任成本中心。责任成本中心的划分与确定是进行责任成本核算与管理的前提。施工企业应根据生产组织结构特点，确定责任成本中心，并根据各责任成本中心的情况，划分不同的责任层次。

（2）确定各责任成本中心应负责任成本的内容（即成本责任的范围）。合理确定责任成本范围是进行责任成本核算、控制和考评的依据。

（3）编制责任成本预算，分解责任成本。责任成本预算是责任成本控制的标准，施工企业应按各责任成本中心的责任成本内容、预算工作量、费用支出标准、内部结算价格等因素，编制责任成本预算，并进一步分解到各班组、工序等下一层次的责任单位，形成责任预算体系，以指导、约束各责任主体的成本行为。

（4）制定内部结算价格体系。各责任单位之间相互提供的产品和劳务应按规定的内部结算价格进行结算和责任转账，以便进行差异分析和责任控制。

（5）实施责任成本控制。在施工过程中对责任中心的责任成本采用一定的方法进行及时控制，对于降低工程成本有着重要作用。

（6）组织责任成本核算。责任成本核算是以责任成本中心为主体，汇集责任成本，落实成本责任的过程。责任成本核算体系的建立是责任成本管理的基础，它对于划清各责任中心的成本责任，正确、合理地考评各责任单位责任履行情况，保证责任成本管理的有效运作有着重要作用。

（7）编制责任成本报告，反映各责任成本中心成本责任的履行情况。责任成本报告又称责任成本控制绩效报告，是各责任成本中心根据责任成本核算资料编制的、反映责任成本预算执行情况，以评价责任成本差异形成的原因和责任归属的内部报告。责任成本报告揭示了各责任成本中心的责任成本发生情况，有利于进一步明确方向，为改进成本管理，加强成本控制提供依据。

（8）责任成本考核与激励。这是责任成本管理的重要一环，直接关系到责任成本管理的成败。

（三）责任中心与责任成本的划分

1. 责任中心的划分

企业管理通常都采用统一领导、分级管理的原则。至于分级管理的具体形式，则依企业组织机构不同而各异。但是，要实行责任成本管理，就必须对每个责任层次所进行的经济活动进行明确的责任范围划分，这个能够使各个责任层次严格进行控制的活动范围，称作责任中心。根据施工企业成本和费用的可控范围，可以分为两类责任中心：责任成本中心和责任费用中心。

（1）责任成本中心。责任成本中心是指成本发生的区域，即发生在施工现场的成本。具体划分时，应考虑施工企业的生产特点和组织特点，以能履行独立的职责，便于责任成本的核算与考核为原则确定。在工程项目组织里，项目经理部、工程队、班组都是一个责任成本中心；项目经理部中的有关部门，如财务、技术、行政等也可认为是一个责任成本中心。责任成本中心只对可控成本负责，其业绩的评价与考核也只能以可控成本为依据。

在确定成本的可控性时，由于各责任中心之间相互依存，因而应充分考虑控制的时间、空间和程度等方面的因素，尽量避免各责任中心权责划分不清的弊端。可控成本必须符合三个条件：①责任中心有办法知道它将发生什么样的耗费；②责任中心有办法计量它的耗费；③责任中心有办法控制它的耗费。

凡不符合上述三个条件的，称为不可控成本。责任中心的各项可控成本之和，即为该责任中心的责任成本。但是，可控成本的划分是相对的，下一级成本中心的不可控成本可能是上一级成本中心的可控成本。例如，材料采购成本对工程队而言为不可控的，但对材料供应部门来说却是可控的。通常，变动成本多是可控成本，固定成本大多是不可控成本。然而，情况并不总是这样。例如，施工中的预制件，若外购则为不可控成本，若自制则为可控成本；管理人员工资虽属于固定成本，但却是可控的。

（2）责任费用中心。责任费用中心又称酌量性责任成本中心，一般是指不能产生可以用货币计量生产成果的各职能管理部门，如施工企业的各职能管理部门。责任费用中心的共同特点是：既要对职能履行的后果负责，还要对自身的责任费用负责。

2. 责任成本的划分

根据工程项目的组织机构和责任中心，责任成本可划分为：工程项目的责任成本，项目组织各职能部门的责任成本，施工队的责任成本，施工队班（组）的责任成本等。

（1）工程项目的责任成本。工程项目的责任成本就是项目的目标成本，也就是项目部对企业签订的经济承包合同规定的成本，再减去税金和项目的盈利指标。即：

目标成本 = 合同价 – 企业上交经济指标 – 税金 – 项目盈利指标

(2-5)

用目标成本作为责任成本对项目成本进行管理和控制，才能真正实现项目的盈利，才能体现成本管理的责任制。

（2）项目组织各职能部门的责任成本。各职能部门的责任成本主要表现为与职能相关的可控成本。

第一，施工技术部门。制订的项目施工方案必须是在技术上先进、操作上切实可行，按其施工方案编制的预算不能大于项目的目标成本。

第二，材料部门。材料部门的责任成本即材料成本，应是在材料质量满足要求的条件下，材料的采购价格不超过项目的目标成本中的材料单价，材料的供应数量不超过目标成本所列数量。

第三，机械设备部门。机械设备部门的责任成本即机械使用成本，应是供应项目施工所用机械设备类型满足施工方案提出的机械组织施工，保证机械的完好率，并且做到充分发挥机械的效率，使机械使用费不超过目标成本的规定。

第四，质量安全部门。质量安全部门的责任成本是质量事故成本和安全事故成本，其责任是保证工程质量一次达到交工验收标准，没有返工现象，不出现列入成本的安全事故。

第五，财务部门。负责项目目标成本中可控的间接费成本，负责制定项目分年、季度间接费计划开支，不得超过规定标准。

（3）施工队的责任成本。施工队是责任成本管理的基本责任主体，承担责任中心管理范围内所承担的分项工程或分部工程以及单位工程成本中的可控成本，即可控直接材料成本和可控直接人工成本以及项目拨给施工队的间接成本。

（4）施工队班（组）的责任成本。施工队班（组）的责任成本是施工队责任成本中的一部分，即施工队责任中心范围内的分部分项工程或分项工程中的可控直接人工费和材料费，也就是班组的人工费及材料费。

（四）工程责任成本计划编制

工程项目责任成本计划是进行成本控制的起点，也是项目管理的起点之一。有了责任成本，就有了评价和判断工作完成的效率和尺度，从而在项目施工的全过程中，对各项费用的发生加以监督、限制和引导，及时发现和纠正脱离责任成本的偏差，以保证工程项目成本目标的顺利实现。

1. 工程责任成本计划的编制依据

（1）项目经理与企业本部签订的内部承包合同及有关材料，包括企业下达给项目的降低成本指标、目标利润值等要求。

（2）与业主单位签订的工程承包合同。

（3）项目的实施性施工组织设计。如进度计划、施工方案、技术组织措施计划、施工机械的生产能力及利用情况等。

（4）项目所需材料的消耗及价格等，机械台班价格及租赁价格等。

（5）项目的劳动效率情况，如各工种的技术等级、劳动条件等。

（6）历史上同类项目成本计划执行情况以及有关技术经济指标完成情况的分析资料等。

（7）企业编制的标后预算。

（8）其他有关的资料。

2. 工程责任成本计划的编制阶段

（1）确定工程项目目标成本（责任成本）。

（2）进行工程项目责任成本的分解。

（3）编制施工队责任成本计划。

（4）编制作业班（组）责任成本计划。

3. 工程项目目标成本的编制

工程项目目标成本是在对有关资料进行分析、预测，以及对工程项目使用资源进行优化，在企业编制的标后预算基础上，考虑工程项目的成本降低额后编制的项目总成本，它是经过努力可以实现的成本，也是工程项目成本管理工作的目标。

（1）确定目标成本及目标成本降低率。确定目标成本及目标成本降低率的具体步骤如下：

1）依据项目的合同、施工组织设计、标后预算以及企业对项目的要求、成本预测结果等，初步估算出项目降低成本的目标。

2）将项目的标后预算减去税金、目标利润和降低成本的目标值，即可得出项目的总目标成本。

3）计算项目的目标成本降低率。

（2）试算平衡。为了使初步制定的目标成本和目标成本降低率能落到实处，必须进行反复的试算平衡。试算的目的是根据已掌握的资料和有关的技术组织措施计划，测算它们的经济效果，看其能否达到目标成本的要求。

（3）编制项目成本计划表。项目成本计划表是项目成本计划的最终表现形式。项目成本计划通常包括：责任成本计划表、降低成本技术组织措施计划表和降低成本计划表。根据责任成本的管理需要，还应编制成本计划分解表，以落实项目内部各单位的经济责任。

1）责任成本计划表。责任成本计划表综合反映整个工程项目在计划期内施工工程的预算成本、计划成本、计划成本降低额和计划成本降低率。

2）降低成本技术组织措施计划表。降低成本技术组织措施计划表是预测项目在计划期内成本各直接工程费计划降低额的依据。该表的编制以技术部门为主，由其会同有关单位（与技术组织措施内容相关的）共同研究后确定，主要包括三部分内容：计划期拟采取技术组织措施的种类和内容，以及该项措施涉及的对象；经济效益的计算；各项直接工程费用的降低额。

4. 工程项目责任成本的分解

责任成本计划的分解不是简单地分解项目总的计划成本，而是为了落实经济责任，调动各方的积极性，便于项目成本的目标控制。因此，在成本计划分解之前，首先要做的是确定成本中心和各成本中心的责任成本——可控成本，其次才是根据成本中心和可控成本，对项目的总成本计划进行分解。

（1）责任成本可控范围的界定。编出符合实际的责任预算，首先要界定项目内部各责任中心所发生施工成本的可控范围，明确责任中心哪些是属于可控的成本，哪些是属于不可控的成本，便于在整个施工过程控制与管理，同时还明确了责任预算，对成本管理强化责任制提供可靠的依据。

1）项目组织系统内部责任成本可控范围的界定。项目组织系统内部责任成本，按照各职能部门及人员承担业务范围及对有关业务的控制程度确定。责任成本可控范围如下：

第一，施工技术职能部门及人员。施工技术员负责施工方案的制订是最优的，按方案编制的责任预算是最低的。不超过目标成本范围的责任成本，为可控成本。

第二，计划职能部门及人员。责任编制的计划和施工进度满足合同工期要求，并负责组织实施。由于计划管理协调不力而拖延工期、为加快施工进度赶工期增加的成本由计划职能部门承担的责任成本为可控成本。

第三，材料职能部门及人员。材料的采购成本为可控成本。其范围包括：实际支付的材料价款（含支付的增值税）；供货部门的手续费；材料运至施工场地堆放场或材料厂以前的包装费，运杂费及定额、非定额损耗费用；采购材料人员的工资，采购差旅费。材料的储备成本可控范围一般定为材料仓储、保管发生的费用，库存材料占用资金的占用费。

第四，设备部门及人员。设备购置成本的可控范围包括：固定资产的价款（含支付的增值税）；供货部门的手续费；固定资产运输途中的保险费等；租赁固定资产的台班费。

第五，财务部门及人员。财务部门及人员可控成本的范围包括：固定资产的折旧费、大修理费、汽车养路费、财务费；项目部及以下责任层次所发生的管理费、财务费。

第六，其他。其他成本可控范围主要包括：项目施工过程中发生的材料差价，给上级管理层上交的管理费、养老保险费、待业保险费、住房公积金、税金、从工资总额提取的职工福利费、工会经费、职工教育费等都由项目部进行控制。

2）施工队（含机械施工队）责任成本的可控范围的界定。施工队（含机械施工队）责任成本的可控范围一般包括：人工费，材料费，机械使用费中的人工费、燃料动力费，队级管理人员所发生的间接费。

3）施工队班（组）责任成本的可控范围的界定。

第一，人工费。按照责任预算中的人工费标准，根据完成的工程量所获得的人工费计算，或者按照班（组）职工的实发工资计算。

第二，材料费。按照实耗的各种材料数和材料责任单价计算，或者按照责任预算中规定的消耗材料数量和规定单价计算。

第三，机械使用费。按照实际消耗的燃料、动力数量和燃料、动力的责任单价及实际发生的机械工人工资和经常维修、保养费计算，或者按照责任预算中规定的台班费计算。

（2）项目责任成本计划的分解。为了保证项目责任成本计划的实现，必须按照经济责任制的要求，将成本计划在项目组织系统内部的各个责任层次上进行分解。分解可按组织机构进行，也可按工程实体结构进行，或者将两种方式结合起来进行分解。

项目责任成本在分解时可按年度进行，也可按整个项目完成期来进行。项目组织系统各职能部门可按年度或整个项目完成期进行分解，施工队可按承担项目的任务按年、季度分解，班组则可按承担任务按月分解。

5. 施工队责任成本计划的编制

施工队责任成本计划，包括承包的任务量、质量和安全。根据承包任务量及项目部对工期的要求编制分年度的责任成本计划，根据年度计划再分解为季度责任成本计划，之后进一步分解为月度的责任成本计划。

在年度责任成本计划中因完成任务项目较多，所以，要求按成本费用分类编制。季度责任成本计划根据年度责任成本计划和项目部下达的季度施工计划安排、要求完成的工作量及施工进度要求和形象进度、设计图纸及要求，编制季度责任成本计划。季度责任成本计划不计算间接费。施工队月责任成本计划只编制直接工程费，不考虑其他工程费。施工队月责任成本计划要求工程划分要细，一般细到分部工程或分部分项工程。月责任成本计划根据月施工计划安排的施工项目及项目进度进行编制。

6. 作业班（组）责任成本计划的编制

项目责任成本管理最基层的责任中心就是施工队的作业班（组）。作业班（组）是项目施工生产第一线的生产组织，作业班（组）施工成本的有效控制，是责任成本管理的关键之一。作业班（组）的责任成本构成主要是成本中的直接工程费，所以责任成本计划编制是根据作业班（组）承担的工程任务量、施工难度、工期、质量与安全的要求进行的。作业班（组）责任成本计划编制一般可以采用以下两种方法：

（1）按工、料、机消耗量编制责任成本计划。按工、料、机消耗量编制责任成本计划是指以班（组）承担的任务量和标后预算中规定使用的工、料、机械台班定额为标准，计算出应该消耗的数量承包给班（组）。这种责任成本计划的优点是简单明白，便于操作。因为班（组）按照规定的消耗标准完成施工任务，说明施工生产第一线的施工直接成本没有超过项目部、施工队的施工直接成本，项目部一般不会出现大的亏损。成本管理成败与否关键是控制施工生产第一线工、料、机的消耗量。

（2）按发生的施工费用编制班（组）责任成本计划。依据工、料、机消耗量责任成本计划与责任预算和对责任成本计划的责任单价标准编制施工班（组）的施工费用责任成本计划。

作业班（组）的责任成本计划编制一定要细，能让班（组）每个成员一目了然，而且便于操作，这样才有利于计划的执行。

（五）工程责任成本控制

责任成本控制是在责任成本计划执行过程中，责任成本中心在满足合同条款要求的前提下，对项目施工过程中所发生的各项费用支出，采取一系列措施进行严格的监督和控制，及时纠正发生的偏差，以保证项目成本目标的实现。

1. 工程项目责任成本控制的对象

（1）以项目成本形成过程作为控制对象。对工程项目成本的形成进行全过程、全面的控制，包括：工程投标阶段的工程成本预测控制；施工准备阶段，结合图纸的自审、会审和其他资料，编制实施性施工组织设计，通过多方案的技术经济比较，从中选择经济合理、先进可行的施工方案，编制成本计划，进行成本目标风险分析，对成本进行事前控制；在施工阶段，以施工预算、施工定额和费用标准对实际发生的费用进行控制；在竣工移交及保修期阶段，对验收过程发生的费用及保修费支出进行控制。

（2）以项目的职能部门、工程队和班组作为成本控制对象。成本控制的具体内容是日常发生的各种费用和损失。它们都发生在项目的各个部门、工程队和班组。因此，成本控制也应以部门、工程队和班组作为成本控制对象，将项目总的成本责任进行分解，形成项目的成本责任系统，明确项目中每个成本中心所承担的责任，并据此进行控制和考核。

（3）以分部分项工程作为成本控制对象。为了把成本控制工作做得扎实、细致，落在实处，还应以分部分项工程作为成本控制对象，编制施工预算，分解成本计划，按分部分项工程分别计算工、料、机的数量及单价，以此作为成本控制标准，对分部分项工程进行成本控制。

2. 工程项目责任成本控制的措施

工程项目的各责任中心从施工成本的形成看，包括直接成本和间接成本；从施工全过程发生的费用看，包括直接费用、间接费用和期间费用，即人工费、材料费、机械费、其他工程费以及管理费用和财务费用。不论是从成本构成的角度还是从成本费用构成的角度出发，对责任成本进行日常控制必须项目全员参加，根据各自的分工不同采取相应的控制措施。

（1）施工技术和计划经营部门或职能人员。

1）根据实施性施工组织设计的进度安排及业主或发包单位的要求合理安排施工计划，合理地、科学地组织与动态地管理施工。及时组织项目、验收计价、收回工程价款，保证施工所用资金的周转，避免建设单位在不拨款的条件下要求加快施工进度，占用资金。

2）根据业主或发包单位工程价款到位情况组织施工，避免垫付资金施工情况。

（2）材料、设备部门或职能人员。

1）严格控制材料、配件的储备量，处理超储积压的材料、配件。可盘活储备资金，加速流动资金的周转。

2）控制材料、配件的采购成本。尽量就地取材；选择最经济的运输方式；选择最低费用的包装费；尽量做到采购的材料、配件直接进入施工现场，减少中间环节，减少业务提成。

3）控制采购材料、配件的质量。坚持做到"三证"不全不入施工现场和仓库，确保材料、配件的质量，同时也减少了不合格次品的损失。

4）坚持限额领发料、退料制度，达到控制材料超消耗的目的。

（3）财务部门或职能人员。

1）控制间接费用，按照制订间接费使用计划执行。特别是财务费用及责任中心不可控的成本费用，如上交管理费、固定资产折旧费、税金、提取的工会会费、劳动保险费、待业保险费、固定资产大修理费、养路牌照费、机械退场费等。财务费用主要是控制资金的筹集和使用，调剂资金的余缺，减少利息的支出，增加利息收入。

2）严格其他应收预付款的支付手续。例如，购买材料、配件及分包工程等预付款，应手续完善，有支付依据，有预付款对方开户银行出具的资信证明，并经项目部领导集体研究确定。

3）其他费用控制，按照规定的标准、定额执行。

4）对分包商、施工队支付工程价款时，应手续齐全。必须有技术部门及计划验工计价单，项目部领导签字方可拨款。

（4）其他职能部门或职能人员。其他职能部门或职能人员，根据分工不同严格控制施工成本。例如，安全质量管理部门必须做到质量、安全不出大事故；劳资部门对临时工应严格管理控制发生的工费等。

（5）施工队（含机械队）班（组）或职工。施工队（含机械队）的班组（含机组）主要是控制人工、材料和机械使用费。要求做到严格限额发料和退料手续，加强管理，避免窝工、返工，从而提高劳动效率。机组主要是控制燃料、动力费和经常修理费，坚持机械的维修保养制度，保持设备的完好率、利用率和出勤率，达到提高设备效率的目的。

（6）施工队（含机械队）。施工队（含机械队）主要控制人工费、材料费、机械使用费、可控的间接费。

3. 工程施工过程责任成本的控制

（1）施工准备阶段。

第一，进行成本预测，确定成本目标。

第二，优化施工方案，对施工方法、施工顺序、机械设备的选择，作业组织形式、技术组织措施的确定等方面进行认真研究分析，运用价值工程思想，制订出科学先进、经济合理的施工方案。

第三，编制成本计划并进行分解。

第四，在保证施工生产能顺利进行的条件下，尽量减少库存，合理组织物资供应。

第五，对施工队伍、机械的调迁、临时设施建设等其他间接费用的支出，做出预算，进行控制。

第六，划分成本中心，落实成本责任，制定成本控制工作制度。

（2）施工阶段。

第一，进行标准成本的分解、落实。

第二，及时准确地记录、整理、核算实际发生的费用，计算实际成本。

第三，经常进行成本差异分析，采取有效的纠偏措施，在充分注意不利差异的基础上，认真分析有利差异产生的原因，以防对后续作业成本产生不利影响或因质量低劣而造成返工的现象。

第四，注意质量成本。

第五，注意工程变更、项目设计及不可预计的外部条件（如交通突然中断）对成本控制的影响。

第六，经常检查各成本中心的成本控制情况，检查成本控制责、权、利的落实情况，分析成本目标。

（3）验收移交阶段。

第一，工程移交后，要及时结算工程款，进行成本分析，总结经验，并将此反馈给在建工程的成本控制工作者。

第二，控制保修期的保修费用支出，并将此问题反馈至有关责任者。

第三，进行成本控制考评，落实奖惩制度。

4. 工程责任成本控制报告的编制

（1）责任成本控制目标。责任成本控制的目标，就是各责任成本中心根据其权责范围预定成本目标，对成本目标的一切生产耗费进行指导、限制和监督，发现偏差，及时纠正，保证实现或超过预定的成本降低目标。责任成本控制目标的确定和实施按责任层次进行。

（2）内部结算和转账。实行责任成本，企业的全部成本都有一定的责任归属，但由于部门之间相互提供产品和劳务等交叉服务，因此，必须严格划分责任归属，做好内部相互提供产品和劳务费用的转账。

1）企业内部相互提供产品（自制材料、半成品、结构件等），可制定内部统一结算价格作为价格标准，以排除价格因素对责任成本的影响。

2）项目部领用企业内部自制半成品、自制结构件，可在直接材料项目下单独设置。自制半成品或"自制结构件"项目进行核算。

3）由上道工序转来的在建工程、在产品，发现为废品、次品、不合格品，因降价、报废的损失或因采取整理、修补、返工等工作而耗费的工料费用，应填制转账单，转由上道工序负担。

（3）责任层次控制报告。责任成本报告应由各成本中心自下而上逐级编报和汇编上报直至最高管理层次。每一级的责任成本计划和责任成本报告，除最基层的一级只有本身的可控成本外，都应包括下属单位转来的责任成本和本身的可控成本。同时，也可列出不可控成本，使成本中心的负责人能够了解同本责任中心有关的成本全貌。各层次编报责任成本报告的主要内容如下：

1）班组责任成本。由班组长负责，每月由班组核算员编制一份本班组的实绩报告，报送施工队，在实绩报告中列举班组所控制的计划成本、实际成本和成本差异。班组的成本报告应着重"一时一事一分析"，完成一项业务量就可编写一份成本报告。

2）施工队责任成本。由施工队长负责，每月由施工队成本员编制一份本施工队的实绩报告报送项目经理部。在施工队实绩报告中要汇总本施工队所属班组的责任成本，并加上直接属于本施工队的可控成本，如施工队控制的其他工程费、间接费用以及由于专职人员责任造成的施工损失。在实际报告中须列示计划成本、实际成本和成本差异。施工队成本报表按月编制，汇编本月份班组责任成本及施工队可控成本。在项目栏内分别列示工程名称及成本项目，以示责任成本与工程成本的内在联系。

3）项目经理部责任成本。由项目经理负责。每月由该部财会（成本）组汇总编制各施工队的责任成本，加上本部控制间接费用和施工管理损失上报公司。责任报告也要列出本期计划成本、实际成本和成本差异。项目经理部是综合成本核算单位。因此，也是综合成本中心。它既要核算项目部的责任成本，也要综合核算承担的工程项目成本。在此，责任成本与工程成本得到全面、完整的体现而融为一体。

4）公司责任成本。由总经理负责，财会部门每月编制公司的成本报告，汇总项目经理部等责任成本及由公司供应部门控制的材料价格差异等。公司的管理费用、财务费用等不属于工程成本（制造成本），可列作期间费用单独控制。

（六）工程责任成本经济核算

工程责任成本核算的内容主要包括项目施工过程中的消耗、资金占用、成本和利润等，它通过一个完整的指标体系来衡量。在具体开展核算工作时，又分别是通过会计核算、统计核算和业务核算来进行的，从而形成了完整的核算体系。通过经济核算体系评价各责任中心业绩，并作为各责任中心兑现奖罚的依据。

1. 会计核算

尽管责任成本与工程成本在核算对象、核算原则和核算目的等方面存在不同，但他们都属于成本范畴，核算数据都来自企业生产经营过程，具有一定的共享性，他们在核算形式、内容、方法等方面也有着密切的关系，其差异可以通过一定的方法进行调整。因此，可以将责任成本核算和工程成本核算结合起来，通过一套程序和方法，同时提供两方面成本信息的核算，使不同成本核算对象在同一核算程序和方法下相互衔接，以达到成本管理的目的。工程项目责任成本核算可以采用以下两种不同形式：

第一，以责任成本核算为基础调整计算工程成本。

第二，以工程成本核算为基础调整计算责任成本。

以责任成本核算为基础调整计算工程成本的一般程序包括：①将发生的各项耗费按可控性进行划分，设置责任成本账户核算施工现场的责任成本，编制责任成本报告；②将责任成本调整转换为本期发生的生产费用；③根据施工项目特点，选择相适应的工程成本计算方法，计算工程成本。

（1）在以责任成本核算为基础调整计算工程成本形式下，施工现场既要设置责任成本账户，也要按成本计算对象设置生产成本账户，并通过一套账务处理程序在两者之间进行结转和调整核算。施工现场发生的各项要素费用根据原始凭证或原始凭证汇总表划分为可控成本和不可控成本，分别记录在相关的责任成本账户，项目经理部责任成本账户归集发生于本项目的所有可控成本，包括确认为本项目责任而被追溯的成本，发生于本项目的不可控成本则结转至相关责任成本账户。期末将归集于本项目责任成本账户的费用按"权责发生制原则"调整跨期摊配费用，调减被追溯的责任成本，调增发生于项目经理部的不可控成本，再按"受益原则"编制"生产费用分配表"，将本期生产费用发生额按成本项目分配计入各工程成本计算对象之中，采用与项目特点相适应的成本计算方法，计算各工程成本。

（2）在以工程成本核算为基础调整计算责任成本形式下，工程成本仍按原有的方法核算，各项材料、自制半成品和劳务等耗费均按内部结算价格计价，这些成本差异由有关责任中心直接结转给企业财会部门，由财会部门将成本差异在各分项工程之间进行分配。施工现场发生的各项生产费用按可控性分别记录在生产成本的可控与不可控成本明细账户内，以便统一调整核算各责任中心的责任成本。

两种成本核算形式的结果完全相同，均同时满足责任成本核算和工程成本核算的要求，但又各有利弊。第一种核算形式有利于通过责任成本核算，对各中心责任成本实施及时控制，便于全面反映和分析各类责任成本差异，但核算工作量较大；第二种核算形式由于保留了原有的工程成本核算体系，易于为实际工作接受，且工作量较小，但不利于发挥责任成本核算在日常生产经营活动中的控制作用。

施工企业职能管理部门一般只发生各项期间费用，其中既有可控费用，也有不可控费用，应在期间费用账户下按可控和不可控及有关费用项目设置明细账。各职能部门的不可控费用，可以在各职能管理部门之间按照责任归属结转，也可以填制不可控费用通知单，在编制责任成本报告时予以扣除。各职能管理部门发生的可控费用，加上其他职能部门或施工现场发生，但属于本部门责任而转入的费用，构成该职能部门的责任费用。月末根据有关资料编制职能部门责任费用计算表，结转到财务部门，计入当期损益。

企业财会部门作为职能管理部门，要核算本部门的责任费用；作为企业的内部结算机构，要为各责任中心进行往来结算和责任转账；作为企业成本管理综合部门，要负责调整、归集并分配材料成本、自制半成品成本、产成品成本等各项差异，计算工程实际成本；各职能管理部门的各项期间费用转入财会部门，由其负责统一计入当期损益。

2. 统计核算

统计核算是利用业务核算资料、会计核算资料，把施工企业生产经营活动客观现状的大量数据表现，按统计方法加以系统整理，表明其经营管理效果。工程项目责任成本统计核算指标可以从责任成本中心和责任费用中心两方面进行。

（1）责任成本中心。责任成本中心主要统计项目施工活动的消耗，包括劳动消耗、材料消耗和机械设备利用三方面。

1）劳动消耗。劳动消耗反映项目劳动消耗方面的指标主要有出勤率、工日利用率、劳动生产率等。这些指标分别表示活劳动的消耗以及与生产成果的比例关系，以反映项目管理的水平。

2）材料消耗。在项目成本中，材料成本占有很大的比重，可达60%～70%。因此降低材料消耗对于降低成本，提高经济效益有着重大的影响。项目材料消耗指标可分为两大类：①单位建筑产品的材料消耗量；②材料利用率。对重点物资（如钢材、木材和水泥）还要计算总消耗量和节约指标。

单位建筑产品材料消耗量，是反映项目施工材料消耗水平的基本指标。它可以按价值量和实物工程量分别计算。材料利用率指标以产品的净重与所耗材料数量之比，表示材料的利用程度。

3）机械设备利用。机械设备的利用水平对劳动生产率的提高影响重大。因此，在项目的经济核算中，应当核算机械设备的完好与利用情况，以反映施工组织与管理水平的高低。机械设备完好利用方面的指标，主要有机械设备完好率和机械设备利用率。

（2）责任费用中心。责任费用中心统计指标可以按照不同的职能部门设立指标并进行统计。比如，对企业经营部门的责任指标有承揽任务中标率、承揽任务成本率、费用索赔率；对安全质量部门的责任指标有工程质量优良率、事故损失率、人员重伤率、人员死亡率；对工程管理部门的责任指标有产值完成额、资金利用率、利润完成额、回款率、资产质量状况等。

3. 业务核算

业务核算是各业务部门以业务工作的需要而建立的核算制度。它包括原始记录和计算登记表，如单位工程及分部分项工程进度登记、质量登记、工效、定额计算登记、物资消耗定额记录、测试记录等。业务核算的范围比会计核算、统计核算还要广，因为前两种一般是对已经发生的经济活动根据原始记录进行核算，而业务核算不但可以对已经发生的，而且还可以对尚未发生或正在发生的经济活动进行核算，看看是否可做，是否有经济效果。它的特点是对个别的经济业务进行单项核算，只是记载单一的事项，最多是略有整理或稍加归类，不求提供综合性、总括性指标。

核算范围不太固定，方法也很灵活，不像会计核算和统计核算那样有一套特定的系统的方法。例如各种技术措施、新工艺、新技术等项目，可以核算已经完成的项目是否达到预定的目的，取得预期的效果，也可以对准备采取措施的项目进行核算、分析预测下一期效果，从而确定是否值得采纳。业务核算的优点在于根据即时信息，迅速预测预期效果，及时采取纠正措施，调整方案，避免错误，减少损失和浪费。

通过会计核算、统计核算和业务核算三种方法，及时对工程项目的各项经济活动进行核算、对比、分析，使项目的各项经济活动处于有效的监控之中，及时对偏差采取纠正措施，降低各种资源消耗，降低成本，提高效益。

（七）工程责任成本分析

工程项目责任成本分析的主要任务，就是检查项目成本计划的执行情况，查明成本节约和超支的原因，寻求进一步降低成本的途径。

（1）直接成本分析。

1）人工费的分析。人工费是指建筑安装工人的基本工资、奖金、工资性补贴等。影响人工费的主要包括以下因素：

第一，实际耗用工日数与预算定额工日数之间的差异。其测算公式为：

用工日数变动的影响 =（预算用工日数 – 实际用工日数）× 预算日平均工资

$$(2-6)$$

第二，实际日平均工资与预算定额的日平均工资之间的差异。其测算公式为：

月平均工资变动影响 =（预算日平均工资 – 实际日平均工资）× 实际用工日数

$$(2-7)$$

上面两个公式只是测算耗用工日与日平均工资变动所带来人工费的节超。为进一步发现问题，还必须考虑耗用工日数和日平均工资的变化原因。一般来说，影响耗用工日数和日平均工资变化的原因有劳动生产率、工时利用水平，如非生产用工增加，技术等级，工效、工种之间的配合关系，技工和普工的比例。

在实际分析时，可以结合上述因素，对人工费的节超做进一步的分析，查明根本原因所在。

2）材料费的分析。在建筑产品中，材料费一般占工程成本的 60% ~ 70%。因此，材料费的节超对成本计划的实现具有重要影响，材料费分析是成本分析的重要内容，影响材料费高低的因素通常有：①量差，即材料实际耗用量与预算定额用量（包括按材料质次而增加的用量部分）；②价差，即材料实际单价与预算单价的差异。

第一，造成材料实际消耗量与定额耗用量差异的原因很多，如属于降低材料消耗的有改进操作工艺、改善工艺设计、开展材料代用、综合利用和修旧利废等；属于浪费材料的原因则更多，重要的有不严格执行技术组织措施，不严格按图纸施工、返工，提高混凝土强度等级，材料供应不配套、不及时，优材劣用等。

第二，造成材料价差的原因是多方面的，有主观因素，也有客观因素。属主观因素的，如盲目采购而对价格条件考虑不够，在采购中有不正当行为发生等。

3）机械使用费的分析。机械使用费是指在项目施工过程中，使用自有施工机械所发生的机械使用费，以及使用外单位施工机械发生的租赁费及按照规定支付的进出场费等。影响机械使用费的因素可以归结为两方面：一方面是台班数的增减；另一方面是台班成本的高低。而这两方面又受许多因素影响，如施工方案制订中对机械的选择、机械化程度的变化、机械利用情况的变化等。

对机械使用费的分析，可以分为三步进行：①根据实际工程量，对机械使用费的计划成本进行调整；②使用因素分析法分析台班数和台班成本变动；③从施工方案、机械化程度、机械效率、机械完好利用情况等方面进一步分析台班数和台班成本变动的原因。

4）其他工程费的分析。其他工程费的分析主要是通过预算数与实际数的比较来进行的。

除此之外，还应分析有关技术经济指标变动对成本的影响，如产量变动对成本的影响，工程量变动对成本的影响，材料消耗变动对成本的影响等。

（2）项目成本综合分析。项目成本综合分析，就是对项目全部工程成本进行总体的分析和评价。分析时，一般采取计划成本与实际成本比较，责任成本与实际成本比较，所属工程队之间比较，与上年同期比较等方法。

1）计划成本与实际成本比较。该项分析是利用上述有关资料编制成本分析表来进行的。通过分析表可以看出各项成本费用的节超情况，在此基础上，再进一步进行调查研究和分析，以达到分析的目的。

2）责任成本与实际成本比较。责任成本与实际成本比较分析的目的是为了检查成本计划的完成情况。但是，实际成本和责任成本不能够直接进行比较，这是因为责任成本是依据计划工程量计算的，而实际成本则是依据实际工程量来计算的，两个工程数量之间的差距有时还很大。因此，在比较时要做一点技术处理。具体的处理方法有两个：①进行责任成本降低额和降低率与实际成本降低额和降低率的比较；②以责任单价（或预算单价）乘实际工程量所得出的成本与实际成本进行比较。

3）工程队之间的成本比较。目前推行的项目管理，基本上都是在企业的原建制范围内组织劳动力。因此，为了落实其成本责任和经济利益，还应对各工程施工单项工程的成本情况进行比较分析，发现其中不平衡发展的原因，促使他们做好各种增收节支工作。

二、公路工程质量成本管理

（一）质量成本预测

1. 质量成本预测的目的

项目质量成本的预测，是在对已有质量成本源进行归集分析的基础上，对未来质量成本的预先测算，包括质量成本总额，质量成本的构成，影响质量成本变化的主要因素，与一定质量水平相联系的质量成本目标，与一定质量水平相联系的质量收益等。在预测时，要综合考虑顾客对项目质量的要求、行业的质量水平、项目组织的历史资料等，并采用科学的方法对质量成本目标值做出预测。

质量成本预测的目的主要包括以下三方面内容：

（1）为提高项目质量，降低质量成本指明方向。

（2）为制订质量成本计划提供依据。

（3）明确一定时间内的质量成本目标和质量改进重点。

2. 质量成本预测的步骤

在预测质量成本时，是按照各质量成本构成的明细科目逐项进行的。影响不同科目的因素不同，表现出的规律也不尽相同，所以预测方法也有所不同。一般采用经验判断法和数学模型法。

质量成本预测的步骤一般如下：

（1）收集信息和数据资料。

第一，招标资料，收集业主以往招标中关于质量要求和缺陷责任的要求。

第二，竞争对手资料，包括产品质量、质量成本（此类资料很难获得）、业主对竞争对手产品质量评价等。

第三，企业资料，主要包括本企业关于质量成本的历史资料，如质量成本结构、质量成本水平等。

第四，技术性资料，即企业所使用的检测设备、检测标准、检测方法以及企业所使用的原材料、外购件对产品质量及质量成本的影响资料，还有企业关于新产品开发、新技术新工艺使用的情况。

第五，宏观政策，即国家或地方关于工程质量的要求及政策等。

（2）对收集的信息资料和数据进行整理、分析。

（3）建立预测模型，预测质量成本。

3. 质量成本预测的方法

（1）经验判断法。当影响因素比较多时，或者影响的规律比较复杂时，可以组织经验丰富的质量管理人员、有关的财务人员和技术人员，根据已掌握的资料，凭借团体的经验做预测。

（2）数学模型法。当对以往数据做统计处理后，有关因素之间呈现出较强的规律性，则可以通过数学分析，找到反映内在规律的数学模型或表达式，用以对项目质量成本做出预测。

除上述方法之外，还可以用比例测算等方法对项目质量成本做出预测。

（二）质量成本计划

项目质量成本的计划是建立在对质量成本进行预测基础上的，它是对未来一定时期质量成本的总体安排和实施方案，其中包括：预期的质量成本目标和具体的指标、为完成质量成本目标所采取的措施和方法、计划实施的重点事项和安排等。质量成本计划是用货币形式来确定达到项目质量要求所需要的费用计划。项目的质量成本计划通常应按项目合同规定的进度进行安排，由财务部门进行编制。一旦确定，就成为质量成本目标值，为进行质量成本管理提供检查、分析、控制和考核的依据。编制质量成本计划的目的是力求使质量成本被控制在质量适宜区间内。

质量成本计划主要包括以下内容：

（1）项目质量成本总额和质量成本构成费用的计划控制目标，它们是项目在计划期内要努力达到的目标。

（2）项目质量成本结构比例计划控制目标。

（3）项目涉及的主要产品的质量成本计划控制目标。

（4）项目中各职能小组的质量成本计划控制目标。

（5）项目质量改进措施计划，这是实现质量成本计划的保证。

财务部门应根据所获得的资料和数据，来确定项目质量预防费用和鉴定费用的增长率和降低率，预防费用、检验费用、内部损失费用和外部损失费用之间的比例，保证实现降低率的措施。

质量计划按适用时间可以分为年度计划、季度计划和月计划；按计划编制单位可分为总公司计划和项目部计划。

（三）质量成本控制

质量成本控制就是依据质量成本目标和计划，对质量成本形成过程中的一切耗费进行严格的计算与审核，找出偏差，及时纠正，实现预期的质量目标，并采取措施，不断降低质量成本。质量成本控制是保证各项质量成本管理活动达到计划效果的重要手段，是质量成本管理中的重要环节之一。

1. 施工过程中质量成本控制

施工过程中的质量成本与施工质量有着密切的联系，因此施工过程中的质量成本控制应从质量控制入手。

（1）审核有关技术文件。对技术文件、报告、报表的审核是项目经理对工程质量进行全面控制的主要手段。其具体内容如下：

第一，审核有关技术资质证明文件。

第二，审核有关材料、半成品的质量检验报告。

第三，审核施工方案、施工组织设计和技术措施。

第四，审核反映工序质量动态的统计资料或控制图表。

第五，审核设计变更、修改图纸和技术核定书。

第六，审核有关质量问题的调查报告。

第七，审核有关应用新工艺、新技术、新材料、新结构的技术鉴定书。

第八，审核有关工序交接检查分项、分部工程质量检查报告。

第九，审核并签署现场有关技术签证、文件等。

（2）进行现场质量检查。

第一，开工前检查。在开工前，检查开工条件，其目的是检查开工后能否连续正常施工，是否能够保证工程质量。

第二，工序交接检查。对重要的或对质量有重大影响的工序实行交接检查。

第三，隐蔽工程检查。凡隐蔽工程均应检查认证后方可隐蔽。

第四，停工后复工前的检查。

第五，分项、分部工程完工后的检查验收，验收签证后方可进行下一项工程项目施工。

第六，成品保护检查。检查有无保护措施，措施是否可靠。

（3）设置质量控制点。质量控制点是施工过程中必须重点控制的质量特性和环节，是质量成本的重要发生点，也是质量成本管理的切入点。一个分项工程，究竟应当设置多少个质量控制点，在何处设置质量控制点，应当根据质量特性的重要程度对工程使用的影响、工序的复杂程度、质量要求和施工单位的管理水平决定。

通常情况下，施工工艺复杂多设，简单少设；施工难度大多设，难度小少设；建设标准高多设，标准低少设；施工单位信誉高少设，信誉低多设。具体设置考虑以下方面：

第一，对工程的适用性（性能、寿命、可靠性、安全性）有严重影响的关键环节或重要影响因素。

第二，对施工中的薄弱环节，质量不稳定的工序或部位。

第三，在工艺上有特殊要求，对下道工序的工作有严重影响的关键质量特性和部位。

第四，隐蔽工程。

第五，采用新工艺、新材料、新技术的部位或环节。

第六，施工单位无足够把握的工序或环节。

质量控制点通常可分为长期型和短期型。对于设计、工艺方面要求的关键、重要的项目，必须长期重点控制，而对工序质量不稳定，不合格品多或材料供应、生产安排等，在某一时期内有特殊需要的，则要设置短期质量控制点。

2. 工程质量成本的控制措施

因为质量成本涉及面广，必须建立质量成本控制系统，以确保质量成本控制工作的顺利进行。

施工企业应将工程项目质量形成过程、责任部门作为质量成本控制对象，并做到日常控制和定期检查相结合，通常和重点控制相结合，专业与群众控制相结合，单项与综合控制相结合，使质量成本控制经常化、系统化、制度化。对于影响质量成本较大的关键因素，要采取有效措施，进行质量成本控制。

（1）为降低返工、停工损失，将其控制在占预算成本的1%以内，必须对每道工序事先进行技术质量交底；加强班组技术培训；设置班组质量干事，把好第一道关；设置施工队技监点，负责对每道工序进行质量复检和验收；建立严格的质量奖罚制度，调动班组积极性。

（2）为减少质量过剩支出，施工员要严格掌握定额标准，力求在保证质量的前提下，使人工和材料消耗不超过定额水平。施工员和材料员要根据设计要求和质量标准，合理使用人工和材料。

（3）为控制劣质材料额外损失，必须健全材料验收制度，材料员在对现场材料和构配件进行验收时，发现劣质材料要拒收，退货，并向供应单位索赔。要根据材料质量的不同，合理加以利用以减少损失。

（4）增加预防费用，强化质量意识。要建立从班组到施工队的质量QC攻关小组；定期进行质量培训；合理地增加质量奖励，调动员工积极性。

项目质量成本管理是从与工程质量有关的成本方面对工程质量管理活动进行监督和评价。进行工程质量成本的数据统计、核算和分析，可及时掌握工程质量情况、质量改进情况和工作人员的工作质量，及其对经济效益的影响。同时可以分清质量体系内部各单位应承担的质量责任和经济责任等。通过项目质量成本的核算与控制，可使工程质量成本处于适宜区域及优化状态，达到提高企业经济效益的目的。

（四）质量成本核算

1. 质量成本核算的任务

质量成本核算是质量成本管理的基础，也是质量成本管理的一个重要环节。质量成本核算由财务部门总负责，项目的其他小组协助完成，最终完成成本核算。其任务如下：

（1）以货币形式反映项目质量管理活动的结果。

（2）为项目质量管理提供准确、完整的经济数据。

（3）正确归集和分配质量成本，为开展分析和揭示质量问题以及质量改进提供数据支持。

2. 质量成本核算的原则

质量成本核算不同于单纯的质量技术性分析，也不同于单纯的项目成本核算。质量成本核算需要项目组织的质量部门和财务部门的密切合作，共同开展质量成本的核算工作。不同的项目，质量成本核算的方法不尽相同。但为了确保质量成本的一致性、真实性和完整性，与项目成本核算一样，质量成本核算应遵循一定的原则，而这一原则是由质量成本核算的任务、质量成本的属性、项目质量管理的需要以及有关法规等因素所决定的。

因此，项目质量成本核算的原则是，综合考虑相关因素的影响。一般原则主要包括以下内容：

（1）采用统一的核算度量值。

（2）尽可能与现行的经济核算体制相一致。

（3）确定统一的核算价格。

（4）根据工程项目规模、责任部门、工艺过程质量管理和质量保证的需要确定核算对象。

（5）遵守质量成本开支范围规定，正确划分质量费用。

（6）尽可能采用以会计核算为主的核算方法，尽量实行权、责统一。

3. 质量成本核算体制的类型划分

要使质量成本核算工作顺利进行，就要建立有效的质量成本核算体制，以确保质量成本核算工作的正常开展。质量成本的核算体制分为统计核算体制和会计核算体制。

（1）质量成本的统计核算体制。在未建立质量成本的会计核算体制前，一般都是实施质量成本的统计核算体制。通常包含以下工作：

1）按质量成本核算的要求，结合施工项目的具体特点，建立质量成本的统计核算点。统计核算点的建立，应由质量管理部门会同财务部门共同确定，要充分考虑施工项目规模的大小和管理现状，要保证数据资料的真实性、及时性和全面性。

2）按设置的质量成本科目，建立适用的质量成本统计表。

3）按工作程序，由各质量成本统计核算点填写质量成本调查表，按时上报项目质量管理部门审核，经质量管理部门审核后，按质量成本科目进行统计汇总。

（2）质量成本的会计核算体制。建立质量成本的会计核算体制，将有助于质量成本核算工作的规范化和系统化，促进质量管理工作的有效开展。同时必须注意的是，质量成本的会计核算体制属于管理会计体制范畴，不能纳入一般的财务会计核算体制中。

质量成本的会计核算体制包括以下工作：

1）设置一个质量成本的一级科目，一级科目下分设预防费用、检验费用、内部损失费用和外部损失费用4个二级科目。此外，也可以再设置一个"质量成本调整"二级科目，来结算质量成本中的隐含成本。再在每个二级科目下增设三级科目。

2）设置对应的总分类台账和明细分类账，根据会计原则，利用这些账户来归集和核算质量成本。

3）在会计核算期末对质量成本进行分配、还原，转入有关费用项目。

4. 质量成本核算体制的运作程序

（1）根据施工企业质量成本三级科目设置表和施工企业质量成本核算总分类账与明细分类账，建立质量成本核算账簿。

（2）根据施工企业财务会计明细科目调整表，调整企业财务会计明细科目。

（3）财务会计核算期间，利用原始凭证返修单、返工单、停工单、材料降级处理报告单，统计核算内部返修损失、外部返修损失、内部返工损失、内部停工损失、外部返工损失、外部停工损失、材料降级损失等质量成本三级科目，并记录于质量成本核算账簿相关账户。

（4）财务会计核算期末，根据施工企业财务会计明细科目调整表，利用相关财务会计明细分类账记录，启用质量成本会计核算账簿，建立相关质量成本明细分类账记录。

（5）进行最终汇总。

5. 施工质量成本核算科目的设置

在工程项目施工过程中，凡属于质量成本费用的支出都在"质量成本"科目内进行记账、算账、报账和核算。报告期末，"质量成本"科目内本期借方发生额应当全部结转，并按费用性质分别计入"工程施工""辅助生产""管理费用"等有关科目。

施工企业及所属单位按照"质量成本"核算内容设置相应的"质量成本明细账""质量成本费用核算台账""质量成本支出辅助账"等，用以归结、核算质量成本支出情况及各项目之间的构成比例。施工企业应当根据质量成本费用核算情况设置相应的"质量成本报告表"，为企业分析、考核、控制质量成本的支出提供依据。

第三章 公路工程招投标与合同管理

第一节 公路工程的招标管理及资格审查

一、公路工程的招标管理

（一）公路工程项目招标范围与规模

公路工程施工项目必须进行招标，但涉及国家安全、国家秘密、抢险救灾或者利用扶贫资金实行以工代赈等不适宜进行招标的项目除外。必须进行招标的公路工程项目如下：

（1）投资总额在3000万元人民币以上的公路工程施工项目。

（2）施工单项合同估算价在200万元人民币以上的公路工程施工项目。

（3）法律、行政法规规定应当招标的其他公路工程施工项目。

（二）公路工程招投标的监督管理

交通运输部依法负责全国公路工程施工招标投标活动的监督管理。县级以上地方人民政府交通主管部门按照各自职责依法负责本行政区域内公路工程施工招标投标活动的监督管理。

（三）公路工程招标的招标人要求

公路工程施工招标的招标人应当是提出公路工程施工招标项目、进行公路工程施工招标的项目法人。具备下列条件的招标人，可以自行办理招标事宜：

（1）具有与招标项目相适应的工程管理、造价管理、财务管理能力。

（2）具有组织编制公路工程施工招标文件的能力。

（3）具有对投标人进行资格审查和组织评标的能力。

（四）公路工程招标文件的管理

1. 公路工程招标文件的内容

"工程招标文件是整个公路工程项目招标过程所遵循的基础性文件，是工程投标和评标的基础，也是工程合同的重要组成部分。"[①] 公路工程招标文件具体由以下内容组成：

（1）招标公告（或投标邀请书）。

（2）投标人须知。

（3）评标办法。

（4）合同条款及格式。

（5）工程量清单。

（6）图纸。

（7）技术规范。

（8）投标文件格式。

（9）投标人须知前附表规定的其他材料。

招标文件所做的澄清、修改，构成招标文件的组成部分。当招标文件、招标文件的澄清或修改等在同一内容的表述上不一致时，以最后发出的书面文件为准。

2. 招标公告和编制招标文件的时间要求

招标人应当按照招标公告或者投标邀请书规定的时间、地点出售资格预审文件和招标文件。资格预审文件和招标文件的发售时间不得少于 5 天。招标人应当合理确定资格预审申请文件和投标文件的编制时间。编制资格预审申请文件的时间，自开始发售资格预审文件之日起至潜在投标人提交资格预审申请文件截止时间止，不得少于 14 天。编制投标文件的时间，自招标文件开始发售之日起至投标人提交投标文件截止时间止，高速公路、一级公路、技术复杂的特大桥梁、特长隧道不得少于 28 天，其他公路工程不得少于 20 天。

3. 招标文件的批准与备案

国道主干线和国家高速公路网建设项目的工程施工招标文件应当报交通运输部备案，其他公路建设项目的工程施工招标文件应当按照项目管理权限报县级以上地方人民政府交

[①]　白会人：《公路工程项目管理与成本核算》，哈尔滨工业大学出版社，2015 年出版。

通主管部门备案。

交通主管部门发现招标文件存在不符合法律、法规及规章规定内容的，应当在收到备案文件后的7天内，提出处理意见，及时行使监督检查职责。

招标人如须对已出售的招标文件进行必要的澄清或修改，应当在投标截止日期15天前以书面形式通知所有招标文件收受人，并应当按照上述规定进行备案。对招标文件澄清或者修改的内容为招标文件的组成部分。

4. 标底的编制要求

招标项目可以不设标底，进行无标底招标。招标人设定标底的，可自行编制标底或者委托具备相应资格的单位编制标底。标底编制应当符合国家有关工程造价管理的规定，并应当控制在批准的概算以内。招标人应当采取措施，在开标前做好标底的保密工作。

（五）公路工程招标的条件

（1）公路工程施工招标的项目应具备的条件。规定公路工程施工招标的项目应当具备的条件包括：①初步设计文件已被批准；②建设资金已经落实；③项目法人已经确定，并符合项目法人资格标准要求。

（2）初步设计文件的内容和批准。初步设计文件的内容包括初步设计的概算以及招标所需的设计图纸及技术资料等。初步设计文件应当履行审批手续的，已经获得批准。招标范围、招标方式和招标组织形式等应当履行核准手续的，已经核准。

（3）项目法人的确定与资格要求。公路建设项目依法实行项目法人责任制。项目法人可自行管理公路建设项目，也可委托具备法人资格的项目建设管理单位进行项目管理。收费公路建设项目法人和项目建设管理单位进入公路建设市场实行备案制度。

（4）招标条件的公告格式。本招标项目（项目名称）已由（项目审批、核准或备案机关名称）以（批文名称及编号）批准建设，项目业主为（项目法人），建设资金来自（资金来源），项目出资比例为（填入数字），招标人为（项目法人、代建单位）。项目已具备招标条件，现进行公开招标，特邀请有兴趣的潜在投标人（以下简称申请人）提出资格预审申请。

（六）公路工程招标的流程

1. 法定程序

公路工程施工招标应当按下列程序进行：

（1）确定招标方式，采用邀请招标的，应当按照国家规定报有关主管部门审批。

（2）编制投标资格预审文件和招标文件，招标文件按照相关规定备案（即国道主干线和国家高速公路网建设项目的工程施工招标文件应当报交通运输部备案，其他公路建设项目的工程施工招标文件应当按照项目管理权限报县级以上地方人民政府交通主管部门备案）。

（3）发布招标公告，发售投标资格预审文件；采用邀请招标的，可直接发出投标邀请书，发售招标文件。

（4）对潜在投标人进行资格审查。

（5）向资格预审合格的潜在投标人发出投标邀请书和发售招标文件。

（6）组织潜在投标人考察（或踏勘）招标项目工程现场，召开标前会（投标预备会）。

（7）接受投标人的投标文件，公开开标。

（8）组建评标委员会评标，推荐中标候选人。

（9）确定中标人、评标报告和评标结果，按照相关规定备案并公示。

（10）发出中标通知书。

（11）与中标人订立公路工程施工合同。

2. 接受投标人的投标文件并公开开标

招标人对投标人按时送达并符合密封要求的投标文件，应当签收，并妥善保存。招标人不得接受未按照要求密封的投标文件及投标截止时间后送达的投标文件。

3. 评标并推荐中标人

评标办法有三种，分别是综合评估法、合理低标价法、经评审的最低投标价法。公路工程施工招标评标，一般应当使用合理低标价法。使用世界银行、亚洲开发银行等国际金融组织贷款的项目和规模较小、技术含量较低的工程，可使用经评审的最低投标价法。不同的评标方法其分值构成和评分标准不同，但是三种方法都是由评标办法前附表和评标办法正文组成。

除"投标人须知"前附表授权直接确定中标人外，评标委员会按照得分由高到低的顺序推荐中标候选人。

4. 定标

除"投标人须知"前附表规定评标委员会直接确定中标人外，招标人依据评标委员会推荐的中标候选人确定中标人，评标委员会推荐中标候选人的人数依照"投标人须知"前附表的规定人数一般不超过 3 人。

二、公路工程的招标资格审查

招标文件中关于投标人的资质要求，应当符合法律、行政法规的规定。招标人不得在招标文件中制定限制性条件阻碍或者排斥投标人，不得规定以获得本地区奖项等要求作为评标加分条件或者中标条件。

招标人审查潜在投标人的资格，应当严格按照资格预审的规定进行，不得采用抽签、摇号等博彩性质的方式进行资格审查。

（一）资格审查的诚信要求

各省级交通主管部门要加快市场信用体系建设，充分利用现有信用信息资源，体现"褒奖诚信，惩戒失信"的政策导向。对诚实守信单位，在招投标、履约保证金、质量保证金等方面给予一定的奖励，对存在不良信用信息的从业单位，在市场准入、招标评标等方面适当惩戒，并加大对其承建项目的监管力度。项目法人应正确使用信用信息，对于省级交通主管部门做出的取消从业单位投标资格或禁止进入区域公路建设市场的行政处罚，要严格按照确定的市场范围和处罚期限执行，不得再以其他任何条件限制潜在投标人参与投标。

严格核实投标人资质条件，防止持伪造的资质证书或不具备资质许可权力部门发放的资质证书的单位通过资格审查。对于招标公告要求投标人具有公路工程施工总承包一级及以上资质、公路路基工程专业承包一级资质、公路路面工程专业承包一级资质或公路交通工程通信、监控、收费综合系统工程分项资质的，招标人出售资格预审文件或招标文件（适用于资格后审）时，应通过交通运输部网站政务公告"公路工程施工一级以上资质企业名录"（以下简称"名录"，"全国公路建设市场信用信息管理系统"启用后"名录"同时废止，招标人可查阅"全国公路建设市场信用信息管理系统"）进行审核。对于投标人未列入"名录"，或投标人名称与"名录"不符的，应告知投标人及时办理有关更正事宜。对于资格审查时未列入"名录"的投标人，不得通过资格审查。

（二）资格预审办法及程序

资格预审办法由资格审查办法前附表和资格审查办法正文两部分组成，正文部分不得修改，只能在前附表中补充、细化，且不能与正文内容相抵触。资格预审办法分为合格制和有限数量制。资格预审的程序如下：

（1）初步审查。审查委员会依据初步审查标准，对资格预审申请文件进行初步审查。有一项因素不符合审查标准的，不能通过资格预审。审查委员会可以要求申请人提交"申请人须知"标准规定的有关证明和证件的原件，以便核验（注：申请人资质、财务、业绩等）。

（2）详细审查。审查委员会依据详细审查标准，对通过初步审查的资格预审申请文件进行详细审查。有一项因素不符合审查标准的，不能通过资格预审。通过详细审查的申请人，除应满足初步审查标准和详细审查标准外，还不得存在下列任何一种情形：

1）不按审查委员会要求澄清或说明的。

2）有"申请人须知"标准规定的任何一种情形的。

3）在资格预审过程中弄虚作假、行贿或有其他违法违规行为的。

（3）资格预审申请文件的澄清。在审查过程中，审查委员会可以书面形式，要求申请人对所提交的资格预审申请文件中不明确的内容进行必要的澄清或说明。申请人的澄清或说明采用书面形式，并不得改变资格预审申请文件的实质性内容。申请人的澄清和说明内容属于资格预审申请文件的组成部分。招标人和审查委员会不接受申请人主动提出的澄清或说明。

（4）评分。通过详细审查的申请人不少于3个且没有超过资格审查办法前附表中所规定数量的，均通过资格预审，不再进行评分。通过详细审查的申请人数量超过资格审查办法前附表中所规定数量的，审查委员会依据资格审查办法前附表中评分标准进行评分，按得分由高到低的顺序进行排序。合格制的资格预审办法只须通过初步审查和详细审查即可，不设人数限制并且不进行评分。

第二节 公路工程的投标管理与决策技巧

一、公路工程的投标管理

(一)公路工程投标人管理

1. 投标人的资格要求

(1)投标人应具备承担本标段施工的资质条件、能力和信誉。包括：资质条件、财务要求、业绩要求、信誉要求、项目经理资格和其他要求。

(2)投标人须知前附表规定接受联合体投标的，除应符合投标人应具备承担本标段施工的资质条件、能力和信誉要求和投标人须知前附表的要求外，还应遵守以下规定：

1)联合体各方应按招标文件提供的格式签订联合体协议书，明确联合体牵头人和各方权利义务。

2)由同一专业的单位组成的联合体，按照资质等级较低的单位确定资质等级。

3)联合体各方不得再以自己名义单独或参加其他联合体在同一标段中投标。

4)联合体所有成员数量不得超过投标人须知前附表规定的数量。

5)联合体牵头人所承担的工程量必须超过总工程量的50%。

6)联合体各方应分别按照本招标文件的要求，填写投标文件中的相应表格，并由联合体牵头人负责对联合体各成员的资料进行统一汇总后一并提交给招标人；联合体牵头人所提交的投标文件应认为已代表了联合体各成员的真实情况。

7)尽管委任了联合体牵头人，但联合体各成员在投标、签约与履行合同过程中，仍负有连带的和各自的法律责任。

(3)投标人不得存在下列情形之一：

1)为招标人不具有独立法人资格的附属机构（单位）。

2)为本标段前期准备提供设计或咨询服务的，但设计施工总承包的除外。

3）为本标段的监理人。

4）为本标段的代建人。

5）为本标段提供招标代理服务的。

6）与本标段的监理人或代建人或招标代理机构同为一个法定代表人的。

7）与本标段的监理人或代建人或招标代理机构相互控股或参股的。

8）与本标段的监理人或代建人或招标代理机构相互任职或工作的。

9）被责令停业的。

10）被暂停或取消投标资格的。

11）财产被接管或冻结的。

12）在最近 3 年内有骗取中标或严重违约或重大工程质量问题的。

13）经审查委员会认定会对承担本项目造成重大影响的正在诉讼的案件。

14）被省级及以上交通主管部门取消项目所在地的投标资格或禁止进入该区域公路建设市场且处于有效期内。

15）为投资参股本项目的法人单位。

2. 投标人须知的内容

（1）投标人须知前附表。投标人须知前附表的内容对应于投标人须知正文相关条款号，主要包括：项目概况，资金来源和落实情况，招标范围、计划工期和质量要求，踏勘现场，投标预备会的时间和地点，偏离范围和幅度；构成招标文件的其他材料；投标截止时间，投标有效期，工程量清单的填写方式（固化或书面），投标人须知前附表规定的其他材料；投标人递交投标文件的地点等。

（2）投标人须知正文。投标人须知正文应包括：总则、招标文件、投标文件、投标、开标、评标、合同授予、重新招标和不再招标、纪律和监督，需要补充的其他内容。

（二）公路工程投标的要求

投标人应当按照招标文件的要求，按时参加招标人主持召开的标前会并勘查现场。投标人应当按照招标文件的要求编制投标文件，并对招标文件提出的实质性要求和条件做出响应。

投标文件中投标函及投标函附录、投标报价部分应当由投标人的法定代表人或其授权的代理人签字，并加盖投标人印章，其他部分应当按照招标文件的要求签署。

投标文件按照要求送达后，在招标文件规定的投标截止时间前，投标人如须撤回或者修改投标文件，应当以正式函件提出并做出说明。修改投标文件的函件是投标文件的组成部分，其形式要求、密封方式、送达时间，适用对投标文件的规定。

投标人未按照要求密封的投标文件以及投标截止时间后送达的投标文件，招标人不得接受。

（三）公路工程投标文件的组成

"投标文件的组成，也就是投标文件的内容，会根据招标项目的不同，投标文件的组成也会存在一定的区别。"[1] 通常情况下，投标文件主要由以下内容组成：

（1）投标函及投标函附录。

（2）法定代表人身份证明或附有法定代表人身份证明的授权委托书。

（3）联合体协议书（如果有）。

（4）投标保证金。

（5）已标价工程量清单。

（6）施工组织设计。

（7）项目管理机构。

（8）拟分包项目情况表。

（9）资格审查资料。

（10）承诺函。

（11）调价函及调价后的工程量清单（如有）。

（12）投标人须知前附表规定的其他材料。

（四）公路工程投标合同的签订

招标人和中标人应当自中标通知书发出之日起 30 天内，根据招标文件和中标人的投

---

① 王振峰、张丽、钱雨辰：《公路工程招投标与合同管理》，华中科学技术大学出版社，2020 年。

标文件订立书面合同。中标人无正当理由拒签合同的，招标人取消其中标资格，其投标保证金不予退还；给招标人造成的损失超过投标保证金数额的，中标人还应当对超过部分予以赔偿。

（五）投标人被没收投标保证金的情况

（1）投标人在规定的投标有效期内撤销或修改其投标文件。

（2）中标人在收到中标通知书后，无正当理由拒签合同协议书或未按招标文件规定提交履约担保。

（3）投标人不接受依据评标办法的规定对其投标文件中细微偏差进行澄清和补正。

（4）投标人提交了虚假资料。

二、公路工程的投标决策及技巧

投标人想要在激烈的投标竞争中获胜，即中标取得承包工程，并且从承包工程中赢利，就必须研究投标决策的问题。所谓投标决策，就是指投标人对是否参加投标、投什么样的标和采用什么投标策略所做出的决定。投标决策的正确与否关系到能否中标及中标后所取得的效益，关系到企业的发展和职工的经济利益。因此，投标人及其决策班子必须充分认识投标决策的重要意义，并将投标决策列入企业的重要议事日程。

（一）投标决策的划分

投标决策可分两个阶段进行，即投标的前期决策和投标的后期决策。

1. 投标前期决策

投标的前期决策，主要是投标人及其决策班子对是否参加投标进行研究、论证并做出决策。这一阶段的决策必须在投标人参加投标资格预审前后完成。这一阶段决策的主要依据和应放弃投标的项目如下：

（1）决策依据。①招标人发布的招标广告；②对招标工程项目的跟踪调查情况；③对招标人情况的研究及了解程度；④若是国际招标工程，其决策依据还必须包括对工程所在国和所在地的调查研究及了解程度。

（2）应放弃投标的招标项目。①本承包企业主管和兼营能力以外的招标项目；②工程规模、技术要求超过本企业技术等级的招标项目；③本承包企业施工生产任务饱满而无力承担的招标项目；④工程盈利水平较低或风险较大的招标项目；⑤本承包企业等级、信誉、施工技术、施工管理水平明显不如竞争对手的招标项目。

2. 投标后期决策

通过前期论证并决定参加投标后，便进入投标的后期决策阶段，该阶段是指从申报投标资格预审资料至投标报价（报送投标文件）期间的决策研究阶段，主要研究投什么样的标及采用什么样的投标策略的问题。投标的后期决策一般有以下分类：

（1）按性质分类。按性质的不同，投标决策可分为投风险标和投保险标。

1）投风险标。投标人通过前期的调查研究，知道该招标工程难度大、风险多，且存在技术、设备、资金等问题尚未完全解决。但由于企业任务不足，处于窝工状态，或者工程盈利丰厚，或者为了开拓市场而决定参加投标。投标后，若上述问题解决得好，企业可取得较好的经济效益，同时可锻炼出一支好的施工队伍。若上述问题解决得不好，企业就会在经济上遭受损失，信誉上受到损害，严重的甚至会导致企业破产。因此，这种情况下的投标具有很大的风险性，投标人投风险标必须审慎决策。

2）投保险标。投标人对可以预见的技术、设备、资金等重大问题都有了解决对策后再进行投标，称为投保险标。若企业经济实力较弱，经不起失误或风险的打击，投标人往往会投保险标，尤其是在国际工程承包市场上，承包商大多愿意投保险标。

（2）按效益分类。投标决策按取得效益的不同，可分为投盈利标和投保本标。

1）投盈利标。投标人如果认为招标工程是本企业的强项，又是竞争对手的弱项，或招标人的意向明确，或本企业虽任务饱满，但工程利润丰厚，企业愿意超负荷运转等都可以投盈利标。

2）投保本标。投标人在无后继工程，或已出现部分停工时，必须争取中标，但本企业在招标工程上没有优势，竞争对手又多。此时，投标人就可投保本标或投薄利标。

在考虑和做出决策的同时必须牢记招标投标活动应当遵循公开、公平、公正和诚实信用的原则。投标人相互串通投标报价、排挤其他投标人的公平竞争，损害招标人、其他投标人的合法权益的或者投标人与招标人串通投标，损害国家利益、社会公共利益或者他人合法权益的，中标无效，处罚款；构成犯罪的，依法追究刑事责任；给他人造成损失的，依法承担赔偿责任。

投标人以低于合理预算成本的报价竞标的，责令改正；有违法所得的，没收违法所得；已中标的，中标无效。投标人以他人的名义投标或者以其他方式弄虚作假、骗取中标的，中标无效，并处罚款，对单位直接负责的主要人员和其他直接责任人员进行罚款；有违法所得的，没收违法所得；情况严重的，取消其一年至三年内参加必须依法进行招标项目的投标资格，并予以公告，直至由工商行政管理机关吊销营业执照；构成犯罪的，依法追究刑事责任。

（二）投标决策的主观条件

投标人决定参加投标或放弃投标，首先取决于投标人的实力，即投标人自身的主观条件。"知己知彼，百战百胜。"对于工程投标决策来说，"彼"是影响投标决策的客观因素，"己"就是影响投标决策的主观因素。投标单位的实力表现在如下方面：

1. 技术实力方面

（1）有精通本专业的建筑师、工程师、造价师、会计师和管理专家等所组成的投标组织机构。

（2）有一支技术精良、操作熟练、经验丰富、责任心强的施工队伍。

（3）有工程项目施工专业特长，特别是有解决工程项目施工技术难题的能力。

（4）有与招标工程项目同类工程的施工及管理经验。

（5）有一定技术实力的合作伙伴、分包商和代理人。

2. 经济实力方面

（1）具有垫付资金的能力。应注意有的业主要求"带资承包工程"或"实物支付工程"，根本没有预付款。所谓"带资承包工程"，是指工程由承包商筹资兴建，从建设中期或建成后某时期开始，业主分批偿还承包商的投资及利息，但有时这种利息低于银行贷款利息。承包这种工程时，承包商须投入大部分工程项目建设资金，而不是一般承包所需的少量流动资金。所谓"实物支付工程"是指有的发包方用滞销的农产品、矿产品折价支付工程款，而承包商销售上述物资谋求利润存在一定难度。因此，遇上这些项目时要慎重对待。

（2）具有一定的固定资产和机具设备及投入所需的资金，大型施工机械的投入，不可能一次摊销，新增施工机械将会占用一定资金。另外，完成项目需要有一批周转材料，如模板、脚手板、脚手架等，这也会占用部分资金。

（3）具有一定的资金周转能力来支付施工费用，因为已完成的工程量需要经过监理工程师确认，并经过一定手续、一定时间后才能将工程款拨入。

（4）承担国际工程须筹集承包工程所需的外资。

（5）具有支付各项担保的能力。承包国内工程和国际工程都需要担保，担保的形式多种多样，费用也较高，诸如投标保函（或担保）、履约保函（或担保）、预付款保函（或担保）、缺陷责任期保函（或担保）等。

（6）具有支付各项纳税和保险的能力。尤其在国际工程中，税种繁多，税率也高，如关税、进口调节税、营业税、印花税、所得税、建筑税、环保税及临时进入机械押金等。

（7）能承担不可抗力带来的风险，即使是属于业主的风险，承包商也会有损失；如果不是属于业主的风险，则承包商损失更大。因此，承包商要有财力承担不可抗力带来的风险。

（8）承担国际工程时，往往需要重金聘请有丰富经验或有较高地位的代理人，承包商也需要具有这方面的支付能力。

3. 管理实力方面

投标人为取得好的经济效益，必须在成本控制上下功夫，向管理要经济效益。因此，要加强企业管理，建立健全企业管理制度，制定切实可行的措施，比如实行工人一专多能，管理人员精干，采用先进技术，进行定额管理，缩短施工工期，减少各种消耗，降低工程成本，提高经济效益，努力实现企业管理的科学化和现代化。在管理方面具有上述的优势，投标人就能在激烈的投标竞争中战胜对手，从而获得胜利。

4. 信誉实力方面

投标人具有良好的信誉是中标的一项重要条件。因此投标人必须具有"重质量、重合同，守信用"的意识。要建立良好的信誉，就必须遵守法律和行政法规，按国际惯例办事，保证工程施工的安全、工期和质量。

（三）投标决策的客观条件

1. 业主和监理工程师的情况

业主的合法地位、支付能力、履约能力，监理工程师处理问题的公正性、合理性等，是影响投标决策的客观因素。

2. 竞争对手和竞争形势的分析

决定是否投标时，应考虑竞争对手的能力、优势及投标环境的优劣情况。另外，竞争对手的在建工程情况也十分重要，如果对手的在建工程即将完工，就可能因急于获得新的承包项目，而使投标报价不会很高；如果对手的在建工程规模大、时间长，却仍然参加投标，则标价可能会很高。从总的竞争形势来看，大型工程承包公司的技术水平高，善于管理大型复杂工程，其适应性强，可以承包大型工程；中小型工程由中小型工程公司或当地的工程公司承包的可能性大，因为当地中小型公司在当地有自己熟悉的材料、劳动力供应渠道，且管理人员相对较少，有惯用的特殊施工方法等优势。

3. 法律、法规的情况

国内工程承包自然适用本国的法律和法规，而且其法制环境基本相同，因为我国的法律、法规具有统一或基本统一的特点。如果是国际工程承包，则有法律适用的问题。法律适用的原则包括以下五条：

（1）强制适用工程所在地的法律、法规原则。

（2）意思自治原则。

（3）最密切联系原则。

（4）适用国际惯例原则。

（5）国际法效力优于国内法效力原则。

其中，最密切联系原则是指以与投标或合同有最密切联系的因素作为客观标志。至于最密切联系因素，在国际上主要有投标或合同签订地法、合同履行地法、法人国籍所属国的法律、债务人所住地法律、标的物所在地法律、管理合同争议的法院或仲裁机构所在地的法律等。

事实上，大多数国家是以诸多因素中的一种为主，结合其他因素进行综合判断的。如很多国家规定，外国承包商或公司在本国承包工程必须同当地的公司结成联营体才能承包该国的工程。因此，对合作伙伴需要做必要的分析，具体来说要对合作者的信誉、资历、技术水平、资金、债权与债务等方面进行全面的分析，然后再决定投标还是弃标。

4. 投标风险

在国内承包工程风险要小一些，在国际上承包工程风险要大得多。投标与否，要考虑的因素很多，需要投标人广泛、深入地调查研究，系统地积累资料，并做出全面的分析，才能做出正确决策。投标人应对承包工程的成本、利润进行预测和分析，以供投标决策之用。

（四）投标前的报价调整因素

报价是确定中标人的条件之一，但不是唯一的条件。一般来说，在工期、质量、社会信誉相同的条件下，招标人才会选择最低标。因此投标人不应追求报价最低，而应当在评价标准的各种因素上多下功夫。例如，企业若拥有流动资金量大、施工组织水平高等优势，就可以自身的优势去战胜竞争对手。报价过高或过低，不但不能中标，而且会严重损害企业的信誉和效益。

1. 减价因素

（1）对于大批量工程或有后续分期建设的工程，可适当减计临时设施费用。

（2）对施工图设计详细无误，不可预见因素小的工程，可减计不可预见包干费。

（3）对无冬雨季施工的工程，可以免计冬雨季施工增加费。

（4）对工期要求不紧或无须赶工的工程，可减免计夜间施工增加费。

（5）技术装备水平较高的建筑企业，可减计技术装备费。

（6）大量使用当地民工的，可适当减计远征工程费和机构调迁费。

（7）采用先进技术、先进施工工艺或廉价材料等也可削减其有关费用。

2. 加价因素

（1）合同签订后的设计变更，可另行结算。

（2）签订合同后的材料差价变更，可另行结算或估算列入报价。

（3）材料代用增加的费用，可另行结算或列入报价。

（4）大量压缩工期而增加的赶工措施费用，可增加报价。

（5）为了防止天灾人祸等意外费用发生，可在允许范围内增加报价。

（6）无预付款的工程，因贷款所增加的流动资金贷款利息应列入报价。

（7）要求垫付资金或材料的，可增加有关费用。

一般来说，承包合同签订后所增加的费用，应另行结算，不列入报价。上述减价、加价因素，应视招标办法和合同条款而定，不能随便套用。

（五）投标技巧研究与应用

投标技巧研究，其实是在保证工程质量与工期的条件下，寻求一个好的报价的技巧问题。如果以投标程序中的开标为界限，可将投标技巧研究分为两个阶段，即开标前的投标技巧研究和开标后的投标技巧研究。

1. 开标前的投标技巧研究

（1）不平衡报价。不平衡报价是指在总价基本确定的前提下调整各个子项的报价，以期既不影响总报价，又可以在中标后尽早收回垫支于工程中的资金，并获取较好的经济效益，但要避免畸高畸低现象，以免失去中标机会。通常采用的不平衡报价有下列几种情况：

1）对能早期结账收回工程款的项目（如土方、基础等）可报较高价，以便资金周转；对后期项目（如装饰、电气设备安装等）的报价可适当降低些。

2）对今后可能增加工程量的项目，其报价可提高；而可能减少工程量的项目，其报价可降低。

3）对图纸内容不明确或有错误，估计修改后工程量要增加的，其报价可提高；而工程内容不明确的，其报价可降低。

4）对没有工程量，只填报单价的项目（如软基工程中的开挖淤泥等），其单价宜高。

5）对于暂定的、实施可能性大的项目，可报高价；估计不一定实施的工程，可报低价。

6）零星用工（计日工）一般可稍高于工程单价表中的工资单价，这是因为零星用工不属于承包有效合同的总价范围，发生实报实销时可多获利。

（2）多方案报价法。多方案报价法是利用工程说明书或合同条款不够明确之处，以争取达到修改工程说明书和合同的目的的一种报价方法。当工程说明书或合同条款有不够明确之处时，投标人往往会承担较大风险。为了减少风险，就必须提高工程的报价，增加"不可预见费"，但这样做又会因报价过高而增加被淘汰的可能性。多方案报价法就是为应付这种两难局面而提出的，其具体做法是在标书上报两个价目的单价：一是按原工程说明书或合同条款报一个价；二是加以注解，如果工程说明书或合同条款可做某些改变时，则可降低费用，使报价成为最低，以吸引业主修改说明书和合同条款。

还有一种方法是对工程中一部分没有把握的工作，注明按成本加若干酬金结算。但是如果规定政府工程合同的方案是不容改动的，这个方法就不能使用。

2. 开标后的投标技巧研究

投标人通过公开开标这一程序可以得知众多投标人的报价，但低价并不一定中标，需要综合各方面的因素反复审阅、经过议标谈判，才能确定中标人。若投标人利用议标谈判施展竞争手段，就可以把自己投标书的不利因素变为有利因素，大大提高获胜机会。

从招标的原则来看，投标人在标书有效期内是不能修改其报价的，但有些议标谈判可以例外。议标谈判中的投标技巧主要有以下两种：

（1）降低投标价格。价格不是决定能否中标的唯一因素，却是影响中标的关键因素。在议标中，投标者适时提出降价是议标的主要手段。一方面要摸清招标人的意图，在得到其希望降低报价的暗示后再提出降价。因为，有些国家关于招标的法规中规定，已投出的投标书不得改动任何文字，若有改动，投标宣告无效。另一方面要适当降低投标价，不得损害投标人自己的利益。

降低投标价格可从三方面入手，即降低投标利润、降低管理费和设定降价系数。投标利润的确定，既要围绕争取最大未来收益这个目标，又要考虑中标率和竞争人数因素的影响。通常投标人准备两个价格，既准备应付一般情况的适中价格，又同时准备应付特殊竞争环境需要的替代价格，它是通过调整报价利润得出的总报价。两个价格中，后者可以低于前者，也可以高于前者。如果需要降低投标报价，可采用低于适中价格，使利润减少，从而降低投标报价。经营管理费应作为间接成本进行计算，为了竞争也可以降低这部分费用。

降价系数是指投标人在投标报价时，预先考虑一个未来可能降价的系数。如果开标后需要降价竞争，就可以根据这个系数进行降价；如果竞争局面对投标人有利，则不必降价。

（2）补充投标优惠条件。在议标谈判时，除考虑中标的关键因素——价格外，还可以考虑其他重要因素，如缩短工期、提高工程质量、降低支付条件要求，提出新技术和新设计方案，以及提供补充物资和设备等，以各种优惠条件来得到招标人的认可，争取中标。

第三节　公路工程的合同管理与竣工决算

一、公路工程的合同体系结构

公路工程（特别是大型项目）建设是一个很复杂的过程，需要涉及许多不同行业的单位，投入许多不同专业的人力以及大量的资金设备。他们之间通过合同形成了不同的经济关系，从而形成了复杂的合同体系，包括施工合同、分包合同、监理合同、供应合同等。业主和承包人依法签订的施工合同是"核心合同"，业主又处于合同体系中的"核心位置"。

承包商是工程施工的具体实施者，是工程承包合同的履行者。承包商通过投标接受业主的委托，签订工程承包合同。承包商要完成承包合同中约定的责任，包括由工程量清单中所确定工程范围的施工、竣工和缺陷责任及保修，并为完成这些工程提供劳动力、施工设备、材料，有时也包括技术设计。任何承包商都不可能也不必具备所有的专业工程的施工能力、材料和设备的生产和供应能力。因此，其必须将一些专业施工（或工作）委托出去。这样，除了与业主签订的承包合同之外，还形成了承包商复杂的合同关系。

（1）分包合同。对于一些大型工程项目的施工，承包商通常需要与其他承包商合作才能完成总承包合同责任。承包商把从业主那里承接到的工程中的某些分项工程或工作分包给另一承包商来完成，则要与其他承包商（即分包人）签订分包合同。承包商在总承包合同下可能订立许多分包合同，而分包人仅完成总承包商分包给自己的工程，向总承包商负责，与业主无合同关系。总承包商仍向业主担负全部工程责任，负责工程的管理和所属各分包人工作之间的协调，以及各分包人之间合同责任界面的划分，同时承担协调失误造成损失的责任，向业主承担工程风险。

在投标书中，承包商必须附上拟定的分包人的名单和工程规模，供业主审查；未列入投标文件的专项工程，承包人不得分包。如果在工程施工中重新委托分包人，必须经过监理工程师（或业主代表）的批准。

（2）采购合同。承包商为采购和供应工程所必要的材料、设备，与材料、设备供应商所签订的材料、设备采购合同。

（3）运输合同。运输合同是承包商为解决材料、物资、设备的运输问题而与运输单位签订的合同。

（4）加工合同。加工合同是承包商将建筑构配件、特殊构件的加工任务委托给加工承揽单位而签订的合同。

（5）租赁合同。在公路工程施工中，承包商需要许多施工设备、运输设备、周转材料。当有些设备、周转材料在现场使用率较低，或购置需要大量资金投入而自己又不具备这个经济实力时，可以采用租赁方式，与租赁单位签订租赁合同。

（6）劳务采购（或分包）合同。即由劳务供应商（或劳务分包人）向工程施工提供劳务，承包人与劳务供应商（或劳务分包人）之间签订的合同。

（7）保险合同。即承包商按施工合同要求对工程投保，与保险公司签订保险合同。

（8）检测合同。即承包商与具有相应资质检测单位签订的合同。

上述承包商的主要合同关系如图3-1所示。承包商的这些合同都与工程承包合同相关，都是为了完成承包合同而签订的。

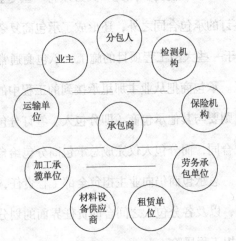

图 3-1 承包商的主要合同关系图

二、公路工程的施工合同

（一）公路工程施工合同的履行

1. 业主合同

（1）严格按照施工合同的规定，履行业主应尽义务。业主履行合同是承包商履行合同的基础，因为业主的很多合同义务都是为承包商施工创造先决条件，如征地拆迁、"三通一平"、原始测量数据、施工图纸等。

（2）按合同规定行使工期控制权、质量检验权、工程计量权、工程款支付权，确保工程目标的实现。

（3）按合同约定行使工程交工、竣工验收权和履行工程款支付、竣工结算义务。

2. 承包商合同

（1）全面履行施工合同中的各项义务。在施工过程中，承包商必须通过投入足够的资源，建立精干高效的组织机构和完善的制度体系，采用先进、合理、经济的施工方案和技术，精心组织、科学管理，确保如期、保质、保量完成各项施工任务。

（2）通过合理的工程变更与索赔，维护自己的合法权益，实现预期经营目标和战略。

（二）公路工程承包商的施工合同管理

1. 认真编制投标文件

投标文件是合同文件的重要组成部分，也是投标人在施工阶段能否实现经营目标的重要基础。

（1）确定投标方式，联合投标还是单独投标。

（2）确定投标策略，根据掌握的信息，充分分析论证后决定是投保险标，还是投风险标；常规价格标，还是高价标或低价标。

（3）确定报价策略，根据具体评标办法采用相应的报价策略，特别注意不平衡报价技巧的灵活、适度运用。

（4）认真做好招标文件及合同条件的审查工作，全面、实质性响应招标文件。

2. 切实履行合同义务

有理、有利、有节地维护自身权益，由于公路工程施工合同是公路工程合同体系中的"核心合同"，对工程项目控制目标的实现至关重要。因此，承包商必须全面、适当地履行合同义务，否则不仅不能实现预期目标，还有可能导致业主的反索赔，甚至被解除合同。承包商在履行合同义务时，也要注意采用恰当的方式维护自身的权益，如提出合理的工程变更要求，理直气壮地提出正当的索赔要求等。

3. 建立合同管理制度

公路工程合同的复杂性和经济性决定了合同潜在的风险较大，为了规避、化解风险，承包商必须建立完整的合同管理制度，使施工合同的谈判、签订、履行等各环节实现科学化、规范化、程序化和模块化。具体来讲，应建立和完善如下合同管理制度：

（1）合同管理相关部门的部门职责和工作岗位制度。

（2）合同管理的授权和内部会签制度。

（3）合同审查批准制度。

（4）印鉴及证书管理使用制度。

（5）合同管理绩效考核制度。

（6）合同档案管理制度。

三、公路工程的分包合同

1. 分包合同的管理关系。分包合同是承包人将施工合同内对发包人承担义务的部分工作交给分包人实施，双方约定相互之间的权利、义务的合同。分包工程既是施工合同的一部分，又是分包合同的标的，涉及两个合同，所以分包合同的管理比施工合同管理复杂。

发包人与分包人没有合同关系，但发包人作为工程项目的投资方和施工合同的当事人，对分包合同的管理主要表现为对分包工程的批准。

监理人只与承包人有监理与被监理的关系，对分包人在现场施工不承担协调管理义务。只是依据施工合同对分包工作内容及分包人的资质进行审查，行使确认权或否定权；对分包人使用的材料、施工工艺、工程质量和进度进行监督。监理人就分包工程施工发布的任何指示均应发给承包人。

承包人作为两个合同的当事人，不仅对发包人承担确保整个合同工程按预期目标实现的义务，而且对分包工程的实施负有全面管理责任。承包人应委派代表对分包人的施工进行监督、管理和协调。在接到监理人就分包工程发布的指示后，应将其要求列入自己的管理工作内容，并及时以书面确认的形式转发给分包人令其遵照执行。

2. 分包工程的支付管理。分包工程的支付，应由分包人在合同约定的时间，向承包人报送该阶段施工的付款申请单，承包人经过审核后，将其列入施工合同的进度付款申请单内一并提交监理人审批。由监理人向承包人出具经发包人签认的进度付款证书。发包人应在监理人收到进度付款申请单后的 28 天内，将进度应付款支付给承包人。分包人不能直接向监理人提出支付要求，必须通过承包人。发包人也不能直接向分包人付款，也必须通过承包人。

3. 分包工程的变更管理。承包人接到监理人依据合同发布的涉及发包工程的变更指令后，以书面确认方式通知分包人执行。承包人也有权根据工程的实际进展情况通过监理人向发包人提出有关变更建议。

监理人一般不能直接向分包人下达变更指令，必须通过承包人。分包人不能直接向监理人提出分包工程的变更要求，也必须由承包人提出。

4. 分包工程的索赔管理。分包合同履行过程中，当分包人认为自己的合法权益受到损害，无论事件起因于发包人或监理人，还是承包人的责任，他都只能向承包人提出索赔要求。如果是因发包人或监理人的原因或责任造成了分包人的合法利益的损害，承包人应及时按施工合同规定的索赔程序，以承包人的名义就该事件向监理人提交索赔报告。

对于由承包人的原因或责任引起分包人提出索赔，这类索赔产生于承包人与分包人之间，双方通过协商解决。监理人不参与该索赔的处理。

四、公路工程施工进度款的结算

（一）公路工程价款的主要结算方式

（1）按月结算。实行旬末或月中预支（或不预支），月终结算，竣工后清算的办法。跨年度竣工的工程，在年终进行工程盘点，办理年度结算。

（2）竣工后一次结算。建设项目或单项工程全部建筑安装工程建设期在 12 个月以内，或者工程承包价值在 100 万元以下的，可以实行工程价款每月月中预支，竣工后一次结算。

（3）分段结算。即当年开工，当年不能竣工的单项工程或单位工程，按照工程进度，划分不同阶段进行结算，分段结算可以按月预支工程款。

（4）目标结算方式。即在工程合同中，将承包工程的内容分解成不同的控制界面，以业主验收界面作为支付工程价款的前提条件。也就是说，将合同中的工程内容分解成不同的验收单元，当承包商完成单元工程内容并经业主（或其委托人）验收后，业主支付构成单元工程内容的工程价款。

（5）双方约定的其他结算方式。

（二）公路工程进度款的支付

1. 工程进度付款周期

工程进度款付款周期同计量周期，即单价子目按月支付，总价子目按批准的支付分解报告确定的周期支付。

2. 工程进度付款申请单

承包人应在每个付款周期末，按监理人批准的格式和专用合同条款约定的份数，向监理人提交进度付款申请单，并附相应的支持性证明文件。除专用合同条款另有约定外，进度付款申请单应包括下列内容：

（1）截至本次付款周期末已实施工程的价款。

（2）应增加和扣减的变更金额。

（3）应增加和扣减的索赔金额。

（4）应支付的预付款和扣减的返还预付款。

（5）应扣减的质量保证金。

（6）根据合同应增加和扣减的其他金额。

3. 工程进度付款证书和支付时间

（1）监理人在收到承包人进度付款申请单以及相应的支持性证明文件后的 14 天内完成核查，提出发包人到期应支付给承包人的金额以及相应的支持性材料，经发包人审查同意后，由监理人向承包人出具经发包人签认的进度付款证书。监理人有权扣发承包人未能按照合同要求履行任何工作或义务的相应金额。如果该付款周期应结算的价款经扣留和扣回后的款额少于项目专用合同条款数据表中列明的进度付款证书的最低金额，则该付款周期监理人可不核证支付，上述款额将按付款周期结转，直至累计应支付的款额达到项目专用合同条款数据表中列明的进度付款证书的最低金额为止。

（2）发包人应在监理人收到进度付款申请单后的 28 天内，将进度应付款支付给承包人。发包人不按期支付的，按专用合同条款数据表中约定的利率向承包人支付逾期付款违约金。违约金的计算基数为发包人的全部未付款额，时间从应付而未付该款额之日算起（不计复利）。

（3）监理人出具进度付款证书，不应视为监理人已同意、批准或接受了承包人完成的该部分工作。

（4）进度付款涉及政府投资资金的，按照国库集中支付等国家相关规定和专用合同条款的约定办理。

4. 工程进度付款的修正

在对以往历次已签发的进度付款证书进行汇总和复核中发现错、漏或重复的，监理人有权予以修正，承包人也有权提出修正申请。经双方复核同意的修正，应在本次进度付款中支付或扣除。

（三）公路工程合同价款调整

在公路工程合同中，大部分合同为可调价合同，规定调整合同价款的方式和方法，最终确定合同结算价款。

原工程量清单工程数量为合同数量，根据监理工程师确认计量的数量，即实际完成数量对合同价款进行调整。

1. 工程价款价差调整的方法

工程价款价差调整的主要方法如下：

（1）工程造价指数调整法。甲乙双方采用当时的预算（或概算）定额单价计算承包合同价，待竣工时，根据合理的工期及当地工程造价管理部门所公布的该月度（或季度）

的工程造价指数，对原承包合同价予以调整。

（2）实际价格调整法。有些合同规定对钢材、水泥、木材三大材料的价格采取按实际价格结算的方法，对这种办法，地方主管部门要定期发布最高限价。同时，合同文件中应规定建设单位或工程师有权要求承包商选择更廉价的供应来源。

（3）调价文件计算法。甲乙双方按当时的预算价格承包，在合同期内，按造价管理部门调价文件的规定，进行抽料补差（按所完成的材料用量乘以价差）。

2. 法律与法规变化引起的合同价款调整

在送交投标文件截止期前 28 天之后，国家或省（自治区、直辖市）颁布的法律、法规出现修改或变更，因采用新的法律、法规使承包人在履行合同中的费用发生价差调整以外的增加或减少，则此项增加或减少的费用应由监理工程师在与承包人协商并报经业主批准后确定，增加到合同价或从合同价中扣除。

（四）公路工程延期的价款调整

如果承包人未能在投标书附录中写明的工期内完成本合同工程，则在该交工日期以后施工的工程，其价格调整计算应采用该交工日期所在年份的价格指数作为当期价格指数。如果延期符合合同规定的情况，则在该延长的交工日期到期以后施工的工程，其价格调整计算应采用该延长的交工日期所在年份的价格指数作为当期价格指数。

五、公路工程合同价款支付规定

（一）预付款的规定

预付款包括开工预付款和材料、设备预付款。

（1）开工预付款的金额在项目专用条款数据表中约定。开工预付款是一项由业主提供给承包人用于开办费用的无息贷款，国际上一般规定范围是 0 ~ 20%，国内开工预付款金额一般应为 10% 签约合同价。在承包人签订了合同协议书并提交了开工预付款保函后，监理工程师应在当期进度付款证书中向承包人支付开工预付款的 70% 的价款；在承包人承诺的主要设备进场后，再支付预付款 30%。

承包人不得将该预付款用于与本工程无关的支出。监理工程师有权监督承包人对该项费用的使用，如经查实承包人滥用开工预付款，发包人有权立即通过向银行发出通知收回开工预付款保函的方式，将该款收回。开工预付款支付的条件有：一是承包人和发包人已签订了施工合同；二是承包人已提交了开工预付款保函。

（2）材料、设备预付款按项目专用合同条款数据表中所列主要材料、设备单据费用（进口的材料、设备为到岸价，国内采购的为出厂价或销售价，地方材料为堆场价）的百分比支付，其预付条件有以下三个：

1）材料、设备符合规范要求并经监理工程师认可。

2）承包人已出具材料、设备费用凭证或支付单据。

3）材料、设备已在现场交货，且存储良好，监理工程师认为材料、设备的存储方法符合要求，则监理工程师应将此项金额作为材料、设备预付款计入下一次的进度付款证书中。在预计竣工前3个月，将不再支付材料、设备预付款。

（3）预付款保函。除项目专用合同条款另有约定外，承包人应在收到开工预付款前向发包人提交开工预付款保函。开工预付款保函的担保金额应与开工预付款金额相同。出具保函的银行须与合同规定的要求相同，所需费用由承包人承担。银行保函的正本由发包人保存，该保函在发包人将开工预付款全部扣回之前一直有效，担保金额可根据开工预付款扣回的金额相应递减。

（4）预付款的扣回与还清。

1）开工预付款在进度付款证书的累计金额未达到签约合同价的30%之前不予扣回。在达到签约合同价30%之后，开始按工程进度以固定比例（即每完成签约合同价的1%，扣回开工预付款的2%）分期从各月的进度付款证书中扣回。全部金额在进度付款证书的累计金额达到签约合同价的80%时扣完。

2）当材料、设备已用于或安装在永久工程之中时，材料、设备预付款应从进度付款证书中扣回，扣回期不超过3个月。已经支付材料、设备预付款的材料、设备的所有权应属于发包人。工程竣工时所有剩余的材料、设备所有权应属于承包人。

（二）质量保证金的支付与返还规定

（1）监理工程师应从第一个付款周期开始，在发包人的进度付款中，按项目专用合同条款数据表规定的百分比扣留质量保证金，直至扣留的质量保证金总额达到项目专用合同条款数据表规定的限额为止。质量保证金的计算额度不包括预付款的支付以及扣回的金额。

（2）在合同条款约定的缺陷责任期满时，承包人向发包人申请到期应返还承包人剩余的质量保证金金额，发包人应在 14 天内会同承包人按照合同约定的内容核实承包人是否完成缺陷责任。如无异议，发包人应当在核实后将剩余保证金返还承包人。

（3）在合同条款约定的缺陷责任期满时，承包人没有完成缺陷责任的，发包人有权扣留与未履行责任剩余工作所需金额相应的质量保证金余额，并有权根据合同条款约定要求延长缺陷责任期，直到完成剩余工作为止。

（三）交工结算的规定

1. 交工付款申请书

（1）承包人在交工验收证书签发后 42 天内向监理工程师提交交工付款申请单（包括相关证明资料），交工付款申请单的份数在项目专业合同条件数据表中约定。

（2）监理工程师对交工付款申请单有异议的，有权要求承包人进行修正和提供补充资料，经监理工程师和承包人协商后，由承包人向监理人提交修正后的交工付款申请单。

2. 交工付款证书及支付时间

（1）监理工程师在收到承包人提交的交工付款申请单后的 14 天内完成核查，提出发包人到期应支付给承包人的价款送发包人审核并抄送承包人。发包人应在收到后 14 天内审核完毕，由监理工程师向承包人出具经发包人签认的交工付款证书。监理工程师未在约定时间内核查，又未提出具体意见的，视为承包人提交的交付款申请单已经监理人核查同意；发包人未在约定时间内审核又未提出具体意见的，监理工程师提出发包人到期应支付给承包人的价款视为已经发包人同意。

（2）发包人应在监理人出具交工付款证书的 14 天内，将应支付款支付给承包人。发包人不按期支付的，按合同条款的约定，将逾期付款违约金支付给承包人。

（3）承包人对发包人签认的交工付款证书有异议的，发包人可出具交工付款申请单中承包人已同意部分的临时付款证书。存在争议的部分，按合同条款的约定办理。

（4）交工付款涉及政府投资资金的，按合同条款的约定办理。

（四）最终结清的规定

1. 最终结清申请单

（1）承包人应在缺陷责任期终止证书签发后 28 天内向监理工程师提交最终结清申请单（包括相关证明材料），最终结清申请单的份数在项目专用合同条款数据表中约定。最终结清申请单中的总金额应认为是代表了根据合同规定应付给承包人的全部款项的最后结算。

（2）发包人对最终结清申请单内容有异议的，有权要求承包人进行修正和提供补充资料，由承包人向监理工程师提交修正后的最终结清申请单。

2. 最终结清证书和支付时间

（1）监理工程师收到承包人提交的最终结清申请单后的 14 天内，提出发包人应支付给承包人的价款送发包人审核并抄送承包人。发包人应在收到后 14 天内审核完毕，由监理工程师向承包人出具经发包人签认的最终结清证书。监理工程师未在约定时间内核查，又未提出具体意见的，视为承包人提交的最终结清申请已经监理工程师核查同意；发包人未在约定时间内审核又未提出具体意见的，监理工程师提出应支付给承包人的价款视为已经发包人同意。

（2）发包人应在监理工程师出具最终结清证书后的 14 天内，将应支付款支付给承包人。发包人不按期支付的，按合同条款的有关规定，将逾期付款违约金支付给承包人。

（3）承包人对发包人签认的最终结清证书有异议的，按合同条款的有关规定办理。

（4）最终结清付款涉及政府投资资金的，按合同条款的相关规定办理。最终结清证书是表明发包人已经履行完其合同义务的证明文件，它与缺陷责任终止证书一样，是具有重要法律意义的文件。只要监理工程师向承包人出具经发包人签认的最终结清证书，就意味着从法律上确立了发包人也已经履行完毕其应履行的合同义务；同理，最终结清证书也是证明合同双方的义务都已经按照合同履行完毕的证明文件，合同到此终止。

（五）其他支付的规定

（1）索赔费用。赔偿费用的支付额应按监理工程师签发的索赔审批书来确认或按监理工程师暂时确定的赔偿额来支付。

（2）计日工费用。计日工的数量应有监理工程师的指示及确认。计日工的单价按工程量清单中计日工的单价来办理。

（3）变更工程费用。变更工程应有监理工程师签发的书面变更令。变更工程的单价按变更工程单价确定原则来处理。完成的变更工程数量应有监理工程师签认的变更工程计量证书。

（4）价格调整费用。监理工程师应严格按合同规定的价格调整方法来确定价格调整款额。

（5）拖期违约损失赔偿金（违约罚金）。拖期违约损失赔偿金是因承包人原因，使得工程不能按期完工时，承包人应向业主支付的赔偿金。原则上其赔偿标准应与业主的损失相当。一般规定，每逾期1天，赔偿合同价的0.01%～0.05%；同时也规定，赔偿总额不超过合同价的10%。这些规定在投标书附件中都应明确。如果承包人未能按规定的工期完成合同工程，则必须向业主支付按投标书附录中写明的金额，作为拖期损失赔偿金。时间自预定的交工日期起到合同工程交工证书中写明的交工日期或已批准的延长工期止，按天计算。拖期损失赔偿金，应不超过投标书附录中写明的限额。业主可以从应付或到期应付给承包人的任何款项中扣除此赔偿金，但不排除其他扣款方法。扣除拖期损失赔偿金，并不解除合同规定的承包人对完成本工程的义务和责任。

（6）逾期付款违约金。逾期付款违约金是对业主的一种约束，业主有准时付款给承包人的责任和义务。业主必须在规定时间内支付承包人所完成工程的款额，否则应向承包人支付利息。

1）监理工程师在收到承包人进度付款申请单以及相应的支持性证明文件后的14天内完成核查，提出发包人到期应支付给承包人的金额以及相应的支持性材料，经发包人审查同意后，由监理工程师向承包人出具经发包人签认的进度付款证书。监理工程师有权扣发承包人未能按照合同要求履行任何工作或义务的相应金额。

2）发包人应在监理工程师收到进度付款申请单后的 28 天内，将进度应付款支付给承包人。发包人不按期支付的，按专用合同条款的约定支付逾期付款违约金。

承包人向监理工程师提交交工付款申请单（包括相关证明材料）的份数在项目专用合同条款数据表中约定；期限：交工验收证书签发后 42 天内。

承包人向监理工程师提交最终结清申请单（包括相关证明材料）的份数在项目专用合同条款数据表中约定；期限：缺陷责任期终止证书签发后 28 天内。

最终结清申请单中的总金额应认为是代表了根据合同规定应付给承包人的全部款项的最后结算，否则将支付迟付款息。

六、公路工程的合同纠纷

（一）公路工程合同纠纷的类型

合同纠纷的范围广泛，涵盖了一项合同从成立到终止的整个过程。施工合同常见的纠纷有如下类型：

（1）施工合同主体纠纷。

（2）施工合同工程款纠纷。

（3）施工合同质量纠纷。

（4）施工合同分包与转包纠纷。

（5）施工合同变更和解除纠纷。

（6）施工合同竣工验收纠纷。

（7）施工合同审计纠纷。

（二）公路工程合同纠纷的成因与防范

合同纠纷产生的原因是多方面的，也是十分复杂的，主要是目前建筑市场不规范、建设法律法规不完善等外部环境，市场主体行为不规范、合同意识和诚信履约意识薄弱等主体问题，施工项目的特殊性、复杂性、长期性和不确定性等项目特点，以及施工合同本身复杂性和易出错误等众多原因导致的。

为了尽可能减少合同纠纷及违约事件发生，总体上，各方当事人需要提高和强化合同意识、诚信履约意识和合同管理意识，建立、完善和落实合同管理体系、制度、机构及相关人员，正确使用合同标准文本，提高风险管理能力和水平。在具体项目上，各方当事人都应从两方面入手解决问题：首先，签订合同要严肃认真；其次，在履约过程中，合同各方当事人应及时交换意见，或按标准合同条款规定，及时交与监理工程师，由三方协商解决，尽可能将合同执行中的问题分别及时地加以适当处理，不要将问题累积下来算总账。

（三）公路工程合同纠纷的和解

和解是指合同纠纷当事人在自愿友好的基础上，依照法律法规的规定和合同的约定，自行协商解决合同争议。

和解是双方在自愿、友好、互谅的基础上进行的。实事求是地分清责任是和解解决合同纠纷的基础。和解应遵循合法、自愿、平等和互谅互让等原则。和解的方式和程序十分灵活，适合双方当事人对合同纠纷的及时解决。

和解具有局限性。和解所达成的协议能否得到切实、自觉的遵守，完全取决于争议当事人的诚意和信誉。如果在双方达成协议之后，一方反悔，拒绝履行应尽的义务，协议就成为一纸空文。在实践中，当争议标的金额巨大或争议双方分歧严重时，通过协商达成谅解是比较困难的。

和解解决建设工程合同纠纷所适用的程序与建设工程合同的订立、变更或解除所适用的程序大致相同，采用要约、承诺方式。即一般是在建设工程合同纠纷发生后，由一方当事人以书面方式向对方当事人提出解决纠纷的方案，方案应当是比较具体、完整的。另一方当事人对提出的方案可以根据自己的意愿，做一些必要的修改，也可以再提出一个新的解决方案。然后，对方当事人又可以对新的解决方案提出新的修改意见。双方当事人经过反复协商，直至达到一致意见，从而产生"承诺"的法律后果，达成双方都愿意接受的和解协议。对于建设工程合同所发生的纠纷用自行和解的方式解决，应订立书面的协议作为对原合同的变更或补充。

（四）公路工程合同纠纷的调解

调解是指合同当事人对合同所约定的权利、义务发生争议，不能达成和解协议时，在经济合同管理机关或有关机关、团体等的主持下，通过对当事人进行说服教育，促使双方互相做出适当的让步，平息争端，自愿达成协议，以求解决经济合同纠纷。

合同纠纷的调解往往是当事人经过和解仍不能解决纠纷后采取的方式，因此与和解相比，它面临的纠纷要大一些。与诉讼、仲裁相比，仍具有与和解相似的优点：它能够较经济、较及时地解决纠纷；有利于消除合同当事人的对立情绪，维护双方的长期合作关系。

1. 调解的程序

通常可以按以下程序进行调解：

（1）纠纷当事人向调解人提出调解意向。

（2）调解人做调解准备。

（3）调解人协调和说服。

（4）达成协议。

2. 调解的种类

（1）行政调解，是指合同发生争议后，根据双方当事人的申请，在有关行政主管部门主持和协调下，双方自愿达成协议的解决合同争议的方式。

（2）法院（司法）调解或仲裁调解，是指合同争议诉讼或仲裁过程中，在法院或仲裁机构的主持和协调下，双方当事人进行平等协商，自愿达成协议，并经法院或仲裁机构认可从而终结诉讼或仲裁程序。调解成功，法院或仲裁庭需要制作调解书，这种调解书一旦由当事人签收就与法院的判决书或仲裁裁决书具有同等法律效力。

（3）人民（民间）调解，是指合同发生争议后，当事人共同协商，请有威望、受信赖的第三人，包括人民调解委员会、企事业单位或其他经济组织、一般公民、律师、专业人士等作为中间调解人，双方合理合法地达成解决争议的协议（书面、口头均可）。

（五）公路工程合同纠纷的争议评审（裁决）

1. 争议评审（裁决）的优点

争议评审（裁决）是争议双方通过事前协商，选定独立公正的第三人对其争议做出决定，并约定双方都愿意接受该决定的约束的一种解决争议的程序。这是近年来解决国际工程合同争议的一种新方式。争议评审（裁决）方式的优点包括：①具有施工和管理经验的技术专家的参与，使处理方案符合实际，有利于执行；②节省时间，解决争议便捷；③解决成本比仲裁或诉讼要低；④评审（裁决）决定并不妨碍再进行仲裁或诉讼。

2. 争议评审（裁决）的种类

（1）争议评审委员会（简称 DRB）。这种方式是 20 世纪 70 年代首先在美国发展起来的。DRB 是由双方委托，将争端进行评审并做出通常不具有约束力的解决争端的建议，由 1 人或 3 人组成。

（2）争端裁决委员会（简称 DAB）。根据建设项目的规模、工期和复杂程度的不同，DAB 可由 1 人或 3 人组成。DAB 成员应是工程师或其他建造专业人士，DAB 的决定应采用书面形式，如果在规定的时间内任何一方没有得出异议，则该决定具有最终的约束力。

3. DAB 的组织操作

DAB 有常设和临时两种类型，可根据项目的具体情况选择其中一种，也可两者都有。

（1）常设 DAB 是指从签订合同起，直至工程竣工止。有的项目，DAB 会运作好几年。常设 DAB 通过对施工现场的定期考察，解决施工争议，适用于土木工程的施工。在施工合同中，DAB 是常设的，合同双方应在开工后 28 天内共同指定 DAB，对施工中发生的争议，在寻求 DAB 决定前，可共同征询 DAB 的意见，预知双方各自的权利，以避开争议决定后的风险。

合同一方不得单独征询 DAB 的意见，对于常设 DAB，每年对施工现场考察不得少于 3 次，并应在施工关键时刻进行，由合同双方向 DAB 所有成员提供 1 份合同文件及其所要求的其他文件，考察结束，DAB 应写出考察报告。当合同双方发生争议时，DAB 一般先举行听证会，由合同双方提供书面资料，保证争议各方均有充分陈述意见的机会。DAB 的决定应采用书面形式，其内容还应包括争议事项的概述、相关事实、决定的原则等。

（2）临时 DAB 是指仅在发生争议时组成的争议裁决委员会，争议解决后即行解散。临时 DAB 的成员也是临时选定的与争议有关的专家。采用临时 DAB 的目的是为了降低解决争议的费用。一般对于设备供应项目、工厂设备及设计一建造项目，因大量工作集中在工厂内而不是施工现场，为节省费用而选择临时 DAB 方式。临时 DAB 解决争议的程序是：先由合同一方向另一方发出争议提交 DAB 的通知，在以后的 28 天内，双方应指定一个 DAB，并将争议提交其解决。DAB 应在 84 天内做出决定并指明决定的依据。

4. 解决争议的程序

DRB 和 DAB 都是借鉴在美国采用的 DRB 的经验，二者的规定大同小异。

（1）采用争议评审（裁决）解决争议的协议或条款。

（2）成立争议评审（裁决）组（委员会）。关于委员的选定，DAB 与 DRB 均是在规定时间内由合同双方各推举 1 人，然后由对方批准。DAB 是由合同双方和这两位委员共同推举第三位委员任主席，DRB 则是由被批准的两位委员推选第三人。

（3）申请评审（裁决）。申请人向争议评审（裁决）组提交一份详细的报告（副本同时提交给被申请人和监理人）。

（4）被申请人向争议评审（裁决）组提交一份答辩报告（副本同时提交给申请人和监理人）。

（5）争议评审（裁决）组邀请双方代表和有关人员举行调查会。

（6）争议评审（裁决）组做出书面评审（裁决）意见。合同任何一方就工程师未能解决的争端提出书面报告后，DAB 应在 84 天内做出书面决定（DRB 在 28 ~ 56 天内）。

发包人或承包人接受评审（裁决）意见（执行）。不接受评审（裁决）意见，提交仲裁或提起诉讼。双方收到决定或建议书后，如在一定时间内（DAB 为 28 天，DRB 为 14 天）未提出异议，即应遵守执行。

（六）公路工程合同纠纷的仲裁

仲裁，又称为公断，是当发生合同纠纷而协商不成时，由合同双方当事人根据自愿达成的仲裁协议，申请选定的仲裁机构对合同争议依法做出有法律效力的裁决的解决合同争议的方法。

1. 仲裁协议

仲裁协议是指双方当事人自愿将争议提交仲裁机构解决的书面协议。它包括：合同中的仲裁条款、专门仲裁协议以及其他形式的仲裁协议。仲裁协议应当具有下列内容：

（1）请求仲裁的意思表示。

（2）仲裁事项。

（3）选定的仲裁委员会。

2. 仲裁的原则

（1）自愿原则。当事人采用仲裁方式解决纠纷，应当贯彻双方自愿原则，达成仲裁协议。如有一方不同意进行仲裁，仲裁机构即无权受理合同纠纷。

（2）公平合理原则。仲裁的公平合理，是仲裁制度的生命力所在。这一原则要求仲裁机构要充分搜集证据，听取纠纷双方的意见。仲裁应当根据事实。同时，仲裁应当符合法律规定。

（3）仲裁依法独立进行原则。仲裁机构是独立的组织，相互间无隶属关系。仲裁依法独立进行，不受行政机关、社会团体和个人的干涉。

（4）一裁终局原则。由于仲裁是当事人基于对仲裁机构的信任做出的选择，因此其裁决是立即生效的。裁决做出后，当事人就同一纠纷再申请仲裁或向人民法院起诉，仲裁委员会或者人民法院不予受理。

3. 仲裁的程序

（1）合同当事人向仲裁机构提交仲裁的申请。仲裁申请书应依据规范载明下列事项：当事人的基本信息；仲裁请求和所根据的事实、理由；证据和证据来源、证人姓名和住所。

（2）仲裁的受理。仲裁委员会收到仲裁申请书之日起 5 天内，认为符合受理条件的，应当受理，并通知当事人；认为不符合受理条件的，应当书面通知当事人不予受理，并说明理由。

（3）仲裁委员会向申请人、被申请人提供仲裁规则和仲裁员名册。

（4）被申请人向仲裁委员会交答辩书，仲裁委员会将答辩书副本送达申请人。未提交答辩书的，不影响仲裁程序的进行。

（5）组成仲裁庭。仲裁庭不是常设机构，采用一案一组庭。仲裁庭可以由 3 名仲裁员（合议制仲裁庭）或 1 名仲裁员（独任制仲裁庭）组成。由 3 名仲裁员组成的，设首席仲裁员。当事人约定由 3 名仲裁员组成仲裁庭的，应当各自选定或者各自委托仲裁委员会主任指定 1 名仲裁员，第三名仲裁员由当事人共同选定或者共同委托仲裁委员会主任指定。第三名仲裁员是首席仲裁员。当事人约定由 1 名仲裁员成立仲裁庭的，应当由当事人共同选定或者共同委托仲裁委员会主任指定仲裁员。

（6）开庭。仲裁应当开庭进行。当事人协议不开庭的，仲裁庭可以根据仲裁申请书、答辩书以及其他材料做出裁决，仲裁不公开进行。当事人协议公开的，可以公开进行，但涉及国家秘密的除外。

申请人经书面通知，无正当理由不到庭或者未经仲裁庭许可中途退庭的，可以视为撤回仲裁申请。被申请人经书面通知，无正当理由不到庭或者未经仲裁庭许可中途退庭的，可以缺席裁决。

（7）裁决。裁决应当按照多数仲裁员的意见做出，少数仲裁员的不同意见可以记入笔录。仲裁庭不能形成多数意见时，裁决应当按照首席仲裁员的意见做出。仲裁庭仲裁纠纷时，其中一部分事实已经清楚，可以就该部分先行裁决。对裁决书中的文字、计算错误或者仲裁庭已经裁决但在裁决书中遗漏的事项，仲裁庭应当补正；当事人自收到裁决书之日起 30 天内，可以请求仲裁补正。裁决书自做出之日起发生法律效力。

（8）执行。仲裁委员会的裁决做出后，当事人应当履行。由于仲裁委员会本身并无强制执行的权力，因此，当一方当事人不履行仲裁裁决时，另一方当事人可以依照《中华人民共和国民事诉讼法》有关规定向人民法院申请执行。接受申请的人民法院应当执行。

（9）法院监督。当事人提出证据证明裁决有下列情形之一的，可以向仲裁委员会所在地的中级人民法院申请撤销裁决：

1）没有仲裁协议的。

2）裁决的事项不属于仲裁协议范围或者仲裁委员会无权仲裁的。

3）仲裁庭的组成或者仲裁的程序违反法定程序的。

4）裁决所根据的证据是伪造的。

5）对方当事人隐瞒了足以影响公正裁决的证据的。

6）仲裁员在仲裁该案时有索贿受贿、徇私舞弊、枉法裁决行为的。

人民法院经组成合议庭审查核实，裁决有前款规定情形之一的，应当裁定撤销。人民法院认定该裁决违背社会公共利益的，应当裁定撤销。

4. 裁决的申请撤销

当事人提出证据证明裁决有下列情形之一的，可以向仲裁委员会所在地的中级人民法院申请撤销裁决：

（1）没有仲裁协议的。

（2）裁决的事项不属于仲裁协议范围或者仲裁委员会无权仲裁的。

（3）仲裁庭的组成或者仲裁的程序违反法定程序的。

（4）裁决所根据的证据是伪造的。

（5）对方当事人隐瞒了足以影响公正裁决的证据的。

（6）仲裁员在仲裁该案时有索贿受贿、徇私舞弊、枉法裁决行为的。

人民法院经组成合议庭审查核实裁决有前款规定情形之一的，应当裁定撤销。当事人申请撤销裁决的，应当自收到裁决书之日起6个月内提出。人民法院应当在受理撤销裁决申请之日起2个月内做出撤销裁决或者驳回申请的裁定。

人民法院受理撤销裁决的申请后，认为可以由仲裁庭重新仲裁的，由原仲裁庭在一定期限内重新仲裁，并裁定中止撤销程序。仲裁庭拒绝重新仲裁的，人民法院应当裁定恢复撤销程序。

七、公路工程竣工决算文件的编制

（一）公路工程竣工决算文件的编制依据

公路工程竣工决算文件主要依据以下内容进行编制：

（1）经交通主管部门批准的设计文件，以及批准的概（预）算或调整概（预）算文件。

（2）招标文件、标底（如果有）及与各有关单位签订的合同文件。

（3）建设过程中的文件有关支付凭证。

（4）竣工图纸。

（5）其他有关文件、资料、凭证。

（二）公路工程项目竣工决算的编制步骤

（1）收集、整理和分析有关依据资料。在工程竣工验收阶段，应注意收集资料，系统地整理所有的技术资料、工程结算的经济文件、施工图纸，审查施工过程中各项工程变更、索赔、价格调整、暂定金额等支付项目是否符合合同文件规定，签证手续是否完备；审查各中期支付和最终支付是否与竣工图表资料、合同文件相符。

（2）清理各项财务、债务和结余物资。既要核对账目，又要查点库存实物数量，做到账与物相等，账与账相符，对结余的各种材料、工器具和设备要逐项清点核实，妥善管理，并按规定及时处理，收回资金。

（3）填写竣工决算报表。

（4）编制建设工程竣工决算说明。主要内容包括对工程进度、质量、安全和造价等四方面的总的评价，以及各项财务和技术经济指标的分析。

（5）做好工程造价对比分析。在报告中必须对控制工程造价所采取的措施、效果以及其动态变化进行认真的比较分析，总结经验教训。批准的概算是考核建设工程造价的依据，在分析时可将决算报表中所提供的实际数据和相关资料与批准的概算、预算指标进行对比，以考核竣工项目总投资控制的水平，在对比的基础上总结先进经验，找出落后的原因，提出改进措施。

（6）清理、装订好竣工图。

（7）上报主管部门审查。建设工程竣工文件编制完成后，将其上报主管部门审查，并把其中财务成本部分送交开户银行签证。竣工决算在上报主管部门的同时，抄送有关设计单位。大中型建设项目的竣工决算还应抄送财政部、建设银行总行和省（自治区、直辖市）财政厅（局）和建设银行各一份。

（三）公路工程项目竣工决算报告的内容

竣工决算报告由以下四部分组成：

（1）交通基本建设项目竣工决算报告封面。

（2）竣工工程平面示意图。

（3）竣工决算报告说明书。主要内容包括工程项目概况及组织管理情况；工程建设过程和工程管理工作中的重大事件、经验教训；工程投资支出和财务管理工作的基本情况；工程遗留问题等。

（4）竣工决算表格。竣工决算报告表式分为决算审批表、工程概况专用表和财务通用表。

第四章 公路工程施工技术与质量控制管理

第一节 公路工程路基与路面施工技术

一、公路工程路基施工技术

（一）土质路基施工

1. 填料选择

填筑路堤时，为确保路堤的强度和稳定性，通常会取用当地强度比较高、稳定性较好、透水性好的土石作为填料，常见的有碎石、砾石、卵石和粗砂等，之所以会优先选用这些石材，主要原因包括：①强度较高且不易变形，水稳性好；②在填筑过程中不需要考虑含水量影响；③分层压实后容易达到规定的施工质量。

如果不得已要用透水性不好，甚至不透水的土做路堤填料时，则需要特别注意：①如所用土为黏土，则必须在达到最佳含水量的前提下，进行分层填筑并充分压实；②切记不可用水稳性和冰冻稳定性都比较差的粉质土作为路堤填料，尤其是一些季节性冰冻地区；③低于5m的路堤，可用黏质土或高液限黏土作为填料，前提是必须采用水平分层填筑方式，并按照规定的密实度进行压实处理。

2. 基底处理

所谓路堤基底，就是指被清理后的路堤所在的原地面，它属于自然地面的一部分。在对路基进行处理时，应充分考虑基底的土质、水文、坡度、植被及路基高度等因素，以确保路基的整体强度和稳定性。因此，在处理路基时，以下方面需要特别注意：

（1）务必将原地面的临时排水工作做好。对于易积水的地方，用土填平后还应按规定压实。排出的雨水不能冲刷到路基，也不得流入农田和耕地，更不能引起淤塞。

（2）如果路堤基底的原状土已经无法满足强度要求，则应立刻进行换填处理，所挖深度应大于 30cm，并分层找平压实。

（3）在填筑矮路堤时，填筑高度应与路基工作区接近或者相等。为了进一步提高路基的强度和稳定性，应对矮路堤进行挖除种植土、换土、挖松压密加铺沙砾石垫层等处理。

3. 填筑方式

（1）水平填筑。在填筑土质路堤时，一般会将路堤划分成若干水平层次，之后再依次向上填筑，这种填筑方式即为水平填筑。在填筑时，应从底层开始填筑，每填筑完一层都要进行压实处理，直到压实度达到要求之后再进行下一层填筑。如果需要用不同土质来进行填筑，则必须严格遵守填筑工艺要求。水平填筑主要包括以下要求：

第一，如果用透水性不是很好的土来填筑路堤底层，则应在表面做成4%的双向横坡。

第二，为了使路堤内部的水分得到充分蒸发，则在填筑路堤时，应在中上层使用透水性较好的沙砾类材料。

第三，透水性不同的土不能混在一起进行填筑。

第四，对不同土质的层位进行合理安排，比较优良的土应填筑在路堤上层，强度较低的土填在下层。

第五，当用不同土质填筑公路纵向的路堤时，必须在不同土质的交接处做成斜面，以免发生不均匀变形。除此以外，一些透水性比较差的土应该填筑在斜面下方。

（2）竖向填筑。所谓竖向填筑指的就是在施工时将填料沿路线纵向在坡度较大的原地面上倾填，形成倾斜的土层，碾压密实之后，再逐层向前推进。当出现以下情况时，可以考虑采用竖向填筑：

第一，原地面纵向坡度大于12%。

第二，路线所经过的地段跨越深谷或者局部地面有比较陡的横坡。

第三，地面高差比较大。

（3）混合式填筑。所谓混合式填筑路堤主要是指下层用竖向填筑，上层用水平填筑的一种填筑方式。这种填筑方式可以有效确保上部填土的密实度。其作业方式主要根据填料运距、填筑高度、工程量等因素来确定。

第一，对于取土填土高度小于3m的路堤，可用推土机推填、平地机整平，达到最佳含水率之后，再用压路机压实。

第二，如果所填筑路堤的填方量比较集中，当填料运距大于1km时，可用松土机翻松，用挖土机或装载机配合自卸汽车运输，料运到作业面后用平地机整平，配合洒水车和压路机压实；当填料运距在1km范围内时，可用铲运机运土，辅以推土机开道，翻松硬土，平整取土段清除障碍及推土。

4. 路堑开挖

（1）横挖法。对于一些短而浅的路堑，需要采用横挖法，即从路堑的一端或两端，在横断面范围内向前开挖。当路堑比较浅时，一次挖到设计标高的开挖方式称为单层横挖法。若路堑较深，为增加作业面，以便容纳较多的施工机械形成多向出土以加快工程进度，而在不同高度上分成几个台阶同时开挖的方式称为多层横挖法，各施工层面具有独立的出土通道和临时排水设施。

采用人工的方式开挖路堑时，施工台阶高度应为1.5～2.0m。采用机械开挖路堑时，台阶高度一般为3～4m。如果运距比较近，可用推土机开挖；如果运距比较远，可用挖掘机与自卸汽车相互配合开挖，也可以用推土机堆土后，再安排自卸汽车运土。在开挖时，还同时需要配备人工或者平地机来进行分层修刮和边坡整平。

（2）纵挖法。所谓纵挖法指的就是开挖时沿路堑纵向将开挖深度内的土体分成厚度不大的土层依次开挖。

1）分层纵挖法。该方法适宜于路堑宽度和深度均不大的情况，在路堑纵断面全宽范围内纵向分层挖掘。当遇到以下情况时，宜采用推土机作业：

第一，开挖地段的横坡较陡。

第二，开挖长度小于100m。

第三，开挖深度小于3m。

如果开挖路堑的长度大于1 000m，则需要用铲运机或者同时配合使用推土机来进行作业。

2）通道纵挖法。通道纵挖法适宜于路堑较长、较宽、较深而两端地面坡度较小的情况。

开挖时先沿纵向分层，每层先挖出一条通道，然后开挖通道两旁，通道作为机械运行和出土的线路。

如果开挖的路堑很长，可在一侧适当位置将路堑横向挖穿，把路堑分为几段，各段再采用纵向开挖的方式作业，这种挖掘路堑的方法称为分段挖掘法。这种挖掘方式可增加施工作业面，减少作业面之间的干扰并增加出料口，从而大大提高工效，适用于傍山的深长路堑的开挖。

用推土机开挖路堑时，每一铲挖地段的长度应以满足一次铲切达到的满载为佳，一般为 5 ~ 10m。铲挖时宜下坡进行，对于普通土，下坡坡度不宜小于 10%，但不得大于 15%；傍山卸土时应设向内稍低的横坡，但同时应留有向外排水的通道。当采用铲运机开挖路堑时，铲运机在路基上的作业长度不宜小于 100m，宽度应能使铲斗易于达到满载。当采用铲斗容量为 4 ~ 8m 的拖式铲运机或铲运推土机时，运距一般为 100 ~ 400m；当铲斗容量为 9 ~ 12m³ 时，运距宜为 100 ~ 700m。

（3）混合式开挖法。混合式开挖法是将横挖法与纵挖法混合使用。首先采用纵挖法沿路堑开挖通道，之后采用横挖法，从通道开始沿着横向坡面挖掘。这样做的目的就是增加开挖坡面，从而可以使每个坡面都能够容纳一个施工作业组一台施工机械。

路堑开挖应严格按照自上而下的方式进行，不得超挖、滥挖。在对边坡稳定性不产生任何影响的前提下，为了进一步提高开挖效率，也可采用小型爆破的方式。在开挖的过程中一旦发现土质变化，应立刻修改施工方案和边坡坡度。路堑路床的表层土若为有机土、难以晾干或其他不宜做路床的土时，应用符合要求的土置换，然后按路堤填筑要求进行压实。

5. 路基压实

（1）压实质量要求。路基压实的压实质量一般是通过土的密实度来衡量的，用压实度来表示路基的压实标准。合理确定压实度，对保证路基的强度和稳定性、技术的可行性、工程经济性都有非常重大的意义。但是在实际施工中，压实度几乎无法达到百分之百。

在达到最佳含水量的情况下才能进行路基压实，并且不同土质的各种指标值也要在施工前半个月进行测定，选取有代表性的土样进行试验，并且每种土都至少要取一组土样。

如果在施工过程中土质发生了变化，则应立刻取土样补做试验。路基不同层位压实度要求也有所不同，相比于下部，上部的压实度要求会更高。一些等级较高的路面，压实度要求也就越高。

（2）土质路堤碾压。在选择碾压机械时，应对各方面因素进行综合考虑，主要包括工程规模、场地大小、填料类别、压实度要求、气候条件、工期要求及土质等。

如果填料为细粒土、砂类土或砾石土，施工时应通过摊开晾晒或适当洒水等方式使土的实际含水量达到最佳含水量的 ±（1% ~ 2%）之后再进行碾压。

如果需要人工洒水，则应对洒水量进行估算。洒水工作完成后，须等到水分完全渗入土中之后再进行碾压。

此外，应根据土的种类、实际含水量、压实度要求等来确定压实遍数。对于高速公路和一级公路，在进行碾压时宜使用振动压路机或者 35 ~ 50 吨的轮胎压路机。

6. 路基修理

（1）路基整修。

1）土质路基的整修。在整修土质路基表面时，切土、补土工作一般是在人工和机械相互配合的情况下完成的，同时用压路机碾压。对于加深的路堑边坡，应自上而下进行削坡整修。超出设计标高的填土应用平地机刮平，路堤两侧超出设计高度的部分也要切除。

2）边坡加固与整修。应在边坡加固地段预留加固位置和厚度，如果边坡被冲刷成沟槽，则应从下往上分层挖台阶进行填筑和夯实。如果在非加固边坡地段，可用种植土进行填补并种植花草。如果出现冲沟和坍塌缺口，则应从下往上进行加宽填补、压实，并按设计坡面修坡。

（2）路基维修。路基施工完成以后，在一定情况下，如果路基发生损坏，则施工单位应该负责维修：①路面施工前；②公路工程初验后至竣工验收终验前。

施工单位应确保路基排水设施完好，如果排水设施中出现淤积物和杂草，则应及时清理。对于已经停工很长时间，或者暂时不打算做路面的路基，应保持排水通畅，复工前还应整修路基的各分项工程。要确定路基表面光滑、保持规定的路拱，才能开始路面施工。如果路堤遭到雨水冲刷，要及时进行修补和加固；如果发生沉降，则应查明原因，采取恰当的处理措施，并进行记录。

此外，还应及时清理路堑边坡塌方。未经加固的高路堤和路堑边坡及潮湿地区的土质路基边坡上的积雪应及时清除，以免危害路基。路基构造物应时刻保持稳定，一旦出现变形要及时修复。如果在路基完工后遇到持续大雨、暴雨天气，或者正处于积雪融化期，则应禁止施工机械和车辆在土质路基上行驶，在不得不通行的情况下，则应及时排干积水，并进行整平、压实。

（二）石质路基施工

1. 填石路堤施工

（1）材料选择要求。

1）石料强度值要求。通常情况下，在选择填石堤时所需石料的强度值应大于15MPa，而对于护坡过程中所需要的石料强度值应大于20MPa。

2）石料最大粒径要求。填料最大粒径不宜超过分层压实厚度的1/3。

3）石料性质要求。当石料性质存在较大差异时，应将不同性质石料进行分层或分段填筑（以现场实况为准）。除此之外，还可使用挖出的混合石料填筑，但这种情况仅限于所利用的隧道弃渣岩石或路堑挖方岩石为不同岩层时。即便是使用混合石料进行填充，也要注意粒径及石料强度要求。

被暴露在大气中多时且风化速度较快的石料不可用于填石路堤中，若不得不用这些石料或是软质岩石作为填石路堤材料的情况下，需要对其进行承载比（CBR）值检测，若CBR值检测的结果符合填土材质标准，便可以使用，但在使用过程中需要按照土质筑堤的技术要求进行施工。若CBR值检测结果没有达标，则禁止使用。

4）高速公路、一级公路石料要求。对于其他公路填筑材料要求而言，高速公路和一级石路所需要的石料要求会更高一些，首先需要以高速公路和一级石路填石路堤床顶为准，向下延伸50cm的范围内，都需要使用符合路床要求的土进行填筑，这里所需土的大粒径要控制在10cm以内，填筑过程中，需要进行分层压实。

其他公路在进行填石路堤的过程中，以该公路路床顶为准，向下延伸的30cm范围内，都需要使用符合路床要求的土进行填筑，其所需要的填料大粒径应控制在15cm以内。

（2）填筑工艺。在对石路进行填筑的过程中，填石路堤与土质路堤的基底处理是相同的。对于高速公路、一级公路及铺设高级路面的其他公路的填石路堤，需要进行分层式填筑和分层式压实。在陡坡段，当施工困难或大量爆破开挖进行填筑时，铺设中、低等级路面的路堤下部可用倾斜充填方式填筑，但路床底面以下 1m 范围内应改为水平分层填筑、分层压实。

要想保证路堤边坡的稳定性，就需要在倾填之前做好铺垫的前期准备工作，并且铺垫材质的选择是极其重要的，其粒径应大于 3cm，且应使用硬质石料码砌路堤边坡。当码砌宽度大于 2m 时，路堤边坡的高度应高于 6m；当码砌宽度大于 1m 时，路堤高度应在 6m 以下；高速公路和一级公路填石路堤填料的分层松铺厚度应小于 50cm，其他公路则需要小于 1m。

在进行层状堆填时，石料运输路线首先需要按照由低到高的施工组织计划安排；其次需要进行先两侧后中央卸料，并用大型推土机水平分层，摊铺平整；最后其他个别不平处用人工以细石块、石屑找平。

在施工过程中，难免会遇到填料级配较差的情况（填层较厚、粒径较大、石块间的缝隙较大等），因此为了保证填石路堤的稳定性和强度，可采用水沉积法填筑路基。当然，这种方法只能在水源较为丰富的情况下进行使用。这是因为工人将石渣、石屑、中粗砂等扫入石块间空隙中后，须用压力水把这些细材打入到填材料层下部，这样反复多次，直至填满石材的空隙。

（3）压实及质量控制。施工时应通过压力试验确定压实至压实度所需的压实次数（夯实次数）。压实试验应使用大于 12 吨的振动压路机进行压实试验，如果压实层的顶面稳定且不再下沉，表面无凹凸，则可确定已被压实。对于适宜压实厚度是否符合具体施工需要，实际工程中一般会采用试压来做进一步确定，它的最大厚度通常小于 50cm。但如果所采用的是重型振动压路机压实的话，其厚实度可允许在 1m 以内。

在进行压实作业过程中，应先从路堤两侧开始进行碾压，而后再压中间部分；压实路径平行于纵向反复进行碾压，碾压轮迹应重叠 40～50cm；前后相邻施工段的衔接处应重叠碾压 100～150cm。使用夯锤夯实时，需要达到规定密实度后，向后移动一个夯锤位置，因此需要呈弧状布点。

填石路堤压实到要求的密实度所需碾压（夯实）遍数应通过试压确定。石料的紧密程度可用 12 吨以上振动压路机进行压实检验，若压实层顶面稳定，不再下沉，表面无轮迹，则可判定为已碾压密实。

用重型夯锤夯实时，以重锤下落时不下沉而发生弹跳现象为达到密实度要求。高速公路及一级公路填石路堤路床顶面以下 50cm（其他公路为 30cm）范围内的压实度要求与土质路堤相同。

2. 石质路堑开挖

（1）爆破法开挖。爆破法主要是利用炸药的爆破能量将土石炸碎，以便后期的挖运，也可以借助爆破的方法来改变土石位置。用这种方法开挖石质路堑具有工效高、速度快、劳动力消耗少、施工成本低等优点。

对于岩质坚硬，不可能用人工或机械开挖的石质路堑，通常采用爆破法开挖。根据炸药用量的多少，爆破法分为中小型爆破和大爆破，其中使用频率最高的是中小型爆破，大爆破的应用则受多种因素限制。例如，开挖山岭地带的石方路堑时，若岩层不太破碎，路堑较深且路线通过突出的山嘴时，采用大爆破开挖可有效提高施工效率。但如果路堑位于页岩、片岩、砂岩、砾岩等非整体性岩体时，则不应采用大爆破开挖。尤其是路堑位于岩石倾斜朝向路线且有夹砂层、黏土层的软弱地段及易坍塌的堆积层时，禁止采用大爆破开挖，以免对路基稳定性造成危害。

爆破对山体破坏较大，对周围环境也有较大影响，因此必须按有关施工规范和安全规程进行作业，严格按设计文件实施。通常事先应进行试爆分析，用试爆分析结果作为指导施工的依据。

（2）松土法开挖。松土方法的开挖过程是，首先，用推土机将岩体翻松；其次，用推土机或装载机与自卸汽车合作，将松散岩体运输至指定位置。松土法挖掘从根本上避免了爆破作业的危险性，除此之外，还能在一定程度上稳定挖方边坡和确保附近建筑设施的安全。由此可见，若可以使用松土法进行挖掘，就应避免使用爆破法施工。

随着大功率工程机械的使用，松土法在石质路堑开挖中的应用越来越多，开挖效率也呈逐渐上升趋势，采用松土法施工的范围被逐渐扩大。

岩体破裂面情况及风化程度直接影响到松土法开挖的效率。当岩体已裂成小石块或呈粒状时，松土只能劈成沟槽，效率较低；岩体被破碎岩石分隔成较大块体时，松开效率较高。

沉积岩的沉积层，如砂岩、石灰岩和页岩，是相对容易释放的岩石，沉积层越薄就越易松动。释放的程度取决于破裂表面的发育程度。花岗岩、玄武岩、安山岩等岩浆岩不呈层状或带状，松开比较困难。

多齿松土动装置适用于松散破碎的薄层岩体，单齿松土动装置适用于松散厚层岩体。松土器型号及松土间隔应根据岩石的强度、裂隙情况、推土机功率等选择，最好通过现场松土器劈松试验来确定。遇到较坚硬的岩石，松土器难以贯入，引起推土机后部翘起或履带打滑时，可用另一台推土机在松土器后面顶推。坚硬完整的岩石难于翻松，可先进行适当的浅孔松动爆破，再进行松土作业。

（3）破碎法开挖。破碎法挖掘是利用破碎机对岩块进行凿岩后，进行组装、搬运等作业。该方法的原理是将凿子安装在推土机或挖掘机上，通过活塞的冲击作用在钻岩中产生冲击力，打碎岩石。破碎岩石的能力取决于活塞功率的大小。破碎法主要用于岩体裂缝较多、岩块体积小、抗压强度低于100MPa的岩石，考虑到挖掘工作的效率，该方法可以在无法使用上述两种方法的地方使用。

3. 坡面防护工程施工

路基石质差时，在雨水、风力、温度变化、冻结等自然因素的作用下，会出现风化、剥落、脱落等病害，严重时甚至会出现较大的滑动、变形、塌陷等损伤，因此路基边坡的保护技术及措施不可忽视。一般的保护措施将按当地气候、水文、土地、地质条件和建筑材料的分配来选定。

（1）抹面与捶面。抹面是人工将水泥灰浆或多合土等材料置于坡面最终将边坡进行封闭，从而对坡面起到一定保护作用的方法；捶面是将多合土及其他相关材料，经过一系列捶击、拍打后，最终使其贴至于坡面上，形成一个紧密的保护层来保护路基边坡的方法。

抹面的使用年限为 8 ~ 10 年，厚度为 3 ~ 7cm，施工时应分两次进行，底层抹全厚的 2/3，面层抹全厚的 1/3。

捶面的使用年限为 10 ~ 15 年，厚度为 10 ~ 15cm，等厚式截面是它使用较为频繁的方式。如果遇到较高的边坡，可采用上薄下厚的截面形式。在施工过程中，应均匀捶打使多合土与坡面贴紧、粘牢，最终要达到厚度均匀、表面光滑的程度。

抹面与捶面的面积较大时，对缝隙有一定的要求，其缝宽度应控制在 1 ~ 2cm，缝距应控制在 10m 以下；在进行抹面与捶面施工过程中，需要将没有受到防护接触的边坡四周进行封闭，坡脚一般会用一道高 1 ~ 2m 的浆砌片石来防护墙壁。

（2）喷浆及喷射混凝土。将水泥砂浆或混凝土喷洒在边坡上，用喷涂设备进行保护，使其形成砂浆或混凝土保护层，防止边坡风化，这便是喷浆及喷射混凝土。

喷浆防护所用的砂浆强度不应低于 M10，厚度为 5 ~ 10cm。喷射混凝土强度不应低于 C15，混凝土中集料最大粒径不超过 15mm，厚度为 10 ~ 15cm，分 2 ~ 3 次喷射，喷层厚度应均匀。喷射混凝土护坡与无防护边坡的接缝应严格封闭，以免因水入渗而对保护层造成破坏，坡脚还要做一道 1 ~ 2m 高的浆砌片石护坡。

在喷射或喷浆混凝土施工前期，应当先将岩体表面冲洗干净，防止太多泥土或灰尘，如果边坡上有比较大的裂缝或是凹陷时，需要将其进行修补，且修补须牢固。将菱形金属网或强度聚合物土工格栅放置在边坡上制备喷射混凝土时，要用锚杆将混凝土保护层的土工格栅固定在边坡上，从而提高混凝土保护层的整体强度，增强喷射混凝土与边坡连接，提高防护效果。

使用时首先需要将锚杆孔内冲洗干净，然后再将锚杆插入其中，最后注入水泥砂浆。菱形金属网或土工格栅与锚杆之间的连接应牢固可靠，与边坡保持规定距离的同时，还要注意不可外露。该项工作严禁在大雨或冰冻季节进行喷射作业。

（3）灌浆及勾缝。灌浆是在开挖坚硬岩石边坡后，及时将水泥砂浆或混凝土灌入裂缝之中；勾缝是指用砂浆将相邻两块砌筑块体材料之间的缝隙填塞饱满。在灌浆或勾缝过程中，应尽量避免水分渗入岩石裂隙，防止最后造成病害，与此同时，这样有利于外观改善。

裂缝较深较大且十分坚硬的岩石路堑边坡是灌浆所适用的施工对象；不容易被风化、

裂缝多且细、节理发育、坚硬度为中等值的岩石路堑边坡是勾缝所适用的施工对象。

对岩体坡面进行灌缝或勾缝时，应先将缝内冲洗干净。灌浆用水泥砂浆的配合比为1:4或1:5，裂缝很宽时可用体积比为1:3:6或1:4:6的混凝土灌注并振捣密实，灌至缝口并抹平。

勾缝时用1:2或1:3的水泥砂浆或1:0.5:3或1:2:9的水泥石灰砂浆。施工后坡面应平整、密实、线形顺适。

（4）护面墙。防护墙能防止和控制严重的边坡变形，适用于易腐蚀的土质边坡和软岩开挖边坡。护面墙可采用现浇混凝土作为护面墙，除此之外，还可以使用片石、块石、混凝土预制构件以砂浆砌筑。

砌筑砂浆强度不应低于M5，寒冷地区不应低于M7.5；混凝土强度不应低于C5。护面墙基础应设置在稳定的地基上，埋深应根据地质条件确定，在冰冻地区应设置在冰冻线以下不小于0.25m处，墙趾应低于边沟铺砌底面。

4. 路基石方爆破

（1）爆破原理。开挖石质路堑最有效的方法要数爆破法，即用炸药自身爆炸时的能量，将岩体破碎或岩块抛移到理想的施工位置。爆破所使用的炸药称为药包，放置在岩体内部或外部，根据药包的形状和集结程度的不同，可将其分为三种类型，即分集药包、集中药包、延长药包。药包爆破岩石的原理：假定药包在无限介质（岩体）内爆炸，炸药在瞬间转化成气体状爆炸产物，体积增加数千倍乃至上万倍，形成高温高压，产生的冲击波以每秒数千米的速度自药包中心按球面等量扩展，传递到周围介质，在介质内产生各种不同程度的破坏和振动作用，这种作用随距药包中心距离的增大而逐渐消失。

药包在有限介质内爆炸后，在临空面的表面会出现一个爆破坑，一部分被炸碎的土石将被抛出坑外，另一部分仍回落到坑底，爆破坑形状类似漏斗，故称爆破漏斗。

炸药用量应与爆破的岩石体积相适应，炸药用量不足，将达不到预期的爆破效果；炸药用量过多，除造成经济上的浪费外，还会影响路基边坡的稳定性和施工安全。因此，爆破前应将爆破范围内的地形、地质情况调查清楚，合理选择爆破方法。

（2）常用爆破方法。爆破方法一般分为中小型爆破和大爆破。中小型爆破包括裸露药包法、炮孔法（钢钎炮、深孔炮）、药壶法（葫芦炮）、猫洞炮等。大爆破为硐室炮，炸药用量在100kg以上，应根据工程量的大小和集中程度、地形、地质及路基横断面形式等因素确定经济适用、安全可靠的爆破方法。

1）裸露药包法。裸露药包法是将药包置于爆破岩石表面，或放入整理好的石缝中，药包表面在被草坪、土或橡胶条网覆盖后爆破。这种方法存在着一定局限，因为炸药的使用率相对来说不是很高，因此，这种方法大多数情况下会被用于大块岩石的二次爆破或是用来爆破一块单独的岩石。

2）药壶法（葫芦炮）。药壶法俗称葫芦炮，该方法在钻孔时经一次或多次烘膛后扩大成葫芦形，爆破时先将少量炸药装入炮孔底部，这样炸药将基本集中于炮孔底部的药壶内，使爆破效果大大提高。药壶法炮孔深度常为5～7m，装药量为10～60kg，适于开挖均匀致密的黏土（硬土）、次坚石、坚石。药壶炮每次可炸岩石数十方到百余方，是中小型爆破中最省炸药的方法。一般布置在有较大较多临空面、地面横坡较陡的地段，但不宜靠近设计边坡布设，药室至设计边坡线的水平距离不可小于最小抵抗线。炮孔烘膛后应将药室内的碎渣淘尽。

3）猫洞法。将集中型药包放置在深度为2～6m、直径为20～50cm的水平或略微倾斜的炮洞底部进行爆破，这便是猫洞法。这种方法的特点是充分利用岩体的崩坍作用，能用较浅的炮洞爆破较高的岩体，适用于硬土、胶结良好的古河床、冰渍层、软石和节理发育的次坚石等，爆破也可以利用硬石的裂缝形成一个孔或装药室。

（3）选用各种爆破方法的原则。爆破方法各有特点，应因地制宜、利用地形地质等客观条件，充分发挥各种爆破方法的优势，尽可能综合使用各种爆破方法，达到爆破方量大、炸药用量少、路基边坡稳定的最佳效果。选用爆破法应按以下原则进行：

1）全面规划，重点设计。对拟爆破的路基石方应根据工程量大小和集中程度、微地形变化、横断面形式及地质条件所允许的爆破规模等，结合各种爆破方法的特点进行全面规划，合理确定各地段应采用的爆破方法和实施方案。对石方较集中的地段应进行重点设计。

2）做好爆破顺序设计。前期进行的爆破应在后续爆破中产生条件，增加临空面，提高爆破效果。

3）综合利用小群炮，进行分段或分批爆破。

第一，路线横切山坡时，可用炮孔炮三面切脚，改造地形后，再在中间用药壶炮进行爆破。

第二，斜坡地形的半填半挖路基，可采用沿路线纵向布置的一字排炮进行开挖。对于自然地面坡度较缓的地形，可先用炮孔炮切脚，改造地形后再用一字排炮。

第三，对于路基较宽、阶梯较高的地形，可采用上下互相配合的小炮群。

第四，对拉槽路堑，从两头开挖时，可采用竖眼揭盖、水平炮扫底的梅花状方式布置炮孔。

第五，爆破后采用机械清方的挖方作业，如遇坚石，采用眼深 2m 以上的炮孔炮组成 20～40 个的多排多层群炮或深孔炮进行爆破，从而使岩石破碎程度满足清方要求。此外，采用微差爆破和间隔爆破也很容易满足机械清方要求。若遇软石或节理发育的次坚石，可采用松动爆破。

5. 爆破施工安全

爆破施工安全包括施爆区内参与爆破施工的人员安全和施爆区内的物资安全，还有警戒范围内的其他人员和物资安全。为了避免发生事故，组织爆破施工时应遵守相关标准，并特别注意以下方面：

（1）应根据实际地形、地质及路基横断面等条件采取合理的爆破方案，正确进行爆破设计并上报有关部门审批。

（2）所有的爆破作业均应由操作熟练、受过专业培训并取得爆破资格的人员进行。

（3）严格各种爆破器材的储运和管理，各工序必须严格按操作规程作业。

（4）严格在爆破区域进行安全警戒和安全检查，及时疏散危险区的人员、牲畜、设备和车辆，对不能疏散的建筑物采取保护和加固措施。

（5）起爆后应由专业人员进行安全检查，确认无拒爆、瞎炮后方可解除警戒。

（6）实施大爆破施工作业时，应由专门设立的机构全面负责组织、指挥、协调和安全等方面的工作。

二、公路工程路面施工技术

（一）沥青路面施工

1. 沥青路面的材料选择

"公路工程随着城市化建设进程的推进得到了进步与发展，高质量的道路建设使城市基础建设工作面临新的机遇与挑战，公路沥青混凝土路面施工技术直接关系着公路建设的质量、进度和效率。"① 沥青混凝土是适合现代交通的一种优质高级面层材料。铺筑在坚硬基层上的优质沥青混凝土面层可使用 20 ~ 25 年，国外的重交通道路和高速公路主要采用这种面层形式。高速公路、一级公路的表面层、中面层、下面层应采用沥青混凝土；二级公路的表面层宜用沥青混凝土。

密级配沥青混凝土混合料（AC）适用于各级公路沥青面层的任何层次；沥青玛蹄脂碎石混合料（SMA）适用于铺筑新建公路的表面层、中面层或旧路面加铺磨耗层；设计孔隙率 6% ~ 12% 的半开级配的沥青碎石混合料（AM）仅适用于三级及三级以下公路、乡村公路，且沥青混合料拌和设备缺乏添加矿粉装置和人工炒拌的情况；设计孔隙率 3% ~ 6% 的粗粒式及特粗式密级配沥青稳定碎石混合料（ATB）适用于基层；设计孔隙率大于 18% 的粗粒式及特粗排水式沥青稳定碎石混合料（ATPB）适用于基层；设计孔隙率大于 18% 的细粒排水式沥青稳定碎石混合料（OGFC）适用于高速行车、多雨潮湿、不易被尘土污染、非冰冻地区铺筑排水式沥青路面磨耗层。开级配排水式沥青混合料基层（ATPB）的下卧层应具有排水和抗冲刷能力，工程上必须通过试验，取得成功的经验，并经过论证后使用。特粗式沥青混合料适用于基层，粗粒式沥青混合料适用于下面层或基层，中粒式沥青混合料适用于中面层和表面层，细粒式沥青混合料适用于表面层和薄层罩面。砂粒式沥青混合料适用于非机动车道或人行道路。

对高速公路及一级公路，除沥青稳定碎石基层外，通常选用公称最大粒径为 13.2 ~ 26.5mm 的沥青混合料。沥青层较厚的公路，首先应保证路面各层的组合不发生早期破坏，其次考虑各层服务功能，具体包含以下方面内容：

---

① 梁晋霞：《公路沥青混凝土路面施工技术》，载《交通世界》，2022 年 10 期第 64 ~ 65 页。

（1）表层面应具有良好的耐久、密水、抗压、抗滑等能力。在寒冷地区，表面层应具有良好的低温抗裂性能。

（2）双层式面层的下面层和三层式面层的中面层应具有抗高温、抗车辙性能。三层式面层的下面层除抗高温抗车辙性能外，还要具有抗裂、抗疲劳性能。

（3）高速公路的紧急停车带（硬路肩）沥青面层宜采用与车道相同的结构，但表面层宜采用密级配沥青混凝土混合料铺筑。

2. 沥青路面的施工要求

（1）施工测量。施工前及时进行工作面高程、横坡等测量，按设计给定的面层高程、厚度、横坡等指标进行测量，根据测量结果钉桩、挂基准线，每10m钉一个桩，事先确定不同横坡段及渐变段，小弯道及超高部位每5m钉一个桩。拟定施工质量控制措施，并经测量专业工程师确认。

（2）工作面清理。在对路肩破损砼方砖处理完毕后，必须对工作面进行清理，达到工作面干净无杂物的要求。

（3）交通封闭。工作面清理完毕后必须断绝交通，除运料车辆外，完全封闭。然后组织专门人员对需要做局部处理的地方进行处理。

（4）透层油喷洒。摊铺前对已验收的基层进行清扫，清除杂物后开始喷洒透层油，油量为 $1.0kg/m^2$，在透层油上撒铺石屑小料，进行滚动轮压，封闭交通48h，开始沥青砼摊铺。

（5）机械调配。摊铺机的全部操作应自动化，摊铺机应能自动找平，可通过传感器根据基准线测出横、纵坡度。施工时应至少配备三台摊铺机，两台使用，一台备用。基层和中低层施工宜使用多台同机型的摊铺机梯队联合作业，全宽一次完成，保证路面平整度。

（6）混合料运输。混合料运输可使用载重为20吨左右的自卸汽车运输，每车必须备有苫布。运输车辆数量要保证施工现场有运料车等候卸料，供料连续，车辆型号尽量统一。车厢应涂刷适量的防粘剂，经外观和温度检验合格后方可运往摊铺现场。

（7）卸料的监管。卸料必须由专人指挥，混合料卸料经监理现场外观和温度检验合格后，方可进行摊铺。卸料车应缓慢倒车向摊铺机靠近，停在距摊铺机 0.3～0.5m 处，由摊铺机前行与之接触，两机接触后即可卸料，卸料车挂空挡，由摊铺机推动向前行驶，直至卸料完毕离去。每车料从生产到卸料时间应控制在 8h 内。

（8）混合料摊铺。在进行大面积正式铺筑前，一般要选择长度不小于 200m 且与铺筑路段条件相同的或相近的路段进行试验段施工。其目的是检验施工组织、施工工艺、机械设备与组合是否适宜，同时通过实验路段的铺筑确定摊铺系数、摊铺与碾压温度及碾压遍数等施工参数，还有验证沥青混凝土配合比质量。

（9）初期保护。铺筑层在碾压完毕尚未冷却到 50℃ 以下前应暂不开放交通。如必须提前开放交通时，须洒水冷却强制降温。在开放交通前，应禁止重型施工机械，特别是重型压路机停放。在开放交通初期，应禁止车辆急刹车和急转弯。

3. 沥青路面表面处置施工

（1）材料规格和用量。沥青表面处置可采用道路石油沥青、乳化沥青、煤沥青铺筑，沥青标号应按相关规定选用。沥青表面处置的集料最大粒径应与处置层的厚度相等。

（2）施工程序与工艺。沥青表面处置施工应确保各工序紧密衔接，每个作业段长度应根据施工能力确定，并在当天完成。人工撒布集料时应等距离划分段落备料。三层式沥青表面处置的施工工艺应按下列步骤进行：

1）清扫基层。在清扫干净的碎（砾）石路面上铺筑沥青表面处置时，应喷洒透层油。在旧沥青路面、水泥混凝土路面、块石路面上铺筑沥青表面处置路面时，可在第一层沥青用量中增加 10% ~ 20%，不再另洒透层油或黏层油。

2）撒布沥青。沥青表面处置应使用沥青洒布车和集料撒布机配合作业。沥青洒布车在喷洒沥青时，应控制喷洒速度和数量，保持喷洒均匀。小规模喷洒可使用手工沥青洒布机洒布沥青。洒布设备的喷嘴应适用于沥青的稠度，确保其能形成雾状，不应出现花白条。

3）撒布集料。主层沥青撒布后，应立即采用人工撒布或集料撒布机撒布第一次集料。应做到将集料撒布均匀，保持厚度一致，全面覆盖，不露出沥青，不重叠集料。集料过多的部分应及时扫出，缺料的部分应当找补。沥青搭接处，第一层撒布应保留 100 ~ 150mm 宽度不撒布石料，待第二层一起撒布。

4）压路机碾压。撒布集料后，应立即使用 6 ~ 8 吨的钢筒双轮压路机由道路外侧向内侧碾压 3 ~ 4 遍，起始碾压速度不应超过 2km/h，之后可适当增加。每次碾压轮机重叠约 30cm。

5）循环喷洒。第二层和第三层的施工程序及施工要求与第一层相同，可使用 8 吨以上的压路机碾压。

4. 沥青贯入式路面施工

（1）材料规格和用量。

第一，沥青贯入式路面的集料应选择有棱角、嵌挤性好的坚硬石料。当使用破碎砾石时，其破碎面应符合铺筑要求。

第二，沥青贯入层的主层集料中大于粒径范围平均值的粒料数量应大于 50%，最大粒径应与沥青贯入层厚度相当。当使用乳化沥青时，主层集料的数量应按照压实系数 1.25 ~ 1.30 计算，最大粒径应按照厚度的 0.8 ~ 0.85 倍计算。

第三，可使用乳化沥青、石油沥青及煤沥青作为贯入式路面结合料。

第四，根据施工气温和沥青标号等规定条件，确定沥青贯入式路面中各层的沥青使用量。当施工气温较低时，沥青针入度较小，此时用量宜用高限。当施工气候较为潮湿，使用乳化沙青贯入时，上层应适当增加沥青用量，下层应适当减少沥青用量，保持总用量基本不变。

（2）施工程序与工艺。

1）施工准备。

第一，施工前，路面基层应清扫干净，如须安装路缘石时，应先安装路缘石，安装后应进行遮盖。

第二，如果路面厚度不超过 5cm，应浇洒黏层或透层沥青。乳化沥青贯入式路面必须浇洒黏层或透层沥青。

2）施工方法。

第一，摊铺集料。使用摊铺机、平地机或者人工摊铺集料。集料摊铺后，采用 6 ~ 8 吨的轻型钢筒式压路机由道路两侧向中间碾压。

第二，浇洒沥青。在使用乳化沥青贯入时，可先撒布一部分嵌缝料，防止乳液下漏严重，再浇洒沥青。

第三，撒布嵌缝料。使用集料撒布机或人工撒布嵌缝料。在使用乳化沥青贯入时，嵌缝料撒布应在乳液破乳之前完成。

第四，碾压。宜用 8～12 吨的钢筒式压路机碾压 4～6 遍嵌缝料。如果因气温较高造成难以推移时，应停止碾压。

第五，循环洒、撒、压。按照上述方法浇洒第二层和第三层沥青，撒布嵌缝料，进行碾压。

第六，撒布封层料。使用撒布机或人工撒布封层料。

第七，最后碾压。使用 6～8 吨的压路机最后碾压 2～4 遍。

第八，初期养护。开放交通后，应按照规范控制交通。

在铺筑上拌下贯式路面时，贯入层不撒布封层料；贯入部分使用乳化沥青时，应等待成型稳定后再铺筑拌和层。拌和层应紧跟贯入层施工，使上下层成为一体。当拌和层与贯入层不能连续施工时，贯入层应增加嵌缝料用量，在拌和层之前浇洒黏层沥青。

（二）水泥混凝土路面施工

1. 水泥混凝土路面的材料要求

（1）水泥。选用水泥时，应与混凝土进行适应性试验，选择最合适的水泥品种。采用滑模摊铺机铺筑时，宜采用散装水泥。高温期施工时，散装水泥的入罐最高温度不宜高于 60℃；低温期施工时，水泥进入搅拌缸前的温度不宜低于 10℃。

（2）粗集料。混凝土粗集料种类根据岩石产状分类有叶岩、板岩、砂岩、块状岩石等。从粒形上分为碎石、破口石和卵石，有角状、片状、针状等形状。按岩石的表面结构可分为玻璃质、光滑、粒状粗糙、结晶、蜂窝状等。

再生粗集料可单独或掺配新集料后使用，但应通过配合比试验验证，确定混凝土性能满足要求后方可使用。粗集料与再生粗集料应根据混凝土配合比的公称最大粒径分为 2～4 个单粒级的集料，并掺配使用，不得使用不分级的统料。粗集料的压碎值、坚固性、针片状颗粒含量、含泥量、碱集料反应等物理力学指标应符合相关规定。

（3）细集料。水泥混凝土路面对粗集料的要求比沥青路面低，一般国内外所做的水泥混凝土路面不对粗集料的磨光值提出要求。对普通混凝土路面、钢筋混凝土路面与钢纤维混凝土路面表面的基本要求是不裸露粗集料，要求表面砂浆层充分包裹。细集料本身的硅质含量、细粉含量、颗粒度、稳定性的要求比其他土建工程结构要严格得多。机制砂宜采用碎石为原料，并用专用设备生产。

（4）混凝土用水。饮用水可直接用作混凝土用水。非饮用水应进行水质检验，并符合《公路水泥混凝土路面施工技术细则》（JTG/TF30—2014）的有关规定。

（5）粉煤灰。混凝土路面（包括碾压）应掺用Ⅰ、Ⅱ级干排或磨细粉煤灰，不得使用Ⅲ级粉煤灰。贫混凝土、碾压混凝土基层或复合式路面底层应掺用Ⅲ级以上粉煤灰，不得使用等外粉煤灰。

1）在混凝土路面或贫混凝土基层中使用粉煤灰时，工作人员应确切了解所用水泥中已经加入的掺和料种类和数量。

2）混凝土路面或贫混凝土基层中不得使用湿排粉煤灰、潮湿粉煤灰或已结块的湿排干燥粉煤灰。

3）路面混凝土中使用粉煤灰必须有适宜掺量控制。在高速公路水泥混凝土路面上要根据所使用的水泥种类决定掺灰量。

4）粉煤灰在混凝土配合比计算中应采用超掺法，超掺系数应根据所用的粉煤灰等级确定。超掺的意思是大于1的部分应代替并扣除砂量。

（6）外加剂。滑模摊铺机施工的水泥混凝土面层应采用引气高效减水剂。高温施工混凝土拌和物的初凝时间短于3h时，宜采用缓凝引气高效减水剂；低温施工混凝土拌和物终凝时间长于10h时，应采用早强引气高效减水剂。

有抗冰（盐）冻要求时，各级公路水泥混凝土面层基暴露结构物混凝土应掺入引气剂；无抗冻要求的二级及二级以上公路水泥混凝土面层宜掺入引气剂。

路面水泥混凝土往往需要掺减水剂，以满足施工规范规定的最大单位用水量要求。减水剂应与水泥进行化学成分适应性检验。若化学成分不适应，必须更换减水剂品种。剂量不适应，则应进行减水剂不同掺量的混凝土试验，找到所用水泥的减水剂最佳掺量。外加剂的产品质量应符合《公路水泥混凝土路面施工技术细则》（JTG/TF30—2014）的有关规定。

（7）钢筋。混凝土路面、桥面和搭板所用钢筋网、传力杆、拉杆等钢筋应符合国家有关标准的技术要求，钢筋应顺直，不得有裂纹、断伤、刻痕、表面油污和锈蚀。传力杆钢筋加工应锯断，不得挤压切断，断口应垂直、光圆，用砂轮打磨掉毛刺，并加工成 2 ~ 3mm 圆倒角。

2. 水泥混凝土路面小型机具施工

（1）模板架设。

1）模板的技术要求。

第一，钢制模板。公路混凝土面板的施工模板应优先选择钢制模板，其通常具备足够的刚度，不易变形。模板厚度与面板厚度相同，长度为 3 ~ 5mm。每个模板需要设置 1 处支撑固定装置。

第二，木制模板。低等级公路水泥混凝土路面板施工时，边模可用木制。模板厚度为 4 ~ 8cm，但在弯道和交叉路口路缘处，可减薄至 1.5 ~ 3.0cm，以便弯成弧形。模板高度应与混凝土板厚相等。对企口式纵缝，模板应做成相应的凸榫圆槽，待拆模后将拉杆回直，再浇筑另一侧混凝土板。

第三，端头模板。横向施工缝端模板应为焊接钢制或槽钢模板，并按设计规定的传力杆走向和间距，设置传力杆插入孔和定位套管。横向施工缝端头模板上的传力杆设置精确度要求较高，施工定位精确度不足时，传力杆将损坏水泥路面。

2）模板架设与安装。

第一，测量放样。在支模前，应先进行测量放样。每隔 20m 设一中心桩，每隔 100m 设一临时水准点，并核对高程、面板分块、胀缝和构造物位置。

第二，曲线支模。纵横曲线路段应使用短模板。每块模板中点安装在曲线切点上，以便顺畅过渡曲线。

第三，模板架设。在摊铺混凝土之前，应先将两边模板安装好。在安装模板时，按放线位置把模板放在基层上，用水准仪检查其高度，沿模板两侧用铁钎打入基层以固定模板。铁钎间距，内侧一般为 1.0 ~ 1.5m，外侧 0.5 ~ 1.0m。外侧铁钎顶端应稍低于模板顶高，以便混凝土振捣器和夯板的操作。为增进模板的稳定性，可设置立柱支撑，立柱支撑借助斜支撑和横卧在木板上的横支撑来固定，其间距为50cm，横卧木板两侧也用上述铁钎固定在基层上。

第四，模板检查。模板架设后，应对模板安装情况进行检验，其安装精度应符合相关规定。

第五，涂隔离剂。模板达到安装精度要求后，应涂抹隔离剂。接头应使用塑料薄膜或胶带进行密封，以便拆模。

第六，模板拆除。应注意：①当混凝土抗压强度不低于设计强度的70%时方可拆模，当缺乏强度实测数据时，边侧模板的允许最早拆模时间宜符合相关规定；②使用专用拔楔工具拆卸模板，不得损坏板角、板边和拉杆等周围的混凝土，禁止使用大锤强击拆卸模板；③拆下的模板应将黏附的砂浆清除干净，并矫正变形或局部损坏。

（2）传力杆安装。当胀缝无须设置传力杆时，可先在胀缝处安装一个高度等同于混凝土板并与路拱表面形式相同的木模板，用钢钎固定。浇筑一侧混凝土后去除木模板，在混凝土侧壁下部贴上接缝板，并放置压缝板条。当缝下须设置垫枕时，应事先将垫枕做好。

当胀缝须设置传力杆时，一般做法是在接缝板上预留圆孔以便穿过传力杆，上面设置木制或铁制压缝板条，其旁再放一块胀缝模板，按传力杆位置和间距，在胀缝模板下部挖成倒U形槽，使传力杆由此通过。当路面宽度为奇数车道时，中央接缝板、压缝板和胀缝模板均应做成与路拱相同的形状，模板旁也应以钢钎固定。为防止传力杆在混凝土浇捣过程中移动，可将其两端分别用长不大于一个车道宽度、直径14～16mm的钢筋来固定，传力杆与钢筋可用铅丝绑扎或焊接在一起，随即浇捣胀缝一侧混凝土至传力杆的高度，然后浇捣另一侧混凝土。

（3）混凝土摊铺。

1）在混凝土摊铺之前，应全面检查模板、钢筋、拉杆、传力杆等安设情况，并用厚度标尺板检测板厚，符合设计要求时才能进行摊铺。

2）混凝土拌和物的松铺系数应在1.10～1.25。如果拌和物偏干，应取较高值，如果拌和物偏湿，则取较低值。

3）由于特殊情况导致拌和物无法立即振实时，应废弃混凝土拌和物，并在已摊铺好的面板端头设置施工缝。

（4）混凝土振实。

1）振捣棒振实。

第一，每一车道路面应使用2根振捣棒，在待振横断面上连续振捣密实。施工时须注意路面内部、边角及板底不得漏振。

第二，振捣棒的移动间距应依据其作用半径而定，一般应小于500mm，避免碰撞钢筋、模板和传力杆等。振捣棒在一个位置的持续时间应大于30s，以拌和物全面振动液化，不泛水泥浆为移动标准。

第三，禁止使用振捣棒在拌和物中拖拉和推行振捣。振捣棒的插入深度应距离基层30～50mm。

第四，随时检查振捣棒振实效果，并设人工及时补料，如出现模板、钢筋、传立杆、拉杆等移位现象，应及时纠正。

2）振动板振实。

第一，每副路面应配备一块振动板。在振捣棒振实后，可用振动板纵横交错全面提浆振实。

第二，应配备两人移位振动板。振动板在一个位置的振捣时间应大于15s。

第三，缺料部位应辅以人工补料找平，多余部位应及时铲除。

3）振动梁振实。

第一，振动梁要具有足够刚度，并安装深度约4mm的粗集料压实齿，以保证砂浆厚度。

第二，振动梁振实应拖行2～3遍，使路面泛浆均匀平整。在整平过程中，料多的部位应铲除，缺料的部位应及时填补。

第三，为保证路面密实度和均匀性，防止漏振和欠振，振捣器的数量应与路面宽度相匹配。

（5）整平饰面。

第一，滚杠提浆整平。振动梁振实后，应使用滚杠往返拖2～3遍。开始应缓慢短距离地拖、推，然后适当增加距离，匀速拖滚。

第二，抹面整机压浆整平饰面。滚杠提浆整平后，应使用抹面机压实整平路面，或者使用 3m 的刮尺，将路面整平。

第三，精整饰面。路面整平后，应修补缺边，清除黏浆，将抹面机留下的痕迹用抹刀抹平。精整饰面后的路面应无痕迹、致密均匀。

（6）模板拆除。模板拆除时间应根据混凝土的强度增强情况及气温决定。模板拆除时，应保持模板完好，避免混凝土边角损坏，应等到混凝土板达到设计强度时，才能开放交通，禁止拆模后立即开放交通。如果遇到特殊情况需要提前开放交通时，应使混凝土板的强度至少达到设计要求的 80%，车辆荷载不应大于设计荷载。

（7）接缝施工。

1）填缝工艺。隔离缝和胀缝应在填缝之前，去除接缝板顶部嵌入的木条，涂黏结剂，灌入填缝料或胀缝专用多孔橡胶条。由于胀缝的变形量很大，胀缝中的填缝料不宜使用各种易溶型填缝材料。

2）灌缝工艺。

第一，填缝前清缝。为保证填缝前接缝清洁干燥，施工时可采用 0.5MPa 的压力空气或压缩水流，清洗缝槽。有灰尘的缝壁，填缝料黏结不牢，达不到防水密封效果。

第二，灌缝料灌塞。灌缝料灌塞前，要先挤压嵌入直径 9 ~ 12mm 多孔泡沫塑料背衬条，再灌缝。灌缝料要根据规范建议选用，即一级公路使用树脂、橡胶和改性沥青类填缝材料，二、三级公路可用热灌沥青和胶泥类填缝材料。

第三，灌缝料养生。常温反应固化型及加热施工填缝料均需要封闭交通进行养生。

第二节　公路工程桥梁和隧道施工技术

一、公路工程桥梁施工技术

（一）桥梁上部施工技术

1. 预应力混凝土连续梁桥施工

"近年来，国内的桥梁结构建设的规模不断扩大，技术水平也越来越高，发展出了各种功能齐全的大跨径桥梁"[1]，其中预应力混凝土连续梁桥的施工就是桥梁上部施工技术的重要内容。针对不同的施工条件，预应力混凝土连续梁桥的施工方法也不尽相同。施工人员在选择施工方法时，需要考虑到各种各样的因素，例如桥梁本身的设计、施工环境、施工设备、施工人员等。主要施工方法有：固定支架就地浇筑施工、移动模架法和顶推法。

（1）固定支架就地浇筑施工。固定支架就地浇筑施工是两种比较传统的施工方法，适用于一些低桥墩的中、小跨连续梁桥。利用此种方法建造的桥梁优点是整体性和稳固性较好，不会出现体系转换的问题；缺点是由于支架就地浇筑施工法需要大量的施工脚手架，尽管施工简便可靠，但其所需工期长，需要消耗大量的人力物力，因此还是有一定的局限性。

随着如今的桥梁结构样式越来越多样化，再加上钢结构设备运用也更加普遍，尽管固定支架就地浇筑法更加经济，但采用此方法建筑的桥梁仍然不多，大部分桥梁都选择了更加先进的施工方法。基于固定支架就地浇筑施工应用范围广、预算较经济，因此，在选择桥梁施工方法时还须综合考虑，根据实际情况选择。

1）支架的形式。支架的形式一般分为三种，分别是立柱式、梁式以及梁柱式。

第一，立柱式。立柱式支架通常建于陆地、不通航的河道或者低桥墩的小跨径桥梁中，因其构造简单的优点，受到较多采用。

第二，梁式。梁式支架作为现场浇筑桥梁施工常用的一种支架形式，具有对路面交通

---

① 周雁玲、曹大富、王琨，等：《预应力混凝土连续梁桥施工过程中徐变效应分析》，载《工业建筑》第 1～10 页。

干扰少、整体性好、刚度大等特点，可以满足通行、通航的要求。

第三，梁柱式。梁式支柱的构造是在两端设置立柱，上方设置承重梁。承重梁有三种：工字钢、钢板梁和钢桁架，划分依据是其跨径的大小。通常来说跨径小于 10m 时，采用工字钢做承重梁；跨径大于 10m 小于 20m 时，采用钢板梁做承重梁；跨径大于 20m 时，采用钢桁架做承重梁。

梁柱式支架一般用于大跨度桥梁上，具体结构是在跨的中间设置多个立柱，使梁支撑在桥梁墩台或临时墩上，形成多跨梁柱式支架。

2）对支架的要求。

第一，桥梁支架是一个临时的施工结构，主要用来承受桥梁的大部分重量，因此施工时对于支架的质量要求非常严格。支架必须满足两个基本条件：①支架必须保证其刚度和强度，这样才能保证就地浇筑顺利进行；②支架的构建结合必须紧密，保证纵向和横向连接安全可靠，连接后的整个支架能成为一个不可轻易拆卸的整体。

第二，在河道中施工时，要充分考虑到洪水和河流漂浮物对支架的影响，避免支架受到损坏。

第三，在安装支架前，要对施工时支架所受的重量进行充分估算，将支架受到的挠度情况进行严密分析。在安装支架时，设置好支架的预拱度，确保就地浇筑的主梁线形满足相应设计要求。

3）施工方法。在进行预应力混凝土连续梁桥施工时，需要先进行混凝土就地浇筑，然后再完成落架。其中，混凝土的就地浇筑分为混凝土制作、模板拆除、预应力筋的张拉和管道压浆等工作，而落架的时间则需要根据具体施工程序和预应力筋的张拉程序进行确定。

上述操作是大部分桥梁进行固定支架就地浇筑的一般方法，但还有一些桥梁考虑到支架负担及节省工程数量的问题，会选择在部分主梁截面落架后利用主梁来支撑。施工时要在此基础上，进行下一轮的混凝土浇筑和预应力筋张拉，并重复上述工序。

（2）移动模架法。移动模架法适用于长度较大，跨度较长的桥梁建筑，通常采用此方法的桥梁跨径范围为 30 ~ 50m。移动模架法的优点是对劳动力和劳动强度有一定量节省，并且对施工场地要求不高，能够节省大量施工时间。目前，较常见的移动模架法有移动悬吊模架施工和活动模架施工，以下是两种方法的详细介绍：

1）移动悬吊模架施工。移动悬吊模架施工的基本结构为以下三部分：

第一，承重梁。这一部分是承受施工设备自重、模板系统重力及现浇混凝土重力的主要构件，因此其通常采用钢梁为主要的构件材料，在长度方面要求其长度应大于两倍跨径。

第二，横梁。横梁从承重梁的两侧伸出，两端垂直向下，到主梁的下部呈水平状态。横梁下端的框架为开口状态，可将主梁包在内部。

第三，支承系统。支承系统分为活动支承和后端支承两部分，当模板支架处于浇混凝土的状态时，模板通常依靠下端的悬臂梁和锚固在横梁上的吊杆定位，并用千斤顶固定模板浇筑混凝土。当模架需要运送时，放松千斤顶和吊杆，然后将模板固定在下端悬臂上并转动。梁的前端有一段是可动部分，使模架在运送时可顺利地通过桥墩。

2）活动模架施工。活动模架的构造形式主要有两种：一种是由承重梁、导梁、台车以及桥墩托架等构件构成；另一种是去掉导梁，将两根长度大于跨径两倍的承重梁至于箱梁下方。在第一种活动模架的构造形式中，导梁的主要作用是运送承重梁和活动模架，承重梁的主要作用是支撑模板和承受施工压力，两种构架分别承担着不同的作用。而在第二种活动模架的构造形式中，承重梁兼具支承和移动支架的双重功能，因此相比于前一种构造形式，第二种构造形式对于承重梁程度要求更加严格。

移动模架法的特点包括：①机械化程度高，各项工艺均可在模架内完成；②不受外界环境影响，即使是雨雪天气也能正常工作，能够加快施工速度；③施工作业是周期进行的，便于工程管理，提高施工质量。

（3）顶推法。顶推法是当今预应力混凝土连续梁桥中较为流行的施工方法，具有全天候施工的特点，不仅施工设备简单，易操作，施工过程中也没有较大噪音，是一种非常实用的施工方法。顶推法的具体操作为先将梁体在桥头逐段拼装，再通过水平液压千斤顶施力，最后使梁体通过各墩顶的临时滑动支座面就位。顶推法可具体分为单点顶推法和多点顶推法两种。

2. 装配式预应力混凝土梁桥施工

预制安装就是当同类桥梁的跨数较多、桥墩较高、水位较深且不宜搭设支架时，将桥跨结构先分成若干个独立的构件，送到桥位附近的预制工厂进行成批制作，然后再进行安装就位的施工方法。经过预制安装施工的桥梁也被称为装配式桥梁。

预制安装法的优点是桥梁的上、下部结构可以平行施工，使工期大大缩短，节省了大量的支架模板，便于工厂化制作，质量容易控制，从而降低了工程成本。

预制安装法的缺点是总体用钢量偏大，构件是拼接而成的，整体性比现浇差一些，最重要的是其安装时需要大型的起吊运输设备，此项费用较高。

预制安装施工法包括分片或分段构件的预制、运输、安装三阶段。

（1）装配式构件的预制工艺。桥梁构件的预制一般采用立式预制，这样构件在预制后即可直接运输和吊装，无须进行翻转作业。

构件预制方法按作业线布置的不同，分为固定式预制和活动台车上预制两种。固定式预制中构件一直在一个固定底座上，立模、扎筋、浇筑和养护混凝土等各个作业依次在同一地点进行，直至构件最后制成被吊离底座。一般规模桥梁工程的构件预制大多采用此法。

在活动台车上预制构件时，台车上都具有活动模板（一般为钢模板），能快速装拆，当台车沿着轨道从一个地点移动到另一个地点时，作业也就按顺序一个接一个进行。预制场一般布置成一个流水作业线，构件分批进入蒸养室进行养护。如果是后张法预应力构件，则构件从蒸养房出来后，即进入顶应力张拉作业点。用这种方法预制构件，可采用强有力的底模振捣和快速有效养护，使构件的预制质量和速度大大提高。这种方法适用于大批或永久性制造构件的预制工厂。

1) 构件预制准备。构件预制有关的准备工作包括模板工作、钢筋工作和混凝土工作等。

第一，模板工作。根据工程规模和预制工作量大小，模板可采用钢制、木制或钢木结合模板。制作T形梁的模板，包括底模、侧模和端模。底模支承在底座上，底座有木底座和混凝土底座两种。制作空心板构件，还须用芯模。制作箱梁节段，则另需内模。

第二，钢筋工作。钢筋工作包括钢筋调直、切断、除锈、弯钩、焊接和绑扎成型等工作。

其中还须设置各种预埋件，包括构件接缝和接头部位的预埋角钢、预埋钢板、预埋钢筋（伸出钢筋）等，除此之外还有吊点的吊环、预埋零件等。预埋件须与钢筋骨架牢固连接。

第三，混凝土工作。混凝土工作包括混凝土搅拌、运输、浇筑、振捣、养护及拆模等工序。其配合比应通过设计和实验室验证来确定，拌和一般采用搅拌机。

2）预应力混凝土张拉工艺。预应力张拉工艺分先张法与后张法，先张法主要用于小跨径桥梁，目前工程中大量采用的空心板、T梁及小箱梁大多采用后张法工艺，故此处只介绍后张法施工工艺。后张法在浇筑混凝土梁体前使用，因此在梁体内按设计要求须预留预应力束孔道，待梁体混凝土达到规定的强度时，再往预留孔道内穿预应力束，并进行张拉、锚固，最后在管道内压浆。

第一，预应力筋孔道成型。梁体内管道成型，按照制孔的方式可分为预埋式和抽拔式两大类，但目前抽拔式应用已不太多。各地主要采用的预埋式中主要管材有金属波纹管和PE塑料管等，由于金属波纹管易弯折，影响注浆效果，目前大多用塑料波纹管。波纹管按设计位置和形状固定在钢筋骨架中，所有管道均应设压浆孔，还应根据规范要求在最高点设排气孔。管道在模板内安装完毕后，应将其端部盖好，防止水或其他杂物进入。待混凝土灌注后，便形成预应力筋孔道。

第二，预应力筋安装。预应力筋可在浇筑混凝土之前或之后穿入管道（分别称为先穿束和后穿束），对钢绞线，可将一根钢束中的全部钢绞线编束后整体装入管道中，也可逐根将钢绞线穿入管道。穿束前应检查锚垫板和孔道，锚垫板应位置准确，孔道内应畅通，无水和其他杂物。

第三，压浆。预应力筋张拉锚固后，孔道应尽早压浆，且应在48h内完成，否则应采取避免预应力筋锈蚀的措施。孔道压浆有真空辅助压浆和常规压浆两种方法。目前高等级公路普遍采用真空辅助压浆，压浆料要采用专用压浆剂。

第四，锚固。压浆完成后，应及时对锚固端按设计要求进行封闭保护或防腐处理，需要封锚的锚具，应在压浆完成后对梁端混凝土凿毛并将其周围冲洗干净，然后设置钢筋网浇筑封锚混凝土；封锚应采用与结构或构件同强度的混凝土并应严格控制封锚后的梁体长度。

（2）预制梁的出坑和运输。

1）出坑。预制构件从预制场的底座上移出来被称为出坑。预应力混凝土构件在预应力张拉以后才可出坑。一般采用门式起重机将预制梁起吊出坑后移到存梁处或转运至现场，如简易预制场无门式起重机时，可采用汽车式或履带式起重机起吊出坑，也可用横向平移出坑。

2）运输。预制梁从预制场到施工现场的运输称为场外运输，常用大型平板车、驳船或火车运至桥位现场。不论属于哪类运输方式，在运输过程中，构件放置都要符合受力方向，并在构件的两侧采用斜撑和木楔加以临时固定，防止构件发生倾倒、滑动或跳动造成构件损坏。预制梁在施工现场内运输称为场内运输，常用龙门轨道、平车轨道、平板汽车运输，也可采用纵向滚移法运输。

（3）预制梁安装。预制梁的安装是装配式桥梁施工中的关键性工序，是一项复杂的高空作业，其方法很多，归纳起来可分为人工架设、机械架梁和浮运架梁三大类。除此之外，还可根据预制梁的安装环境分为岸上或浅水区安装、水中安装两种。前一种情况可采用门式起重机、汽车式起重机及履带式起重机等器械安装，后一种情况可采用浮吊或架桥机等安装。

1）自行式起重机架梁。对于桥梁高度不大的中、小跨径桥梁，可以采用自行式起重机（汽车式起重机或履带式起重机）架梁。这是一种机械架梁方法，适用于陆地桥梁、城市高架桥或其他场地许可的桥梁，或者桥下可以设置施工便道的场地。根据吊装质量不同，可选择用一台或两台起重机直接在桥下进行吊装；如果桥下是河道或桥墩较高时则将起重机直接开到桥上，利用起重机的伸臂边架梁、边前进，不过采用此种方法时必须先核算主梁是否能够承受起重机、被吊构件、机具以及施工人员等的重力，这时应注意钢丝绳与梁面夹角不能太小，一般以 45° ~ 60° 为宜。

2）浮运架梁法。浮运架梁法是指先将钢梁在岸上拼装完成，再将其移装到浮运船上，最后安装就位的方法。采用浮运架梁法时，需要满足以下条件：

第一，河流须有适当的水深，水深须根据梁重而定，一般宜大于 2m。

第二，保持水位平稳或涨落有规律。

第三，水流速度适中。

第四，风力适中。

第五，河岸备有能修建预制梁的装卸码头。

第六，具有坚固适用的船只。

浮运架梁法的优点是桥跨过程中无须搭设临时支架，一套浮运设备可同时架设安装多个同跨径的预制梁，较为经济，且架梁时浮运设备停留在桥孔的时间很少，不影响河流通航。

3）联合架桥机架梁。此法适用于架设安装 30m 以下的多孔桥梁，其优点包括：①无须搭设桥下支架；②不受水深流急影响；③在架设过程中，不影响桥下通航、通车；④移送预制梁方便。

架设设备用钢量较多是联合架桥机架梁的主要缺点，但可周转使用。

联合架桥机由两套门式起重机、一个托架（即蝴蝶架）、一根两跨长的钢导梁三部分组成。钢导梁由贝雷架装配，梁顶面铺设运梁平车和托架行走的轨道。门式起重机由工字梁组成，并在上下翼缘处及接头的地方用钢板加固。门式起重机顶横梁上设有吊梁用的行走小车。为了不影响架梁净空位置，其立柱通常做成拐脚式（俗称拐脚龙门架）。门式起重机的横梁标高，由两根预制梁叠起的高度加平车及起吊设备高确定。蝴蝶架是专门用来托运门式起重机转移的，由角钢组成。整个蝴蝶架放在平车上，可沿导梁顶面轨道行走。

4）双导梁穿行式架梁法。此种方法是在架设孔间设置两组导梁，导梁上配有悬吊预制梁设备的轨道平车和起重行车或移动式龙门起重机，将预制梁在双导梁内吊着运到规定位置后，再落梁、横移就位。横移时可用两组导梁吊着预制梁整体横移，还有一种方法是将导梁设在桥面宽度以外，预制梁在龙门起重机上横移，导梁不横移，这比第一种横移方法安全。

双导梁穿行式架梁法的优点与联合架桥机法相同，适用于墩高、水深的情况下架设多孔中小跨径的装配式桥梁，因该方法不需蝴蝶架，而配备双组导梁，故架设跨径较大，可吊装的预制梁较重。我国用该类型的起重机架设了梁长 51m、重 1 310kN 的预应力混凝土 T 形桥梁。

（二）桥梁下部施工技术

1. 混凝土墩台施工

（1）墩台模板。

1）墩台模板的分类。

第一，固定式模板。此模板主要由立柱、肋木、壳板、撑木、拉杆、钢箍、枕梁、铁件等构件组成，其制作材料通常为木材或竹材。

第二，拼装式模板。拼装式模板就是将标准模板与拉杆、加紧构件等拼装组合，构成墩台所需的模板。标准模板的尺寸不一，须根据实际需要进行选择。

第三，整体吊装模板。整体吊装模板水平分成若干段，每段模板组成一个整体，在地面拼装后吊装就位。

第四，组合型钢模板。这种模板是将各种长度、宽度及转角标准构件用定型的连接件将钢模拼接而成的结构模板。

第五，滑动钢模板。此种模板适用于各种类型的桥墩。

2）墩台模板的要求。

第一，模板的强度、刚度及稳定性必须符合相应的标准，保证可以承受施工过程中产生的各种负荷。

第二，模板设计应简单合理，安、拆方便。

第三，模板应符合混凝土的结构特征，与施工条件、浇筑方法等条件相适应。

第四，模板面应保持平整，模板接缝处应严密并不漏浆。在模板与混凝土的接触面应涂刷隔离剂，切忌采用废机油等油料。

第五，确保支架坚固稳定可以承受施工过程中任何的振动和撞击。

（2）混凝土浇筑施工要点。

1）混凝土的运送。混凝土运送可采用混凝土带式运输机或混凝土输送泵。在运送过程中，应保持运送速度小于等于 1.2m/s。当混凝土坍落度小于 4cm 时，输送带倾斜角应保持为向上传送 18°，向下传送 12°；当混凝土坍落度在 4 ~ 8cm 时，输送带倾斜角应保持为向上传送 15°，向下传送 10°。

2）混凝土浇筑。

第一，当混凝土浇筑的基底为非黏性土或干土时，应将其润湿。

第二，当混凝土浇筑的基底为过湿土时，应在基底设计标准下铺设一层 10 ~ 15cm 的厚片石或碎石层。

第三，当混凝土浇筑的基底面为岩石时，应铺一层厚 2 ~ 3cm 的水泥砂浆，然后在水泥砂浆凝结前浇筑第一层混凝土，然后将其加以润湿。

2. 石砌墩台的施工

（1）石料、砂浆与脚手架。石砌墩台由片石、块石及粗料石以水泥砂浆砌筑而成。脚手架一般常用固定式轻型脚手架、简易活动脚手架以及悬吊式脚手架。其中固定式轻型脚手架适用于 6m 以下的墩台，简易活动脚手架适用于 25cm 以下的墩台，悬吊式脚手架适用于较高的墩台。

（2）墩台砌筑施工要点。

第一，砌筑前应按设计图放出实样，挂线砌筑。

第二，砌筑基础的第一层砌块时，应注意地基材质。若为土质，只在已砌石块的侧面铺上砂浆即可，无须坐浆；若为石质，应将其表面清洗、润湿后，先坐浆再砌石。

第三，砌筑斜面墩台时，斜面应逐层放坡，以保证规定坡度。

第四，砌块间用砂浆黏结并保持一定缝厚，所有砌缝均要求砂浆饱满。

第五，在进行形状比较复杂的工程之前，应先做出桥墩配料大样图，注明块石尺寸；即使进行的工程形状较为简单，也要根据砌体高度、尺寸、错缝等，先行放样配好料石再砌。

二、公路工程隧道施工技术

（一）隧道围岩分级

围岩是指隧道开挖后其周围产生应力重分布范围内的岩体，或指隧道开挖后对其稳定性产生影响的那部分岩体。修建隧道所遇到的地质条件从松散的流沙到坚硬的岩石，从完整的岩体到极破碎的断裂构造带等，其变化幅度很大。在不同的岩体条件中开挖隧道后岩体所表现出的性态是不同的，可归纳为充分稳定、基本稳定、暂时稳定和不稳定四种。

由于隧道工程所处的地质环境十分复杂，人们对它的认识还远不够完善。根据长期的工程实际，工程师们认识到各种围岩的物理性质之间存在一定的内在联系和规律，依照这些联系和规律，可将围岩划分为若干级，这就是围岩分级。围岩分级的目的是：作为选择施工方法的依据；进行科学管理及正确评价经济效益；确定结构上的荷载；给出衬砌结构的类型及其尺寸；制定劳动定额、材料消耗标准的基础等。因此，隧道围岩分级是正确进行隧道设计与施工的基础。一个合理的、符合地下工程实际情况的围岩分级，对于改善地下结构设计、发展新的隧道施工工艺、降低工程造价、多快好省地修建隧道有着十分重要的意义。

人们对围岩及其自然规律的认识是不断深化的，因此对围岩分级也有一个发展过程。从早期国外情况来看，日本最初主要借用适合于土石方工程的"国铁土石分类"来进行隧道的设计与施工，主要是根据开挖岩（土）体的难易程度（强度）来划分的。在英、美等国，主要沿用分级法，其中考虑到一些岩体的构造和岩性等影响，比较好地反映隧道围岩的稳定状况。目前美国也有用岩石质量指标或隧道围岩在不支护条件下暂时稳定的时间作为分级依据。

我国 20 世纪 50 年代初期，铁路上首先提出了隧道围岩分级，基本上是沿用早期以岩石极限抗压强度与岩石天然容重为基础的思路，这种分级仅运用土石方工程的土石分级法，没有适合隧道围岩的专门分类，只是把隧道围岩分为坚石、次坚石、松石及土质四类。之后，借用岩石坚固系数进行分类，即通常所谓的普氏系数。但在长期大量的地下工程实践中发现，这种单纯以岩石坚固性（主要是强度）指标为基础的分类方法，不能全面反映隧道围岩的实际状态；并逐渐认识到隧道的破坏，主要取决于围岩的稳定性，而影响围岩稳定性的因素是多方面的，其中隧道围岩结构特征和完整状态，是影响围岩稳定性的主要因素。虽然隧道围岩体的强度对隧道的稳定性有着重要的影响，但是地下水、风化程度也是隧道围岩丧失稳定性的重要原因。

从围岩的稳定性出发，1975 年编制了我国"铁路隧道围岩分类"，这个分类由稳定到不稳定共分六类，代替了多年沿用的以岩石坚固性系数来分级的方法。我国公路隧道围岩分级起步较晚，随着我国经济的发展，公路交通得到较大的发展，大量的公路隧道修建，需要有一个适合我国实际的公路隧道围岩分级，于是 1990 年以我国铁路隧道围岩分级为基础，编制了我国"公路隧道围岩分级"。

从国外围岩分级的发展趋势看，围岩分级主要以隧道稳定性分级为主，且从对岩石的分级逐渐演变到对岩体的分级；从按单参数分级转变到按多参数分级，并逐渐向多参数组成的综合指标法演变；从经验性很强的分级逐步过渡到半经验、半定量分级和定量化分级，并将围岩分级与岩体力学的发展相联系，随着岩体力学的发展，这一趋势更为明显。在多参数综合分级法中，基本采用和差法或积商法。围岩分级方法是随着地质勘查方法的进步而快速发展的。围岩分级方法与隧道结构设计标准化、施工方法规范化的联系越来越密切。土质围岩分级方法逐步与岩质围岩分级方法分离，将会形成专门土质围岩分级方法。

从国内围岩分级的发展趋势看，自 1975 年以后，我国隧道围岩分级方法的发展基本与国际同步，主要以隧道稳定性进行分级，并在已颁布的国标和部标中体现了这一成果。此外，我国隧道围岩分级中更加重视施工阶段围岩级别的修正，即根据施工阶段获得的围岩分级信息对设计阶段的预分级进行修正。我国隧道围岩分级方法主要采用两个步骤：第一步以基本指标进行基本分级；第二步用修正指标对基本级别进行修正，最终获得修正后的围岩级别。

我国岩质围岩分级方法主要采用定量和定性相结合的办法；土质围岩采用定性分级方法，分级指标采用描述性语言。我国隧道围岩分级主要分为六级，其中岩质围岩为 I～V 级，土质围岩IV～VI级。但与国际上有重要影响的围岩分级方法比，分级级数偏少。除铁路隧道围岩分级方法与隧道结构设计标准化、施工方法规范化的联系较紧密外，其他国标和部标中，围岩分级方法与隧道结构设计标准化、施工方法规范化的联系还不够紧密。

1. 隧道围岩分级的指标

围岩分级的指标，主要考虑影响围岩稳定性的因素或其组合的因素，大体有以下内容：

（1）单一的岩性指标。单一的岩性指标一般有岩石的抗压和抗拉强度、弹性模量等物理力学参数，以及岩石的抗钻性、抗爆性等工程指标。在一些特定的分级中（如确定钻眼功效、炸药消耗量等），或土石方工程中划分岩石的软硬、开挖的难易，均可采用岩石的单一岩性指标进行分级。

一般多采用岩石的单轴饱和极限抗压强度作为基本的分级指标，它具有试验简单、数据可靠的优点。但单一岩性指标只能表达岩体特征的一方面，用作分级的唯一指标是不合适的，如老黄土地层，在无水的条件下，强度虽然低，但稳定性却很高。

（2）单一的综合岩性指标。单一的综合岩性指标是指以单一的指标反映岩体的综合因素。这些指标包括以下内容：

1）岩体的弹性波传播速度。弹性波传播速度与岩体的强度和完整性成正比，其指标反映了岩石的力学性质和岩体的软硬、破碎程度的综合因素。

2）岩石质量指标。岩石质量指标（Rock Quality Designation，简称 RQD），是综合反映岩体的强度和岩体的破碎程度的指标。所谓岩石质量指标，是指钻探时岩芯复原率，或称为岩芯采取率。钻探时岩芯的采取率、岩芯的平均和最大长度是受岩体原始的裂隙、硬度、均质性影响的，岩体质量的好坏主要取决于岩芯采取长度小于 10cm 以下的细小岩块所占的比例。因此，岩芯采取率是以单位长度钻孔中 10cm 以上的岩芯占有的比例来判断的。

岩石质量指标分级认为：RQD > 90%，优质；75% < RQD < 90%，良好；50% < RQD < 75%，好；25% < RQD < 50%，差；RQD < 25%，很差。

3）围岩的自稳时间。围岩自稳时间也被认为是综合岩性指标。隧道开挖后，围岩通常都有一段暂时稳定的时间，不同的地质环境，自稳时间是不同的。根据围岩的自稳时间和未支护地段的长度，将围岩分为：稳定的、易掉块的、极易掉块的、破碎的、很破碎的、有压力的、有很大压力的七级。

（3）复合指标。复合指标是一种用两个或两个以上的岩性指标或综合岩性指标所表示的复合性指标。

1）Q 复合指标分级。岩体质量——Q 指标，Q 综合表达了岩体质量的 6 个地质参数，见下式：

$$Q=(RQD/J_h)(J_r/J_a)(J_w/SRF)$$

(4-1)

式中：

RQD——岩石质量指标；

J_h——节理组数目，岩体越破碎，取值越大；

J_r——节理粗糙度，节理越光滑，取值越小；

J_a——节理蚀变值，蚀变越严重，取值越大；

J_w——节理含水折减系数，节理渗水量越大，水压越高，取值越小；

SRF——应力折减系数，围岩初始应力越高，SRF 取值越大。

以上 6 个地质参数表达了岩体的岩块大小（RQD/J_h、岩块的抗剪强度（J_r/J_a）、作用应力（J_w/SRF）。因此，岩体质量 Q 实际上是岩块尺寸、抗剪强度、作用应力的复合指标。

（2）RMR 复合指标。岩体评分值 RMR 是衡量岩体工程质量的"综合特征值"。它视岩体质量情况从 0 递增到 100。岩体的 RMR 值取决于 5 个通用参数和一个修正参数，这 5 个通用参数取决于岩石抗压强度、岩石质量指标、节理间距、节理状态和地下水状态。

（3）岩体基本质量指标。该方法通过岩体的基本质量 BQ 来判断岩体质量。确定 BQ 需要两个指标：岩体单轴饱和（湿）抗压强度和岩体完整性指数。

复合指标考虑多种因素的影响，对判断隧道围岩的稳定性是比较合理可靠的，它可以根据工程对象的要求，选择不同的指标。但是，复合指标的定量数值一般是通过试验、现场实测或凭经验确定的，带有较大的主观因素。

通过以上分析，对隧道围岩的分级，首先，应考虑选择对围岩稳定性有重大影响的主要因素，如岩石强度、岩体的完整性、地下水、地应力、结构面产状，以及它们的组合关系作为分级指标；其次，选择测试设备比较简单、人为因素小、科学性较强的定量指标；在考虑分级指标时要有一定的综合性，如复合指标等。

总之，应有足够的实测资料为基础，才能全面反映围岩的工程性质。

2. 隧道围岩分级的方法

国内外隧道围岩分级的方法较多，所采用的指标也不同，但都是在隧道工程的实践基础上逐步建立起来的。随着人们对隧道工程、地质环境之间相互关系的认识和理解，其围岩分级方法也在逐步深化和提高。

按照分级目的不同，可分为地质分级和工程分级。地质分级以其地质成因、矿物成分、结构构造和风化程度作为分类原则，一般用地质名称加风化程度来命名；而工程分级主要根据岩体的工程性状，以岩体稳定性或岩体质量评价为基础，使工程师建立起明确的工程特性概念，如 RQD 分级、RMR 分级、Q 分级等。

按照分级的用途划分，有质量分级、稳定性分级、可钻性分级、爆破性分级等。

按照不同行业各自的岩体工程特点和要求，有水利水电工程围岩分类、公路隧道围岩分类、铁路隧道围岩分类、矿山巷道围岩分类、军工坑道围岩分类、喷锚规范围岩分类等。

按照工程类型不同，有硐室分级、大坝分级、岩石地基分级、边坡分级、隧道分级等。

按照所采用的地质勘察手段，有锤击、强度试验、岩芯采取分析、浸水反应、回弹法、弹性波探测等方法。

按照所使用的分级判据不同，又可分为单因素分级系统和多因素分级系统，如 RQD 分级方法即为单因素，而 RMR 或 Q 系统即为多因素。

按照所采用的分析工具不同，有概率统计法、模糊综合评价法、多层次综合评价法、灰色聚类分析法等分级手段。

总体而言，隧道围岩分级发展过程大体有以下分级方法：

（1）以岩石强度为单一岩性指标的分级法。具有代表意义的是我国工程界广泛采用的岩石坚固系数"f"值分级法。这种方法的优点是指标单一、使用方便，尤其是在 f 值分类法中，还将定量指标 f 值与作用在支护结构上的围岩压力直接联系起来，给设计和施工带来较大的方便；缺点是不能全面地反映岩体固有的性态。

（2）以岩体构造和岩性特征为代表的分级法。如泰沙基分级法，1975 年我国铁路工程技术规范中所采用的铁路隧道围岩分级法，属于这一类。这类方法的优点是正确地考虑了地质构造特征、风化状况、地下水情况等多种因素对隧道围岩稳定性的影响，并建议了各类围岩应采用的支护类型和施工方法；缺点是分级指标还缺乏定量描述，没有提供可靠的预测隧道围岩级别的方法，在一定程度上要等到隧道开挖后才能确定。

（3）与地质勘察手段相联系的分级法。如按围岩弹性波速度进行分级方法、岩芯复原率分级法等，属于这一范畴。这类方法的优点是分级指标大体上是半定量的，同时考虑了多种因素的影响。其缺点是分级的判断还带有一定的主观性，如弹性波速度低，可能是岩体完整，但岩质松软；地质坚硬，但比较破碎，地形上局部高低相差悬殊等几种原因引起的，就弹性波速度这一个指标，就很难客观地得出正确的结论。

（4）多种因素的组合分级法。如岩体质量"Q"法、"BQ"法等，以及我国国防工程围岩分级法等，属于这个范畴。这类方法是当前围岩分级法的发展方向，优点很多，只是部分定量指标仍须凭经验确定。

（5）以工程对象为代表的分类法。如专门适用于喷锚支护的原国家建委颁布的围岩分类法，以及20世纪80年代中后期建立的三峡工程坝基岩体质量分级和评价方法属于这一范畴。这类方法的优点是目的明确，而且和支护尺寸直接挂钩，使用方便，能指导施工。但分级指标以定性描述为主，带有很大的人为因素。

隧道围岩分类方法有简有繁，并无统一格式。目前，隧道围岩分级的详细程度，在工程建设的不同阶段应有所不同。在工程规划和初步设计阶段的围岩分级，可以定性评价为主，判别的依据主要来源于地表的地质测绘以及部分的勘察工作，在工程设计和施工阶段，围岩分级应为专门的目的服务。如为设计提供依据的围岩分级，其判别依据主要是地质测绘资料、地质详勘资料、岩石和岩体的室内和现场试验数据，分级指标一般是半定量和定性的；为隧道施工钻爆提供依据的围岩分级，主要利用各种量测和观测到的实际资料对围岩分级进行补充修正，此时分级的依据是岩体暴露后的实际值。

围岩分级的分阶段实施，是因为围岩分级除了取决于地质条件外，还与工程规模、形状、施工工艺等技术条件有关。

（二）隧道围岩压力

人们对围岩压力的认识，是从开挖洞穴后围岩的支护坍塌的现象开始的。随着隧道和地下工程的发展，人们从支撑和衬砌的变形、开裂和破坏现象，进一步认识到围岩压力的存在。如在破碎的岩层中开挖坑道，原先互相联系着的一些岩块会由于扰动失去相互支持而松弛、错动位置或坍落；在松散的砂质土中开挖坑道，由于连接不紧密的砂的移动，就会填塞隧道空间，甚至引发地表面的坍陷。在这种不稳定的地层中修建隧道时，出现坍方是常见的；又如在松软地层中修建隧道，常常会看到围岩内挤、支护排架下沉或断裂，在衬砌后混凝土拱顶被压酥掉皮等现象。

在稳定的地层中开挖坑道，由于围岩在爆破后发生松动以及暴露后受到风化，个别落石现象不可避免；在完整而坚硬的岩层中开挖隧道，也会遇到小块岩石突然脱离岩体向隧道内弹出，称为"岩爆"，这些都是围岩压力的现象。为了保证隧道有足够的净空，就要修建支护结构，以阻止围岩的移动和崩塌，支护结构就是用来承受围岩压力的。

围岩压力是岩体受扰动产生应力重分配过程中的围岩变形受到支护结构的阻挡而在支护与围岩的接触面上所产生的压力。一般而言，围岩压力包括松动压力和形变压力两种。

松动压力：由于岩体内材料的破裂而形成的一定范围之内的松弛岩石荷载，具有自重的性质，平时所讲的公路隧道围岩压力多指松弛压力。

形变压力：由于围岩的变形受到支护的约束，在支护和围岩的共同变形中所产生。这种变形可以是围岩的塑性变形、挤压所引起的岩体塑性流动，以及膨胀性岩体的膨胀变形和岩体时效作用产生的蠕变等，这类变形的特征可以不引起围岩的材料破裂，仍保持其完整性。以下所阐述的围岩压力系指松动压力。

1. 围岩松动压力的形成

开挖隧道所引起的围岩松动和破坏的范围有大有小，有的可达地表，有的则影响较小。对于一般裂隙岩体中的深埋隧道，其波及范围仅局限在隧道周围一定深度，所以作用在支护结构上的围岩松动压力远远小于其上覆岩层自重所造成的压力，这可以用围岩的"成拱作用"来解释。

（1）隧道开挖后，在围岩应力重分布过程中，顶板开始沉陷，并出现拉断裂纹，可视为变形阶段。

（2）顶板的裂纹继续发展并且张开，由于结构面切割等原因，逐渐转变为松动，可视为松动阶段。

（3）顶板岩体视其强度的不同而逐步坍塌，可视为坍塌阶段。

（4）顶板塌落停止，达到新的平衡，此时其界面形成一近似的拱形，可视为成拱阶段。

自然拱范围的大小除受上述的围岩地质条件、支护结构架设时间、刚度以及它与围岩的接触状态等因素影响外，还取决于：①隧道的形状和尺寸。隧道拱圈越平坦，跨度越大，则自然拱越高，围岩的松动压力也越大。②隧道的埋深。只有当隧道埋深超过某一临界值时，才有可能形成自然拱。习惯上，将这种隧道称为深埋隧道，否则称为浅埋隧道。由于浅埋隧道不能形成自然拱，所以，它的围岩压力的大小与埋置深度直接相关。③施工因素。爆破所产生的震动，常常是引起塌方的重要原因之一，造成围岩压力过大。又如分部开挖多次扰动围岩，也会引起围岩失稳，加大自然拱范围。

2. 围岩压力的计算方法

进入 20 世纪 70 年代后，工程围岩分类由定性向定量、由单因素向多因素综合评价方向发展，并由此得到了能够反映多因素的围岩压力估算公式。

围岩压力值是进行隧道设计和稳定性研究的重要依据，围岩压力的确定目前常用下列三种方法：

（1）直接量测法。直接量测法是一种切合实际的方法，对隧道工程而言，也是研究发展的方向；但由于受量测设备和技术水平的制约，目前还不能普遍使用。

（2）经验法或工程类比法。经验法或工程类比法是根据大量以前工程的实际资料的统计和总结，按不同围岩分级提出围岩压力的经验数值，作为后建隧道工程确定围岩压力依据的方法，是目前使用较多的方法。原来工程界通常采用普氏计算法、太沙基计算方法等经验简化方法来求解围岩压力。

（3）理论估算法。理论估算法是在实践的基础上从理论上研究围岩压力的方法。由于地质条件的不确定性，影响围岩压力的因素又非常多，而且这些因素本身及它们之间的组合也带有一定的偶然性，企图建立一种完善的和适合各种实际情况的通用围岩压力理论及计算方法是困难的，因此，现有的围岩压力理论都不十分切合实际情况。

在理论计算方法中，考虑几个主要因素，使其结果相对地接近实际围岩压力的情况，是目前隧道工程设计中采用较多的方法。一般来讲，都是以某种简化的假设为前提，或以实际工程的统计分析资料为基础，因此大都有一定程度的局限性。

第三节　公路工程质量控制管理探析

一、公路路面工程质量监督与控制

路面工程直接承受行车荷载，且暴露在大气之中，受风吹、日晒、雨淋和冻融等诸多自然条件的影响较大，强化路面施工质量管理是保证工程优质的最重要环节。只有强化施工过程中的质量管理，尤其是重点质量监控点的施工控制，才能更好地保证工程质量。

（一）路面工程施工的质量监督

1. 路面工程施工的监控要点

（1）路面基层（底基层）施工。

1）路拌法施工。路拌法施工时，路面基层（底基层）应着重监控以下要点：

第一，原材料的松铺厚度和摊铺的均匀程度。

第二，原材料含水量检验。

第三，拌和深度控制方法，防止出现夹层的措施，拌和均匀性检查。

第四，高程与横坡度的施工控制。

第五，压实机械的组合形式、碾压方法、碾压遍数和压实度的质量检验。

第六，接头部位处理，保证前后施工段平整。

第七，保湿养生。

第八，水泥稳定类延迟时间控制。

第九，未成型基层的交通管制。

2）厂拌法施工。厂拌法施工时，路面基层（底基层）应着重监控以下要点。

第一，原材料质量，料场硬化，不同规格的石料隔离措施。

第二，拌和机配合比的准确性，特别需要注意的是防止易结块的粉状料堵塞喂料斗的筛孔。

第三，各种原材料的含水量检测和拌和加水量调整，使混合料处于最佳含水量范围。

第四，装运和卸料、摊铺过程中应防止混合料离析。

第五，摊铺过程中平整度控制，纵横向接缝施工方法，联机摊铺时的相互配合。

第六，碾压与养生。

第七，施工便道畅通，保护未成型路段。

（2）沥青类路面施工。沥青路面施工应着重监控以下要点：

第一，沥青的标号和质量指标及其适用环境。

第二，乳化沥青的质量指标和其基质沥青的质量状况。

第三，石料的强度，石料与沥青的黏附性，粗集料的颗粒形状、耐磨性能、压碎值等。

第四，拌和机的结构与性能，还有其与工程要求的适应程度。

第五，配合比的检查与监控，沥青用量检测。

第六，温度监控包括沥青加热温度、石料加热温度、混合料出厂温度、摊铺温度、初压和终压温度监控。

第七，防止混合料离析措施。

第八，摊铺机与自卸汽车配合，保证摊铺机均匀不间断摊铺。

第九，厚度施工控制。

第十，纵横向接缝处理

第十一，未冷却路面禁止通行，沥青灌入式或沥青表处的交通管制。

（3）水泥类路面施工。水泥类路面施工应着重监控以下要点：

第一，水泥、石料、砂的质量指标应满足要求。

第二，搅拌机的性能，包括产量、搅拌均匀性、配合比的准确性应满足要求。

第三，配合比的准确性检查、和易性检查，试件制作和强度试验。

第四，摊铺、振捣、饰面等的控制，拉杆、传力杆设置。

第五，防止和避免混凝土离析的措施。

第六，模板架设的顺直度、相邻模板的高差，模板架设的牢固程度，拆模时对路面板的保护。

第七，胀缝制作。

第八，切缝方法、切缝时间和填缝。

第九，养生和交通管制。

2. 路面工程施工的安全监督

路面工程材料用量大，动用机械多，需要多个施工现场，用水、用电、用油，安全生产存在的隐患点比较多，管理时必须高度重视安全生产。

（1）料场、拌和场安全生产要点。

第一，料场、拌和场的生产区和生活区要分开，整个场地有排污和排水设施。

第二，电力线路要规范，临时用电线路应使用电缆线，并按规定架设或埋设。

第三，油库、仓库应符合消防要求，配备必要的消防设施。

第四，办公区如使用煤炉取暖，应有防止煤气中毒的措施。

第五，施工管理人员应戴安全帽，吊臂下、传送带下禁止站人、禁止有人作业。

第六，建立夜间值班制度，防火防盗。

第七，进出口道路和场内运输设备运行线路要减少相互干扰。

第八，拌和设备检修或清理时（如清理搅拌仓等）应切断电源。

（2）施工现场安全要点。

第一，根据工程具体情况，设立施工标志、限速标志或禁行标志。

第二，遵守机械操作规程，合理安排机械作业运行线路。

第三，定期对设备进行保养和小修，保持机械良好状态。

第四，自卸卡车向前进的摊铺机械倒料时，应专人指挥、密切配合，禁止撞击摊铺机，运行过程中驾驶员应轻踩自卸卡车的刹车，防止卡车滑溜。

第五，热铺沥青混合料或洒布沥青时，操作人员应配备必要的防护用品，防止烫伤。

第六，消解和摊铺石灰、水泥时工作人员应配备防护眼镜。大风天气，禁止摊铺石灰、水泥等易扬尘易污染环境的粉状物。

第七，运输车辆应避免在陡坡停止、调头，运输车辆禁止急转弯、急刹车。

（3）消解石灰安全要点。消解石灰时，石灰体积会膨胀2倍以上，并且散发大量热量，遇大风天气，尘粒飞扬，对周边环境和操作人员有较大影响。消解石灰时应注意以下方面：

第一，生石灰不应堆得太高，宜保持在一米左右的高度。

第二，尽可能使用石灰粉碎消解机进行消解。

第三，人工消解时，操作人员应配备防护眼镜、防护手套、防护靴等。

第四，操作人员应处在上风口，边翻拌边加水，尽可能使用挖掘机或装载机翻拌，因为人工翻拌劳动强度大且易出现烫伤和眼角膜炎症。

第五，消解加水量宜略大于化学反应计算所需水量的 1.3 ~ 1.8 倍，以消解充分、保持水分和防止扬尘。

（4）沥青洒布作业安全施工要点。

第一，检查洒布车辆、洒布装置、防护及防火设施是否齐全有效。

第二，沥青罐如果装运过乳化沥青，再次装运热沥青时，应缓慢小心加注，防止沥青泡沫对人身造成伤害。

第三，使用加热喷灯、加热管线和沥青泵前，应首先封闭吸油管和进料口。

第四，洒布车应中速行驶，弯道应提前减速，行驶时禁止使用加热系统。

第五，喷洒作业前，应对路缘石、桥栏杆等进行遮挡，避免污染其他构筑物。

第六，操作人员应配备安全防护设施，施工中注意自身安全。

第七，质量检测和施工监理人员应站在上风口，喷洒方向十米以内不得有人停留。

（5）沥青拌和站操作安全要点。

第一，沥青拌和站应在燃料（燃油、煤）储存处设置必需的消防器材和消防设施，如灭火器、沙、铁锹等。

第二，用泵抽送热沥青进出油罐时，操作人员应远离，无关人员应避让。注入沥青的总数量应和油罐的设计容量相对应，不得超量注入。

第三，使用导热油加热时，加热炉应在加热前进行耐压试验，水压力不低于额定工作压力的 2 倍，导热油加热系统的泵、阀门系统和安全附件应符合安全要求，超压、超温报警系统应灵敏可靠。

第四，拌和站的各种设备，在运转前均应由机电和电脑操作人员仔细检查，确认正常后再按顺序启动。

第五，点火后，观察除尘器是否工作正常，必须保证烘干滚筒在正常负压下燃烧。

第六，拌和站启动后，各岗位操作人员要随时检查监督各部位运转情况，如发现异常，要及时报告机长，并及时排除故障。

第七，料斗下禁止站人，或从料斗下经过，检修料斗时，必须将保险链挂好。

第八，滚筒或拌和仓清理检修时，必须切断电源，且在筒（仓）外始终有人监护。

第九，停机前，应首先停止进料，等各部位卸料完毕后才可以停机，再次启动时，不得带荷启动。

第十，紧急停车按钮只能在涉及人员安全的紧急情况下使用，一旦使用后再次启动时要注意启动顺序。

(二) 路面工程基层施工质量控制

1. 半刚性基层施工

（1）材料要求。对于组成半刚性基层的所有材料，都应在施工之前进行质量检测，通过多次试验选出符合要求的原材料，并进行配合比设计，在验证混合料强度和稳定性均符合要求后，才能用于铺筑基层。

1）土。

第一，特性。易于粉碎，便于碾压成型。

第二，最大粒径。用于基层的土，最大粒径要小于 37.5mm；用于底基层的土，最大粒径要小于 53mm。颗粒组成必须满足规范的要求，土的均匀系数应大于 5，实际应用宜大于 10。

第三，液、塑性指数。

水泥稳定类，土的液限应低于 40%，塑性指数应低于 17。为了更易碾压，砂中应掺入适当塑性指数不大于 12 的黏性土。

石灰稳定类，土的塑性指数为 15 ~ 20；无塑性的级配沙砾、级配碎石应掺入约 15% 的黏性土。

综合稳定类，塑性指数为 12 ~ 20；塑性指数在 15 以上的黏性土，宜用石灰和水泥综合稳定。

第四，硫酸盐、有机质含量。

水泥稳定类，有机质含量应小于 2%，硫酸盐含量应小于 0.25%。

石灰稳定类，有机质含量不应大于 10%，硫酸盐含量不应大于 0.8%。

2）集料。

第一，压碎值。基层（底基层）所用的麻、砾石应具有一定的抗压能力，二级和二级以下公路的基层应小于35%，底基层应小于40%；高速公路和一级公路的基层或底基层应小于30%。

第二，颗粒组成。其由水泥稳定类、石灰稳定类及综合稳定类的集料颗粒组成。

第三，水泥。凡是初凝时间在3h以上、终凝时间在6h以上的普通硅酸盐水泥、矿渣硅酸盐水泥和火山灰质硅酸盐水泥，只要它们的各项指标都满足要求，那么它们就均可用于稳定土。

在水泥选择方面，宜使用强度等级为32.5或42.5的水泥，切记不可使用快凝水泥、早强水泥和受潮变质水泥。

4）石灰。石灰应满足Ⅲ级以上的生石灰或消石灰的技术指标。在实际使用的过程中，石灰应覆盖封存，妥善保管，并且不宜存放太长时间。高等级公路的基层（底基层）宜采用磨细生石灰。

5）粉煤灰。粉煤灰中的二氧化硅、三氧化二铝、三氧化二铁的总含率应大于70%，烧失量不应超过20%，比表面积不宜过大也不宜过小，比表面积越大，对水分敏感性也越大，压实也越不容易。因此，作为石灰粉煤灰土混合料时，宜选用粗颗粒的粉煤灰，以求容易碾压稳定，作为水泥外加剂时，宜选用细颗粒的粉煤灰。

在堆放干粉煤灰时，为防止其飞扬造成空气污染，应加水处理过后再进行堆放。此外，要控制好加水量，尽量不要使湿粉煤灰的含水率超过35%。使用时，应将凝固的粉煤灰打碎并过筛，以清除有害杂质。

6）煤渣。煤渣的最大粒径不应超过30mm，以粗细搭配而略有级配为佳。使用时，应预先筛除大于30mm的颗粒。煤渣的含煤量宜低于20%，且不宜含杂质。

7）水。无有害物质的人、畜饮用的水均可使用。

（2）水泥稳定类的施工程序。

1）路拌法施工。

第一，准备下承层。

土基：土基主要是进行碾压试验，一般会用12～15吨的三轮压路机，在没有三轮压路机的情况下，也可用等效的碾压机械来替代。如果土太干，则应进行洒水处理；如果土太湿，则应挖开晾晒，如有必要也可进行换土、掺生石灰或粒料处理。

底基层或老路：对底基层或基路主要是进行弯沉、坡度、路拱的检验，如强度不够，可通过三种方式进行处理：①增加底基层的密实度；②加厚底基层；③改善基层材料等。

第二，施工放样。首先，恢复下承层上的中线；其次，测量断面高程；再次，在两侧路肩边缘外设置标有水泥稳定土设计高程的指示桩。

第三，备料。

利用老路面或土基上部材料时要先清除表面的石块等杂物，用平地机或推土机将上部翻松到预定深度，土块应粉碎到符合要求。为便于粉碎，可在 8 ~ 24h 之前，喷洒适量的水，预湿土壤。

利用料场的土时，应用推土机将表层覆盖的土、草皮、树根等杂物清理干净，并自上而下按预定深度采集土料，如果出现了很明显的分层变化，则应立刻采集土样进行各项试验。

将料由远到近，按计算数量和间距进行堆放，并做好排水工作。并将选料中体积较大的土块进行粉碎和筛除处理，最后用平地机整平。

第四，摊铺土。在摊铺水泥的前一天，应根据每日可完成的掺加水泥、拌和、碾压成型的量来控制摊铺长度。

第五，洒水预湿与整平轻压。运到现场的材料，凡是经过翻松、粉碎的，都必须进行洒水预湿，预湿后的含水率应为最佳含水率的70%左右；中粒土、粗粒土预湿后的含水率应比最佳含水率小2% ~ 3%；对含沙较多的土，可比最佳含水率大1% ~ 2%。

洒水预湿后，应根据相关要求，整形成路拱和坡度，并用6 ~ 8吨的两轮压路机进行碾压（一般碾压1 ~ 2遍为宜）直到表面光滑、平整，达到规定的密实度为止。

第六，摆放和摊铺水泥。每袋水泥的摊铺面积和摆放间距应根据水泥稳定土层的四种因素来确定：①涂层厚度；②土层预定干密度；③水泥剂量；④施工作业面。同时还应在现场放置标记，画出摊铺水泥边线，水泥应在当日被直接送到摊铺路段，在标记的地点卸料，并用刮板均匀摊开，表面应无空白也不能存在水泥集中的情况。

第七，拌和、洒水湿拌。用稳定土拌和机进行拌和，拌和深度应达到稳定层底并侵入下承层 5~10mm，严禁留有素土夹层，应拌和两遍以上。洒水后，拌和机械紧跟在洒水车后面进行拌和，以减少水分流失。拌和后混合料要色泽一致，没有灰条、灰团和花白。

第八，整形。用平地机由边向中、由内向外进行刮平。用轮胎压路机快速碾压一遍，以暴露不平整部位，再用平地机整形一次，以达到规定坡度和路拱。

第九，碾压。整平后用 15 吨三轮压路机、振动压路机或轮胎压路机进行碾压。碾压应遵循先轻后重、先慢后快、由边向中、由内向外的原则。

第十，接缝和调头处的处理。同一天施工的两个工作段进行衔接时，应搭接拌和。水泥稳定土层的施工应尽量避免纵向接缝产生，实在无法避免的情况下，纵缝要垂直相接，不能斜接。

第十一，养生。水泥稳定土压实后应进行不少于 7 天的保湿养生，一般会用帆布、粗麻袋、稻草、麦秸或农用地膜等覆盖。此外，也可用砂保湿养生，所铺设砂层厚度应为 7~10cm，砂层要铺设均匀，并洒水保持湿润。

养生期间，除洒水车外，其他任何车辆不得通过。不能封闭交通时，应限制重车通行，其他车辆的车速不应超过 30km/h。

水泥稳定土底基层（或基层）分层施工时，下层水泥稳定土碾压完后，需要经过 7 天的养生才可以铺筑上层水泥稳定土。需要注意的是，在铺筑之前必须确保下层表面湿润，此外还应将下层表面清扫干净，并撒上适量的水泥或水泥浆。

2）集中拌和法施工。

第一，拌和。固定式稳定土拌和机是采用集中拌和法拌和水泥稳定土时常用的施工机械，此外还可用强制式的水泥混凝土拌和机。采用集中拌和法施工时，需要注意：①拌和机和摊铺机的生产能力必须相匹配；②必须在调试完所有设备之后才能开始拌制混合料；③配料要准确，拌和要均匀；④拌和混合料时，要使其含水量大于最佳值，只有这样，混合料被运到现场摊铺后，其含水率才不会低于最佳值。

第二，运输。拌和机中已经拌好的混合料应直接装入自卸车当中，并尽可能快地运输到铺筑现场。同时，为了减少混合料中水分的损失，运输过程中应将混合料覆盖，运输时间不宜超过半个小时。

第三，摊铺。对于高速公路和一级公路这种等级比较高的公路，在摊铺时必须使用专用摊铺机或沥青混凝土摊铺机。施工时一般会使用两台摊铺机间隔5～10m同时进行摊铺，相邻工作道的混合料摊铺间隔时间不能超过25min，摊铺均匀之后必须立刻开始碾压工作。

为了使摊铺过程始终保持一个较好的平整度，得到一个平整的基层顶面，可以采取的措施包括：①尽量保证整平板前的混合料始终保持相同高度；②使螺旋分料器80%以上的时间都处于工作状态；③尽量减少摊铺机的开动和停机次数；④尽量避免运料车与摊铺机发生碰撞；⑤一次摊铺厚度不能高于25cm；⑥分层摊铺时，最上层的厚度一般为10cm；⑦做好横向接缝，用3m直尺检验；⑧检验控高钢丝和调整传感器。⑨保持摊铺机处于良好工作状态。

（3）石灰稳定土的施工程序。

1）路拌法施工。

第一，准备工作。①根据质量标准对下承层进行检验合格后，再进行中线放样，放样完成后才能开始施工；②对各路段需要的干燥集料数量进行精确计算，并计算各种材料堆放距离；③计算各集料的松铺密度，以便对集料的施工配合比进行准确控制；④在用机械拌和塑性指数小于15的黏性土时，可根据土质和机械性能来判断是否需要过筛，如果是人工拌和，则应将大于15mm的土块筛除；⑤需要使用的生石灰，应提前7～10天进行充分消解，为了避免扬尘，消解后还应保持一定湿度，切记其不可湿成团。使用之前应用孔径为10mm的筛子，对消石灰进行处理，筛过的消石灰必须在短时间内用完。

第二，集料摊铺。根据试验路段确定的松铺系数进行摊铺，集料或土尽可能摊铺均匀，不应有离析现象。

第三，洒水闷料。由于已整平土中的含水率已经不是很高，所以应该在土层上均匀洒上适量的水来进行闷料。闷料时间应根据土的种类来定：细粒土一般需要闷一夜；中粒土和粗粒土则应根据其中的细土含量来适当减少闷料时间。

第四，整形轻压。摊铺均匀土或集料之后，用平地机对其进行整形使其表面变为具有规则的路拱，然后再用压路机碾压一到两遍，以使集料或土表面平整、密实。

第五，铺摊石灰。通过计算得到石灰堆放间距，根据间距在场地上做好标记，并确定好铺摊石灰的边界线。堆放石灰之后用刮板均匀摊铺，测量出石灰层厚度，再根据石灰的疏松度和含水率对石灰用量进行校核。

第六，搅拌洒水。①用稳定土拌和机或者灰土拌和机对摊铺好的石灰层与土或集料进行拌和，需要事先调整好拌和深度，然后由两侧向中间"干拌"一到两遍，每次拌和要重叠 10 ~ 20cm，以便拌和充分；②适当洒水（一般比最佳含水率大 1% 左右）后，再进行"湿拌"，以达到混合料颜色一致，没有灰条、灰团和花白为止；③石灰稳定粒料要先将石灰土拌和均匀，然后均匀摊铺在粒料层上，再一起进行拌和；④拌和机械及其他机械不宜在已压实的石灰稳定土层上调头，若调头应采取保护措施。

第七，整平。①混合料拌和完成之后须立即用平地机对其进行初平。平整直线段的时候，由道路两侧向中间刮平；平整曲线超高路段，由道路内侧向外侧刮平。初平完成之后，用压路机或者履带拖拉机稳压 1 ~ 2 遍，再用平地机进行整形。②对于局部低洼处的路段应先用齿耙将其表面 5cm 深的部分耙松，然后用拌和好的灰土混合料填补找平，最后用平地机对其整平。每次整平碾压，均须按要求调整坡度和路拱。③为了避免出现薄层贴的情况，在保证面层总厚度满足规定要求的情况下，摊铺的时候要"宁高勿低"，整平的时候要"宁刮勿补"。

第八，碾压。

混合料表面整形后应立即开始压实。混合料的压实含水率应在最佳含水率的 ±1% 内，若表面水分不足，应适当洒水。

每层施工完成面的厚度一般为 15 ~ 20cm，如果采用三轮压路机与振动羊足碾相互配合压实，厚度允许达到 25cm。当设计厚度过大的时候，须进行分层施工，下层可以稍微厚些，但上层不宜小于 10cm。

如果是直线段，则宜从两侧向中心碾压，超高段则宜由内向外碾压，后轮压完路面全宽时，即为碾压了一遍，通常宜碾压 6 ~ 8 遍，此外路面两侧还应多碾压 2 ~ 3 遍。

为了防止灰土表面受到破坏，压路机不得在已经完成或正在碾压的路上"调头"和急刹车。

碾压过程中如果出现了松散、起皮等现象，必须立刻翻开晾晒，如有必要还应该换新混合料重新拌和碾压。

在碾压工作完成之前，还应用平地机终平一次，以便确保高程、路拱、超高符合设计要求。

第九，养生及交通管理。①以洒水保湿的方式进行养生，正常情况下应养生7天左右；②如果在养生期间没有采取任何覆盖措施，则必须封闭交通，如果养生方式是覆盖砂或喷洒沥青膜，在不方便封闭交通的情况下，应该尽量将车速限制在30km/h以内；③养生期结束后，为了防止收缩裂缝产生，应立即进行上层施工。

2）集中拌和法（厂拌法）。

第一，拌和。①应先将拌和设备调试好之后，再进行稳定土混合料拌制，只有这样才能确保混合料配比和含水率都符合规定要求；②一般情况下，会先将土块粉碎，再进行混合料拌制，如果有特定要求，还应将土中粒径大于15mm的土块筛除；③按各料的重量或体积进行准确配比，均匀拌和；④拌和时的加水量要超出最佳含水率的1%左右，这样在摊铺碾压后才能使混合料的含水率接近最佳值；⑤摊铺前，应确保混合料中氧化钙和氧化镁的有效含量符合规定要求。

第二，摊铺。①混合料摊铺常用到的机械有稳定土摊铺机、沥青混凝土摊铺机、水泥混凝土摊铺机等，特殊情况下也可用摊铺箱摊；②应相互协调拌和机和摊铺机生产能力；③一般情况下会根据混合料摊铺时所用摊铺机机械类型来确定松铺系数，如有必要，还可通过摊铺碾压来确定；④厂拌混合料的摊铺段，应安排当天摊铺当天压实。整形、碾压及养生交通管理与路拌法相同。

（4）石灰粉煤灰稳定类的施工程序。石灰粉煤灰稳定土基层的施工程序和方法基本上与石灰土基层相同。拌和工序可采用就地拌和或集中拌和。宝马路拌机拌和时，略破坏（1cm左右）路床顶面，并且其还需专人跟踪检查拌和深度，拌和好的混合料含水率应控制在超过最佳含水率1%～2%。宝马路拌机进行路拌作业时，设专人跟随拌和机，每20m一个断面，分左中右挖坑检查三处，随时检查拌和深度，并配合拌和机操作员调整拌和深度。对拌和机的转弯调头部位、新旧接茬部位等容易发生漏拌的隐患部位要多拌和几遍。拌和完成后，混合料应色泽一致，无灰条、灰团和花面现象。拌和过程中检测含水率、灰剂量，并取样做无侧限抗压强度试件。

在施工初期，石灰粉煤灰的稳定土层强度一般较低，并且其强度也会随着气温变化而变化。因此，一般不会在冬季施工，并注意初期养护工作；在干燥而炎热的季节，必须洒水养生7天，每天洒水的次数视气候条件而定，应始终保持表面湿润；也可用沥青乳液和沥青下封层进行养生。

石灰粉煤灰稳定土分层施工时，在碾压完下层之后，也可以不养生，直接铺筑另外一层。

2. 粒料类基层施工

（1）材料要求。

1）级配碎（砾）石。

第一，石料应具有足够强度，且不低于Ⅳ级。

第二，压碎值应符合相关规定。

第三，一些有害物质，比如黏土块、植物等不应掺杂在其中，扁平、长条颗粒的含量要低于20%。

第四，颗粒组成和塑性指数要满足相关规定，同时级配曲线宜圆滑居中。在塑性指数偏大的情况下，为保证级配集料稳定性，应严格控制小于0.5mm以下的细料含量与塑性指数。

第五，石屑或其他细集料可以使用碎石场的细筛余料，也可使用尺寸合适的天然沙砾或粗沙。

第六，含有越多塑性高的土，黏结得就越牢固，但是也存在一定缺陷，即干燥后容易收缩开裂，潮湿环境下水稳定性也不强。当用于基层时，含土量和塑性指数可适当降低，黏土中不应有草根、杂质，腐殖土不宜使用。

2）泥（灰）结碎石。泥结碎石作为基层（底基层），因含一定数量的黏土，水稳定性较差，不宜作为沥青路面基层。如作为沥青路面基层时，应用于干燥路段，在中湿和潮湿路段填充的黏结料黏土中应掺入一定剂量的石灰，采用泥灰结碎石，提高稳定性。对材料的具体要求如下所示：

第一，如果是使用机轧碎石或天然石，应具备的特点包括：①坚硬；②接近立方体；③具有棱角。

第二，扁平、细长颗粒的含量应低于20%。

第三，碎石的颗粒组成范围应满足相关要求。

第四，黏土的塑性指数为18～27，且不得含有腐殖质和其他杂质。

第五，石灰质量应高于Ⅲ级，与石料质量相比，石灰和土的含量加一起应小于20%，石灰剂量为8%～12%。

3）填隙碎石。①用于基层的碎石粒径应小于53mm，用于底基层的应小于63mm；②扁平、长条和软弱颗粒的含量应低于15%；③粗碎石的颗粒组成应满足有关规定；④轧制碎石中5mm以下的石屑作为填隙料时，填隙料的最大粒径为9.5mm，并根据规范要求来确定颗粒组成；⑤用作基层的粗碎石，其压碎值应小于26%，用作底基层时应小于30%。

（2）级配碎（砾）石的施工程序。

1）路拌法施工。

第一，准备下承层。①下承层的表面应平整、坚实，具有一定的路拱；②用12～15吨的三轮或等效的压路机对下承层进行碾压检验；③对于压实度检查、弯沉测定结果不符要求的底基层，可采取补充碾压、换填好料、挖开晾晒等方式进行补救；④对于槽式断面路段，应在两侧路肩部位开挖泄水槽，每隔5～10m设置一个泄水槽。

第二，施工放样。测量每个断面的高程，恢复中线，并在两侧路肩边缘外0.3～0.5m设标有结构层设计高度的指示桩。

第三，计算材料用量。对所需集料的数量和每车材料的堆放间距进行计算，计算依据主要包括：①各路段基层或底基层的宽度；②各路段基层或底基层的厚度；③各路段基层或底基层预定的干密度。

第四，运输和摊铺集料。运输时，应按照计算好的间距，由远及近进行堆放，堆放时间不能太长，通常情况下提前几天即可。此外，为了方便排水，应每隔一定距离在料堆间留有缺口。集料松铺系数是通过试验来确定的，一般人工摊铺为1.40～1.50，平地机摊铺为1.25～1.35。摊铺时应按照预定宽度，力求摊铺得均匀和平整，并具有规定的路拱。

第五，拌和与整形。

二级以上公路（包括二级公路）需要拌和两遍以上，拌和深度应直至级配碎石层底。

二级以下公路，用平地机拌和 5 ~ 6 遍，使石屑均匀分布碎石料中，每段作业长度为 300 ~ 500m。

拌和过程中，用洒水车洒足所需的水分，使集料不会出现粗细颗粒离析现象，然后用平地机按规定的路拱将混合料整形。

第六，碾压。整形后应马上用大于 12 吨的三轮压路机、震动压路机或轮胎压路机进行碾压。对于已完成或正在碾压的路段，应禁止压路机在该路段上调头或急刹车。对于含有土的级配碎石层或砾石层，宜采用滚浆碾压，直到表面无多余细土为止，最后还应将表面薄层土清理干净。

第七，接缝处理。两个工作段进行衔接时，应搭接拌和。也就是说，前一段拌和整形之后，预留 5 ~ 8m 不碾压，在进行后一段的施工时，应将前一段未碾压部分加入适当水泥重新拌和，之后再整平碾压。在施工过程中，要尽可能减少纵向接缝产生。如果是分两幅铺筑，则应搭接拌和。

2）集中拌和法施工。级配碎（砾）石可以在中心站利用强制式拌和机、卧式双转轴浆叶式拌和机、普通混凝土拌和机等进行集中拌和。混合料被运输到现场之后，应用摊铺机对混合料进行摊铺。

第一，调试好所有设备之后才能开始正式拌和，同时还要确保混合料的组成和含水率达到规定要求。

第二，不同粒级的碎石和石屑等细集料应隔离，分别堆放。

第三，设专人消除集料离析现象。

第四，当天没来得及进行压实的混合料，应在次日与摊铺的混合料一起碾压，混合料的含水率应达到规定要求。必要时，应人工补充洒水。

（三）不同类型路面的质量控制

1. 水泥混凝土路面施工质量控制

（1）基层、底基层和垫层的施工质量检查内容。基层和底基层的质量检查可从三方面进行控制，分别是原材料标准试验、施工过程质量控制和外形尺寸检查。

1）原材料标准试验。在进行施工之前和施工物料发生物理性质变化时，需要对材料进行相关参数的基本性质实验，以确认施工所用材料质量是否达标，还有原材料和各种混合料剂的适用性。

2）施工过程质量控制。在施工过程中也需要对一些参数进行控制，以保证工程的整体质量，需要控制的主要项目包括：集料级配、结合料用量、含水率、弯沉值、压实度和拌和均匀性等。

3）外形尺寸检查。施工完成面的外形尺寸也是施工质量的一个重要表现，而外形尺寸的检测和控制需要在日常管理中完成。

（2）基层、底基层和垫层的施工质量评定标准。路面结构层完成之后需要专业人员进行检查验收，以确定工程是否满足设计文件及施工规范要求。基层或底基层的验收检查包括外形尺寸和完成质量，一般以 1km 长的路段为检查单位，如果在施工过程中采用到流水作业法时，也可以用每天完成的路段为评定单位。检查抽取的样品必须具有随机性，避免带有主观性。

2. 沥青路面施工质量控制

（1）施工前的质量控制。

1）施工前的材料与设备检查。材料的质量是保证施工质量的前提，因此对进场材料质量的控制是工程最重要的一环。因此，要保证材料的质量要做好以下三方面：

第一，招标和订货。供货厂家须提供材料的各种检测报告，其中的检测参数需要符合设计要求和相关规范要求。

第二，三方检验。进场的材料分别应由施工方实验室、监理试验室和第三方甲级试验室检验，三方检验全为合格的材料方可使用。

第三，使用和存放。材料的使用和存放也要讲究方法，不然会出现材料本身没有问题，可是由于使用方法不规范致使混合料达不到施工要求的情况，或者保存方式有问题，使原材料性质发生变化导致无法使用或者使用率降低，这都会给整个工程带来很大麻烦。

2）试验段铺筑和施工参数确定。对高速公路、一级公路而言，铺筑试验段是不可缺少的步骤。通过试验路段可确定松铺厚度、碾压遍数和合理的机械组合等多项施工参数。

（2）施工过程中的质量控制

1）拌和厂质量检查。沥青拌和厂的技师和工程师要做到对拌和厂各项技术指标和工艺参数逐一检查，检查包括生产过程控制及产品质量检验两方面的内容，生产过程控制包括：①目测；②在线监测所拌和的每一盘混合料；③对混合料的总量进行检测；④实验室进行的检测项目。

在生产过程中，对沥青混合料总量检测主要应控制以下三种参数，即矿料级配、油石比、拌和温度。

沥青混合料产品质量检验包括取样抽提、筛分、马歇尔试验、矿料级配、矿料级配允许波动幅度等。拌和厂对沥青混合料的体积指标的检测必须与配合比设计时采用完全相同的条件和试验方法。

2）铺筑过程中的质量检查。沥青路面在铺筑过程中的质量检查主要包括两方面：①工程质量检查；②外形尺寸检查。在这一阶段，存在两个在线监测的过程控制：第一，摊铺过程中需要不停测量松铺厚度；第二，碾压过程中需要反复利用核子仪检测密度。质量管理的重点应放在路面质量检查上。

施工过程中质量检测的项目、频度、允许差，我国规范没有明确规定检查是由承包商还是由监理进行，在此建议由施工方、监理方共同检测。

3）厚度的检测。在沥青路面的各项指标中，最难达到要求的就是路面厚度。在进行厚度检测时，主要包括以下无破损检测方法：

第一，专用松铺厚度插入式测杆，也称为插尺。

第二，通过得到的拌和数据进行总量检验。

第三，利用地质雷达检测。

4）压实度的检测。压实的好坏直接关系到沥青路面的成败，如果压实不足，就会使沥青路面过早损坏，这就使得压实度的评定变得极为重要。

第一，实行在线控制。沥青路面的压实度检测，我国目前使用施工过程中在线监测的方法，重点对碾压工艺进行过程控制，即测定压实度以压实工艺控制为主，并适度钻孔检测作为抽检校核的手段。

第二，防止过碾现象。对于 SMA 混合料来说，如果不停碾压的话，就会出现沥青玛蹄脂部分逐渐上浮，表面构造深度越来越小，石料棱角被磨掉，压实度不再提高等现象。如果在混合料已经完全冷却的情况下依然不断碾压，产生的结果只能是将石料压碎，而并不是继续压实。因此，在对混合料进行碾压时，应避免过碾压现象发生。因为在超出特定碾压遍数之后，如果再继续碾压，反而会使混合料的密度下降。

第三，控制渗水系数。路面具有良好的密水性是对沥青路面的一个最基本要求，只有这样沥青路面的寿命才会长久。

之所以要控制渗水系数，是因为其与密水性之间有很大关系。另外，在测定压实度和孔隙率时往往需要用到多个系数，因此弄虚作假的概率就变高，相比之下，渗水系数就直观得多。这也是直接检查渗水系数逐渐被越来越多国家重视起来的主要原因。

二、公路路基工程检测与防治

路基施工质量控制是保证项目质量的重要手段和重要方法之一，其目的是使工程达到规定的质量标准，保证施工质量的稳定性。

（一）路基施工的检查与验收

1. 路基分项工程中间检查

（1）土方路基的检查内容。

1）土质路堤的检查内容。

第一，压实标准。通常情况下，土质路堤使用压实度来检测路基的压实程度。压实度也称压实系数，是指施工工地的干密度和室内标准试验下得到的最大干密度的比值。检测路基的压实程度首先需要明确压实标准，压实标准一般要通过室内标准击实试验确定最大干密度和最佳含水率。

击实是指土瞬间被多次施加机械功，使土更加紧密的过程。研究土的压实性能的室内试验一般选择击实试验作为基本方法。在具体的填方工程中，击实试验有两种作用：①击实试验能够判断土在击实作用下的击实性是否良好及可能达到的最佳密实度范围与相应的含水率，从而帮助施工人员确定填筑含水率和填筑密度；②击实试验能够在制作试样和研究施工现场填土的力学特性时帮助施工人员确定科学合理的密度和含水率。

第二，施工含水率。压实效果在很大程度上会受到土中含水率的影响。当土中含水率高时，土粒之间的引力更大，同时土粒之间可能有毛细管压力，这些力使土的状态疏松或使其保持凝聚结构，土中的孔隙相互连接，并且土中含有大量的空气。在这种情况下，土受到压实作用，空气从孔隙中排出，使土的密度增大。但是水膜的润滑作用不明显，压实作用也不能抵消土粒之间的引力，土粒的位置不容易移动，因此压实效果较差。土中的含水率越高，水膜越厚，土粒之间的引力越小，在水膜的润滑作用下，外部的压实作用越容易使土粒的位置发生移动，压实效果就越好。土中的含水率过高时，土粒之间的孔隙有自由的水，这些自由的水能够抵消一部分压实效果，从而使压实效果降低。

第三，最大干密度。填方路堤的最大干密度和最佳含水率要在取土的地方提取土样，然后通过实验室的重型击实试验获得。试验要验证填土的最大干密度的可靠性要满足两项要求：一是要保证用于做实验的土样的可靠性；二是要确保击实试验的可靠性。通常情况下，击实试验的可靠性能够保证，但如果填土的最大干密度有问题则是土样有问题。这是由于取土的地方的土质不均匀，提取土样的地点不同会导致击实的结果不同。当土层发生变化时，即使在相同的地点提取土样，标准击实结果会由于提取土样的深度不同而不同。

因此，要有专业的监理人员监督标准击实试验的土样提取，提取土样时要提取不同深度的土样，做好记录后送到实验室以备试验。专业的监理人员也要监督试验过程，以确保击实试验的公正性和可靠性。施工单位的实验人员在提取土样时要提取有代表性和广泛性的土样。

第四，施工质量控制。土质路堤的填土要符合施工质量要求，取土的场地要保证没有杂草，在实验后才能取土。取土场要具备防水和排水系统，土质路堤的填土不能选择淋雨的土和冰冻的土。在进行施工质量控制时，填土松铺厚度要根据实验路段的资料确定。

施工过程中应经常检测填土的含水率，宜控制在最佳含水率2个百分点内。当填土的含水率越接近最佳含水率时，其压实度越高，碾压达到要求的可能性越大。土的含水率在

最佳含水率的 ±2% 的范围内时压实效果最好。通常情况下，取土场土的含水率，基本接近于最佳含水率。因此，在上土后需要马上摊铺并碾压，否则土的含水率会降低，从而给施工造成影响。

施工时要根据施工路段的施工工艺施工，严格把控施工路段的碾压遍数。如果在碾压过程中有碾压不实的现象，工作人员要马上通知施工技术负责人及时处理。在雨季施工时，如果出现弹簧现象，需要彻底清除含水率大的土，或者是将其翻开晾干，使其含水率接近最佳含水率能够压实时再进行碾压。

压实度的检查要以密实度的检测频率或加密作为根据，还要检查压实度是否符合填土所在地的压实标准。如果自我检查符合要求，则须报监理工程师验收，自我检查也可以和监理工程师抽检同时进行，以保证施工进度。但通常情况下不能采取这种方法，如果情况特殊，在与监理工程师提前约定的情况下才可以采取这种方法。在监理工程师签字确认后该层的填土完成，可继续下一层的填土工作。

为确保填土层的施工质量，土质路堤在雨季施工时要预留路堤横坡度，安装好排水设施，避免出现雨水冲刷和浸泡压实的土层问题。此外，在冬季不得对土方路施工。

压实机械的选择要以填土性质作为依据。

施工时要合理安排工期，不能追赶工程进度，要保证高填土路堤有充足的预压时间。

防护工程的施工要与填土路堤的施工同步进行，尤其是高填土路堤，高填土路堤的施工时间长，在施工的同时修建防护工程能够有效避免雨季施工高边坡被冲毁的问题。

2）土质路堑的检查内容。

第一，弃方的处理要在指定地点进行，不得随意堆放弃方破坏环境，不得影响农田、水利和河道的正常使用。

第二，刷坡时要将设计坡度作为依据，如果在施工过程中出现挖方土质变化问题、设计坡度不能满足边坡稳定时，施工单位要以书面形式提出修改意见。为避免雨水冲刷已经修建的边坡，在开挖路基的同时要开挖截水沟，做好排水工作。如果边坡上有地下水要在上报批准后采取措施进行排水和防水，在未批准前要做好临时排水工作，避免路基被地下水浸泡，边坡上有地下水的施工项目要减缓施工进度。

第三，边坡防护工程的施工要根据施工季节的不同进行适当调整，避免雨水冲刷已施工的边坡。

第四，挖土方路基施工接近设计高程时，要根据实际情况确定是否要预留开挖高度。如果不需要预留开挖高度，则需要在边沟和路拱施工完成后开始碾压，使压实度达到设计要求。如果路基表面及以下30cm的土质强度不符合要求时，施工单位要上报补强或换填措施。如果需要将施工完成的路基作为施工便道使用则要将其表面硬化，同时要保证高程误差符合验收标准。

第五，如果填方用土使用挖方路基的土时，为保证填土的含水率需要把控开挖速度。如果挖方地段的土质指标不统一，则需要采取分开开挖的方式确保填方的施工质量。

第六，如果挖方地段的土质不够疏松，需要放炮将其震松时要选择远离边坡的位置，以确保边坡的稳定程度。

（2）石方路基的检查内容。填石路堤施工的组织管理工作和土方路堤的组织管理工作是一致的，其施工过程的质量控制也与土方路堤相似，主要内容包括：①填筑的石块的粒径要小于等于25cm；②填石路堤在施工时要使用功率大的振动压路机；③填石路堤的压实标准是没有明显的轮胎痕迹。在实际的施工过程中可以使用重型三轮压路机静压，在轮胎痕迹小于3mm时即表明其已经达到了压实标准，然后对其进行振压不会影响高程。

1）填石层厚控制。填石路堤的铺筑和压实应当分层进行，并且要对每层的压实质量填写施工记录。压实会受到填石层厚度影响，施工时要严格把控填石层厚度。在实际的施工过程中，可采用每层测高程立标杆的方法，标明填石松铺厚度，按标杆的标志上料摊铺。

现阶段，我国没有制定统一的公路填石路堤压实质量标准。水利工程中的堆石坝工程与公路填石路堤相似，其在建设过程中积累了大量的经验。主堆石区的坚硬岩石碾压厚度通常要达到0.8～1.0m，最大厚度可达到1.5m，主堆石区的软质岩石的碾压厚度则为0.4～0.8cm。国内的一些科研单位通过试验测试了不同强度的填石料，得出的结论是如果压实机具和摊铺机具能够满足要求，填石路堤在施工时可根据具体的石料强度和填筑部位选择较厚的层厚。

2）填石质量检测。由于岩石种类和岩石级配不同，虽然平均压实干密度波动大，但是孔隙率指标具有一定规律。主堆石区平均填筑干压强大致为 20 ～ 23kN/m³，其孔隙率大致在 24%（18% ～ 28%）。主堆石区控制标准为坚硬石料压实孔隙率的 23% ～ 28%，易风化石料的压实孔隙率为 19% ～ 24%；一般情况下，多使用孔隙率把控填石料的质量。这种方法在不测试填料最大干密度的情况下也能较好把控填石料的压实质量。

堆石坝高度远远高于填石路堤填方高度，但填石路堤和堆石坝非常相似，填石路堤可以将孔隙率作为质量控制指标。近几年，国内一些高速公路在修建填石路堤时，使用了花岗岩、石灰岩、红砂岩等填石料用孔隙率作为质量控制指标的压实质量标准、相应施工工艺及质量控制方法，通车运行几年来，路基路面基本稳定。

在以上研究成果和施工经验的基础上，质量控制指标一般将孔隙率或固体体积率作为压实质量标准。现阶段只使用一种检测压实质量的方法控制填石路堤质量的效果并不好，压实质量在很大程度上会受到填石路堤施工参数的影响，因此施工时必须监控填石路堤的质量。采用双控方法能够较好地控制填石路堤的质量，双控方法是指同时使用施工质量控制和压实质量检测控制的方法，使用压实沉降差或孔隙率标准可以检测填石路堤压实质量，使用大坑和水袋法可以检测填料压实干密度或孔隙率。

采用压实沉降差也可对填石路堤进行检测。压实沉降差与碾压遍数及填石料的压实干密度有很好的相关关系（据福建和广东试验工程统计，相关系数在 95% 以上），如果保证压实机具相同，压实遍数的实际控制则会取得良好效果。为更好地控制填石路堤的压实质量，一般同时控制压实沉降差和施工工艺参数。

国内的实验工程总结了大量关于压实沉降差的控制经验，通常情况下，压实沉降差为采用施工碾压时的重型振动压路机（建议 14 吨以上）按规定碾压参数（强振，4km/h 以下速度）碾压两遍后各测点的高程差。压实沉降差平均值应不大于 5mm，标准差不大于 3mm。

在摊铺料质量确定的前提下借助测定沉降量可以得到密度变化。

填筑层厚和压实控制标准的确定要根据石料强度确定。填石路堤的压实质量标准的控制指标一般将孔隙率或固体体积率作为依据，孔隙率控制应符合相关要求。

2. 路基分项工程验收质评

（1）土方路基的质量评定标准。

1）实测项目。路基分项工程验收的实测项目质量评定标准见表4-1。

表4-1　土方路基实测项目质量评定标准

检查项目	规定值或允许偏差				检查方法	权值
	高速公路、一级公路	其他公路				
		二级公路	三、四级公路			
压实度(%)	零填及挖方(m)	0～0.30	—	—	94	密度法	3
		0～0.80	≥98	≥95	—		
	填方(m)	0～0.80	≥98	≥95	≥94		
		0.80～1.50	≥98	≥94	≥93		
		>1.50	≥96	≥92	≥90		
弯沉(0.01mm)	不大于设计要求值				—	3
纵断高程(mm)	±10，-15	±10，-20			水准仪	2
中线偏位(mm)	50	100			经纬仪	2
宽度(mm)	不小于设计				米尺	2
平整度(mm)	15	20			3m直尺	2
横坡(%)	±0.3	±0.5			水准仪	1
边坡	不陡于设计值				尺量	1

2）外观鉴定。

第一，路基表面平整，边线直顺，曲线圆滑。

第二，路基边坡坡面平顺、稳定，不得亏坡，曲线圆滑。

第三，取土坑、弃土堆、护坡道飞碎落台的位置适当，外形整齐、美观，防止水土流失。

（2）石方路基的质量评定标准。

1）实测项目。石方路基的实测项目质量评定标准见表4-2。

表4-2　石方路基的实测项目质量评定标准

检查项目	规定值或允许偏差		检查方法	权值
	高速公路、一级公路	其他公路		
压实	层厚和碾压遍数符合要求		查施工记录	3
纵断高程（mm）	±10，−20	±10，−30	水准仪	2
中线偏位（mm）	50	100	经纬仪	2
宽度（mm）	不小于设计		米尺	2
平整度（mm）	10	20	3m 直尺	2
横坡（％）	±0.3	±0.5	水准仪	1
边坡	坡度	不陡于设计值	—	1
	平顺度	符合设计要求		

2）外观鉴定。

第一，上边坡不得有松石。

第二，路基边线直顺，曲线圆滑。

（二）路基工程的试验检测

1. 简易试验方法

现场的简易试验，一般只适用于颗粒粒径小于0.5mm的土样，其方法如下。

（1）判断土的可塑状态。将土样调到可塑状态，根据能搓成土条的最小直径来确定土类。

第一，搓成直径大于2.5mm的土条而不断则为低液限土。

第二，搓成直径为1～2.5mm的土条而不断则为中液限土。

第三，搓成直径小于1.0mm的土条而不断则为高液限土。

（2）干强度。对于风干的土块，根据手指捏碎或掰断时用力大小，可区分为以下三种：

第一，手指很难捏碎，抗剪强度大的土块的干强度高。

第二，手指稍微用力能够捏碎的土块的干强度为中等。

第三，手指能够轻易捏碎或能够将其搓成粉粒的土块的干强度低。

（3）湿土揉捏感觉。将湿土用手揉捏，可感觉颗粒的粗细。

第一，低液限的土有砂粒感，带粉性的土有面粉感，黏附性弱。

第二，中液限的土微感砂粒，有塑性和黏附性。

第三，高液限的土无砂粒感，塑性和黏附性大。

（4）韧性试验。将土调到可塑状态，搓成 3mm 左右的土条，再揉成团，重复搓条。根据能否将其再次搓成条可以将其分为以下三种：

第一，能再次搓成条并且用手指不能将其捏碎的则韧性高。

第二，能再次搓成团，手指稍微用力即可捏碎的则为中等韧性。

第三，不能再次将其揉成团，手指稍微用力即可捏碎或者不捏即碎的则为韧性低。

（5）摇震试验。摇震试验是指将软塑至流动的小块揉成小球放在手中多次摇晃，同时用另一只手掌击震摇晃的手掌，土中的自由水会从土球的表面渗出，使土球的表面呈现出光泽，但如果用手指捏土球，其表面渗出的自由水会消失。按土球中的自由水渗出和消失的速度作为判断依据可以将其分为以下三种：

第一，土球中的自由水渗出和消失速度快，则为反应快。

第二，土球中的自由水渗出和消失速度中等，则为反应中等。

第三，土球中没有自由水渗出，则为无反应。

2. 野外对土的描述与鉴别

如果在野外仅凭肉眼鉴别土，工作人员需要根据土的类型对其相关内容进行描述。

碎石类土需要描述的内容为名称、颜色、颗粒成分、粒径组成，颗粒风化程度、磨圆度、充填物成分、性质及含量、密实程度、潮湿程度等。

砂类土需要描述的内容为名称、颜色、结构及构造、颗粒成分、粒径组成、颗粒形状、密实程度、潮湿程度等。

黏性土需要描述的内容为名称、颜色，结构及构造、夹杂物性质及含量、密实程度、潮湿程度等。

3. 土基回弹模量试验检测

在公路设计中，必须确定土基的回弹模量。针对不同地区和不同的土质，我国已经明确了回弹模量的推荐值。如果土基的回弹模量发生改变，路面设计的厚度将会受到影响。因此，在施工过程中可直接测量土基的回弹模量，并且根据施工质量不断提高。同时，控制施工质量的内容包括检验回弹模量。通常情况下，回弹模量的测量方法有承载板法、贝克曼梁法和其他间接方法，以下主要介绍承载板法：

（1）测量目的。承载板法是在施工现场的土基表面，使用承载板对土基进行加载和卸载的方法测量与各个荷载相对应的土基回弹变形值，再计算土基回弹模量的方法。使用这种方法确定的土基回弹模量能够用于路面设计参数。

（2）试验器具。

第一，加载设施包括重物、后轴重大于等于 60kN 的汽车和附设加劲梁。

第二，现场测试装置包括千斤顶、测力计和球座。

第三，厚 20mm 的刚性承载板。

第四，路面弯沉仪。

第五，80 ~ 100kN 的液压千斤顶。

第六，水平尺。

第七，秒表。

（3）试验前准备工作。

第一，根据测试的实际需要确定测点。

第二，确保土基表面的平整性，在土基的凹陷处使用细砂将其填平。

第三，安装承载板，使用水平尺对其进行校正。

第四，将试验车置于测点上，将垂球挂在加劲梁的中部，使垂球在承载板的正上方，然后将垂球收起。

第五，将千斤顶放置在承载板上。

第六，放置弯沉仪，将弯沉仪的测头放在承载板立柱的支座上，将百分表调零。

（4）试验步骤。

1）预载。使用千斤顶开始加载，使用测力计对其进行测量直到预压为 0.05MPa，稳压 1min，使承载板接触土基，并检查百分表是否在正常工作，然后放松千斤顶油门卸载，稳压1min后，将指针对零或记录初始读数。

2）测定土基的压力。使用逐级加载卸载法，当荷载低于0.1MPa时，逐级增加0.02MPa，当荷载高于0.1MPa时，逐级增加0.04MPa。

当加载到预定荷载后需要稳定1min，然后马上对弯沉仪百分表进行读表并记录，然后慢慢放开千斤顶油门卸载至0，在卸载稳定1min后再次对弯沉仪进行读表，每次卸载后百分表不再归零。

如果两台弯沉仪百分表读数平均值的30%大于其差值则取平均值；如果两台弯沉仪百分表的读数的平均值的30%小于其差值则重新测定。回弹变形值大于1mm时则可以停止加载。

3）测定汽车总影响量。在最后一次加载、卸载循环结束后可以取走千斤顶，对百分表进行重新读数后将汽车开到10m外的位置，读取终读数，两只百分表的初、终读数差的平均值即为总影响量。

4. 压实度的试验检测

路基路面压实质量是道路工程施工质量管理最重要的内在指标之一。通常情况下，工程中使用压实度表示现场压实质量。压实度在路基路面施工质量监测中十分重要。在表征现场压实后的密实状况中，压实度越高密实度越大，材料的整体性越好。因此，在路基的施工过程中，碾压工艺对施工质量控制来说十分重要。压实度的测定主要包括室内标准密度（最大干密度）确定和现场密度试验。

（1）室内标准密度（最大干密度）确定。通过室内试验测量的标准密度是评定压实度的基础，对压实度的评定结果的可靠程度有直接决定作用。因此，通过室内试验评定标准密度时要保证试验原理的科学性，要重视试验数据，同时还要注意操作的简便性，室内试验条件要尽量接近实际压实条件。目前的路基施工中大量使用振动压路机，为接近这种压实条件，室内试验测量标准密度时多使用振动击实、大型马歇尔击。

不同类型的筑路材料，通过室内试验测量标准密度时会选择不同的实验方法。

1）路基土标准密度（最大干密度）确定试验方法。路基土标准密度的试验方法主要有击实法、振动台法和表面振动压实仪法。在我国，路基土标准密度的测量主要使用击实试验。击实试验一般分为轻型击实试验和重型击实试验。这两种试验的实验原理和试验的基本规律有一定的相似性，但重型击实试验的击实功比轻型击实试验高 4.5 倍。振动台法与表面振动压实仪法均是采用振动方法测定土的最大干密度。各试验方法的仪器设备、试验步骤等详见《公路土工试验规程》（JTG3430-2020）。

2）路面基层材料标准密度（最大干密度）确定试验方法。路面基层材料分为半刚性基层和柔性基层。其中，柔性基层主要是粒料类基层和稳定类基层。粒料类基层主要是指级配碎石，沥青稳定类基层主要是沥青稳定碎石。

第一，以级配碎石为代表的粒料类基层材料。测量粒料类基层的标准密度的试验多采用振动法和重型击实法，筛除大于 37.5mm 的颗粒，然后使用公式计算标准密度。在使用振动法测量粒料类基层的标准密度时可以将粗粒土和巨粒土的振动法作为参照，使用振动台法或表面振动压实法测量标准密度。现阶段国内外多使用重型击实试验测量标准密度。

第二，半刚性基层材料。半刚性基层材料如果粒料含量达到 50% 以上，特别是采用骨架密实结构时，由于击实筒空间的限制，现行方法就不能得出真正的最大干密度。为与施工方法相一致，理论计算法、振动击实法等更为科学的最大干密度确定方法被研究应用。理论计算方法是在半刚性基层材料体积组成的基础上，使用结合料和粒料级配组成与密度测量混合料的标准密度。无机结合料稳定粒料类材料标准密度确定多使用这种方法。

第三，沥青混合料标准密度确定方法。确定沥青混合料标准密度一般以沥青拌和厂取样试验的马歇尔密度或者试验段密度作为标准。一般情况下，马歇尔密度的标准密度比试验段密度高。但使用这两种方法时都需要确定试件密度。在进行密度试验时可以针对混合料的自身特点使用以下方法：

水中重法：密实的 I 型沥青混凝土试件适合使用这种方法，吸水性大的集料的沥青混合料试件不适合使用这种方法。

表干法：表面比较粗糙但比较密实的 I 型或 II 型沥青混凝土试件适合使用这种方法，吸水率高于 2% 的沥青混合料试件不适合使用这种方法。

体积法：孔隙率较大的沥青碎石混合料及大空隙透水性开级配沥青混合料试件适合使用这种方法。

蜡封法：吸水率高于 2% 的 I 型或 II 型沥青混凝土试件及沥青碎石混合料试件适合使用这种方法。

（2）现场密度确定。现场密度确定主要使用环刀法。传统现场密度的测量方法多使用环刀法。国内环刀法使用的多是容积为 $200cm^2$，高度为 5cm 的环刀。环刀法只能测量环刀内土样所在深度范围内的平均密度，不能测量碾压层的平均密度。碾压土层的密度一般自上而下逐渐减小。如果使用环刀法时只在碾压层的上部取土样，则测量结果偏大；如果使用环刀法时只在碾压层的下部取土样，则测量结果偏小。

在检查路面结构层和路基土的压实度时，需要测量碾压层的压实度。因此，在使用环刀法测量土的密度时要保证测量得到的密度能够代表碾压层的平均密度。但这在实际测量中不容易实现。因为只有环刀取的土样是碾压层的中间土时，测量结果才大致准确。此外，环刀法的适用范围比较小，含有粒料的稳定土及松散性材料不能使用环刀法。

（三）路基施工的质量问题与防治

1. 回填压实

（1）超厚回填。超厚回填现象是指路基填方或沟槽回填土的虚铺厚度不符合有关规定，甚至一些不符合要求的项目使用推土机直接将沟槽填平。

超厚回填会导致所铺层厚内的松土不能全部符合有关要求规定的密实度。道路的超厚回填会导致路基结构沉陷和路面结构沉陷。管道的超厚回填会导致管道胸腔部位的密实度不符合有关规定要求，使管顶土压力和地面荷载大于胸腔部位的土压力，使管体上部破裂，甚至管道被压扁。

超厚回填是由于施工技术人员和施工工人没有充分认识到超厚回填危害或没能进行有效质量控制引起的。

超厚回填的治理方法如下：

第一，在施工前对施工技术人员和施工工人进行技术培训，使其对分层压实的作用有充分了解。

第二，在施工时向施工工人做好技术交底工作，确保路基填方和沟槽回填的虚铺厚度符合有关规定要求。

第三，在施工过程中遵守操作要求，对施工质量进行严格管理。

（2）倾斜碾压。倾斜碾压是由在填筑段内施工时没有将底层铺平就进行填筑，或是沟槽内的填筑高度不统一时就使用碾轮在纵坡上进行碾压等原因形成的。倾斜碾压会导致碾压轮的压实重力产生的分力在纵坡上流失，使碾轮不能将压实功能最大限度发挥出来。

倾斜碾压的治理方法是填筑路基时在路基总宽度内使用水平分层方法。如果路基地面的横坡或纵坡大于 1:5 时要将其做成台阶。

2．边沟、排水沟

（1）排水边沟沟底纵坡不顺，断面大小不一。

第一，排水边沟沟底纵坡不顺，断面大小不一的现象是指沟底不平坦，甚至存在反坡，导致一些位置出现积水。

第二，排水边沟沟底纵坡不顺，断面大小不一的原因是未按设计纵坡和断面开挖修整边沟，相关人员忽视对附属工序质量进行检验。

第三，排水边沟沟底纵坡不顺，断面大小不一的危害是边沟积水将渗入路基，降低路基土的强度和稳定性。

第四，排水边沟沟底纵坡不顺，断面大小不一的治理方法是要严格按照设计要求的开挖断面和纵断面高程对其进行开挖修整，认真做好工序质量检验。

（2）路基排水无出路。

路基排水无出路是指边沟尾间无出路、边沟变成渗水沟等现象。

路基排水无出路是由两种原因造成的，一种原因是工程设计单位在进行工程设计时不认真，没有设计排水出路；另一种原因是施工单位没有认真学习施工图纸，没有及时发现设计图纸中的问题，或是工程设计单位对排水问题有特殊说明但被施工单位忽视。

路基排水无出路会导致边沟的积水浸泡路基，使路基土的强度和稳定性下降，损害道路使用寿命。

路基排水无出路有两种治理方法：①施工单位在施工过程中要仔细学习设计图纸，如果设计图纸中的排水出路有问题要及时向有关部门提出；②施工过程中不仅要解决路基边沟排水问题，还要解决边沟尾间排水沟的挑挖修整问题。

3. 路肩、边坡

（1）路肩、边坡松软。路肩松软的表现是如果车轮碾压路肩，路肩会向下凹陷出现车辙；边坡松软是指一旦受到外力的作用边坡土就会下滑。

1）路肩、边坡松软的原因。路肩、边坡松软是由三种原因造成的：①施工过程中没有充分碾压填方路基，路肩和边坡的密实度不符合有关规定；②填方宽度不足，使用松土贴坡，或使用松土填垫路肩而且没有压实；③使用沙性土或松散的粒料进行填方，导致边坡稳定性不足。

2）路肩、边坡松软的危害。主要包括：①路肩、边坡松软会降低路面边缘结构的稳定性，路面容易发生损坏；②路肩松软会使路面上行驶的机动车轮下陷，甚至发生翻车；③边坡松软会导致路基变窄；④路肩、边坡松软会导致高填方路段容易发生滑坡。

3）路肩、边坡松软的治理方法。

第一，在施工过程中对填方路段进行分层碾压，在填方路段的两侧预留出 20～30cm 的超宽，在修正路基时进行削坡，避免出现贴坡现象。如果出现严重的贴坡现象，则需要将先前的边坡修筑成台阶，对其进行分层填补夯实。路肩的密实度需要达到轻型击实密度的 90% 以上。

第二，如果使用沙性土或松散性粒料进行路基填方，则需要在边坡栽种植物进行保护，或提高边坡坡率。

第三，在施工完成后要对填补的路肩亏土进行压实处理，使其密实度达到轻型击实密实度的 90% 以上。

第四，使用石灰土或砾料石灰土稳定路肩。

第五，在路肩外侧使用石块或者混凝土预制块对其进行砌筑。

第六，在边坡使用条形草皮或方块草皮对其进行防护。其中，一般路堤边坡使用条形草皮，坡长大于 8m 的高填方边坡使用方块草皮。

第七，在边坡表面铺砌片石或卵石。

（2）路肩积水。路肩积水的现象是指路肩横向反坡，或路肩在与路面接茬处形成沟槽，造成积水。路肩积水是由两种原因造成的，一种原因是路肩碾压不实，路肩和路面连接的部分长时间受到车轮碾压出现下沉现象，形成沟槽；另一种原因是施工单位在施工过程中对路肩进行了碾压，但是没有修整路肩，路肩不平坦则会出现横向反坡。

路肩积水会导致路肩发生下沉或出现反坡，使路面的边缘位置出现积水浸泡路基结构和路面结构，使其受到损坏。路肩积水的治理方法有三种：①在施工过程中严格控制路肩的工程质量，对其进行碾压和修整，使其密实度达到轻型击实密实度的90%以上；②避免路肩出现积水现象；③将路肩修筑成反坡，使雨水汇集到一处然后排出路外。

4. 土路床质量

（1）路床整修碾压的质量标准。

①符合市政工程外观检验评定标准。

②路床不得有翻浆、弹簧、起皮、波浪、积水等现象。

③用12～15吨压路机碾压后，轮迹深度不得大于5mm。

④符合实测实量检验评定标准。

（2）路床的质量通病及防治。

1）不按土路床工序作业。不按土路床工序作业的现象有两种：一是在没有压实的土路床上直接铺筑路面结构；二是在没有严格控制压实程度的土路床上直接铺筑路面结构。其原因有以下三种：

第一，施工单位施工技术不强，对不做土路床的危害认识不足。

第二，施工单位在施工时不按要求施工。

第三，在施工过程中追赶进度，没有按照要求把控质量。

在没有压实的土路床上直接铺筑路面结构相当于在软地基上铺筑路面结构。软地基的空隙比较大，雨季雨水渗入软地基，冬春两季水分聚集到软地基中都会降低土基的稳定性，使路面受到损坏。

治理方法主要有：①对施工技术不强的施工单位或施工人员在施工前进行培训，要求其按照有关要求施工；②监理工作人员对路床工序的工程质量进行严格检查。

2）土路床的压实宽度不到位。

土路床的压实宽度不到位是指路床的碾压宽度普遍或局部小于路面结构宽度。

土路床的压实宽度不到位是由于施工单位没有准确控制边线或线桩位置发生移动、线桩丢失等原因引起的。

土路床的压实宽度不到位会导致路面结构宽度大于土路床的碾压宽度，使路面结构的边缘落在软基上。如果软基干燥并具有支撑力，结构层将会成活；如果软基被雨季的雨水浸泡或冬春两季的水分聚集在软基中时，软基的稳定性下降，则导致路边下沉。

土路床的压实宽度不到位的治理方法有两种：①在填土路段修筑路基或挖方路段修筑路基时，测量人员要保证边线桩位置准确，在施工过程中及时检查其位置是否发生变动，如有变动要及时补桩或纠正其位置；②路床碾压边线要超过路面结构宽度。

三、公路桥梁工程风险控制

（一）涵洞与通道施工风险控制

1. 施工放样

（1）风险分析。

第一，钉设木桩时，桩锤对面站人，可能导致物体打击伤害。

第二，在密林草丛进行测量时，工作人员抽烟或用火，可能引发火灾。

第三，测量过程中，钢钎和桩锤等工具随意扔掷，可能导致物体打击伤害。

第四，夜间进行水文测量时，若照明不良，可能发生测量人员落水，导致淹溺事故。

第五，在高压线下进行测量工作，若不能保证足够的安全距离，可能导致触电事故。

第六，野外测量过程中遇到雷雨无房屋、车辆等可靠避雨场所时，躲到大树下或高压线下避雨，可能导致雷击事故。

第七，在陡坡段进行施工放样时，如工作人员没有系好安全绳，则可能导致高处坠落伤害和物体打击伤害。

第八，在没有断绝交通的公路、道路上进行测量时，若未设置警告标志或措施采取不当，很可能发生车辆伤害。

（2）风险控制重点。施工放样过程中，须重点防范火灾事故、雷击伤害、高处坠落伤害、物体打击伤害等。

第一，遇雷雨时人员不得在高压线下大树下停留，以防发生雷击事故。

第二，钉设木桩时，使锤人对面禁止站人，以防发生物体打击伤害。

第三，陡坡测量时，测量人员要系好安全带且确保其另一端拴挂牢靠，以防发生高处坠落伤害。

第四，在密林草丛中测量时，须禁止一切明火作业，禁止抽烟，以防发生火灾。

第五，施工上方有架空电线时，须根据电压等级、塔尺高度、钢尺测量方式等确定作业安全距离，确保测量作业在安全距离之内，以防发生触电伤害。

（3）风险控制技术。

第一，在高压线附近工作时，必须保持足够的安全距离。

第二，野外测量时，测量人员在雷雨天气不得在高压线下、大树下停留。

第三，在密林丛草间进行施量时，应防备有害动、植物伤人。

第四，遇大雨天气时，严防人员在易发生山体滑坡、崩塌、落石等处停留。

第五，水文测量人员应穿救生衣，夜间测量时应保证有足够的照明。

第六，在密林丛草间进行施工测量时，应遵守护林防火规定，严禁烟火。

第七，测量作业人员在道路上穿行时，应做到"一看二停三通过"，禁止与车辆抢行。

第八，在道路中进行测量作业时，应有专人持指挥棒或小红旗指挥车辆避让；现场指挥人员应佩戴警哨，发现紧急情况吹哨预警，现场作业人员必须服从指挥。

2. 基础开挖

（1）风险分析。

第一，用吊斗出土时，吊斗底下站人，可能导致物体打击伤害。

第二，基坑开挖不按规定放坡，可能导致坑壁坍塌，造成物体打击伤害和人员窒息伤害。

第三，基坑顶面四周未开挖排水沟，遇阴雨天气时，可能导致地表水流入基坑，冲毁基坑。

第四，地下管线、地下构筑物等调查不明，盲目施工，可能破坏地下管线，导致管线破裂。

第五，在基坑开挖过程中，遇坑壁松塌或涌水、涌沙时，若没有采取相应的防护措施，仍继续开挖，很有可能导致坑壁坍塌，造成物体打击伤害和人员窒息伤害。

第六，机械开挖与人工开挖同时进行，当驾驶挖掘机的作业人员操作不当或从事人工开挖的作业人员注意力不够集中时，可能导致机械伤害。

第七，当没有做好地质勘察工作，便穿越某块区域或穿越不良地质时，可能会给施工带来不便，甚至会因防护措施不当，造成大面积塌方。

第八，基坑开挖对邻近建筑物或临时设施有影响时，未采取安全防护措施，可能影响邻近设施的稳定性；如基坑附近有电线杆时，开挖基坑可能会使电线杆倾倒，导致触电事故。

（2）风险控制重点。基础开挖过程中，须重点防范基坑坍塌、人员窒息伤害和物体打击伤害等。

第一，在软基中开挖基坑时必须进行支护，以防发生基坑坍塌。

第二，基坑开挖过程中，必须按规定进行放坡，以防发生基坑坍塌。

第三，基坑顶部周围严禁堆放重物，以防发生基坑坍塌和物体打击伤害。

第四，基坑开挖过程中，遇坑壁涌水、涌沙时，应立即停止施工，以防发生基坑坍塌。

（3）风险控制技术。

第一，用吊斗出土时，应有防护措施，吊斗不得碰撞支撑。

第二，开挖基坑严禁采用局部开挖深坑，从底层向四周掏土的方法施工。

第三，基坑开挖中，弃土堆坡脚与坑口边缘的距离不得影响基坑边坡稳定。

第四，采用机械开挖基坑时，应确保地基承载能力，以防机械倾翻。

第五，在土石松动地层或在粉、细沙层中开挖基坑时，应先做好安全防护措施。

第六，开挖基坑应视地质和水文情况、基坑深度，按规定坡度分层进行，以防发生坑壁坍塌。

第七，基坑开挖后，为防止机械、行人掉落，应在基坑周围拉安全警戒线进行防护；并设置安全警示标志。

第八，施工人员进入基坑作业前，应先将基坑周围有可能滚落的石块、危石等清除，以防发生物体打击伤害。

3. 基础施工

（1）风险分析。

第一，施工现场违章用电，可能导致触电事故，造成人员伤亡。

第二，作业人员不按规定佩戴劳动防护用品，可能导致机械伤害和物体打击伤害。

第三，若基底不坚固，作业过程中打桩机、钻机等这些设备可能发生倒塌，导致机械伤害和物体打击伤害。

第四，危险处所未按规定设置防护措施和警示标志，如在深基坑顶部周围未拉安全警戒线，可能导致高处坠落伤害。

第五，机械设备操作人员无证上岗，操作不规范，可能导致机械伤害和物体打击伤害。

第六，基坑支护变形检查、处理不及时，如发生较大变形却未处理时，很有可能发生基坑坍塌，工作人员在基坑内施工时，极有可能导致物体打击伤害和人员窒息事故。

第七，机械设备未按规定进行检查验收，当存在不合格设备且工作人员不知情时，可能出现重大事故；如起重机的钢丝绳磨耗严重，起吊重物时，可能会突然坠落，导致物体打击伤害。

第八，未做好排水措施，没有及时将基础施工过程中遇到的地下水排放，远离工程范围，或基础施工过程中遇到泉眼出露的情况，严重影响施工进度；当积水较多，浸湿围岩时，也极有可能导致涵洞塌陷，造成人员窒息事故。

（2）风险控制重点。基础施工过程中，须重点防范触电伤害、人员窒息事故、机械伤害和物体打击伤害等。

第一，施工过程中要规范用电，以防发生触电事故。

第二，危险处所须按规定设置防护措施和警告标志。

第三，定时定期对基坑支护变形进行检查，一旦发现问题应及时处理，以防基坑坍塌。

第四，施工人员必须按规定佩戴劳动防护用品，系好安全绳，以防发生物体打击伤害和高处坠落伤害。

（3）风险控制技术。

第一，机械设备等在施工前应按规定进行检查，经验收合格后方可使用。

第二，施工现场的周围设围栏和警示标志，严禁非工作人员进入和操作。

第三，机械设备进入施工现场前，应查明行驶路线上的承载力和通行净空，保证机械设备顺利通行。

第四，人工抬运大块石料或设备时，应捆绑牢靠，动作协调一致，缓慢平放，防止石料或设备滚落伤人。

第五，机械设备操作人员必须身体健康，经过专业培训考试合格后，方可独立操作设备，且不准操作与操作证不相符的设备。

第六，涵洞施工之前，要做好排水设计，包括洞身排水和基础排水；施工过程中，施工人员要严格按照设计图纸上的要求进行，不得擅自更改。

4. 涵洞墙身施工

（1）风险分析。

第一，堆放管节的地面不平整，放置时可能会损坏管节。

第二，墙身涂抹混凝土不均匀，存在气泡、鱼鳞纹等，影响施工质量。

第三，挡板支撑不符合规定要求，当挡板质量不良或不满足施工要求时，挡板可能达不到预期功能，致使部分洞身塌陷，发生窒息事故。

第四，涵洞沉降缝材料选取不当，影响沉降缝的施工质量，如温差变化较大时，沉降缝不能发挥其预期作用，可能会缩短涵洞使用寿命。

（2）风险控制重点。涵洞墙身施工过程中，须重点防范洞身坍塌、管节损坏等。

第一，在运输、安装过程中应注意防止管节受到碰撞而损坏。

第二，涵洞沉降缝端面应竖直、平整，上下不得交错搭压影响沉降。

第三，严禁混凝土车司机及现场施工人员随意往混凝土中加水，以防发生鱼鳞纹现象。

第四，墙身模板安装、拆除时，须先检查坑壁稳定和牢固情况，以防发生洞身坍塌。

（3）风险控制技术。

第一，钢筋接头布置在承受应力较小处，并应分散布置。安装钢筋时，钢筋的位置和混凝土层的厚度要符合要求。拆除的模板和废料要及时清除，钉子要及时拔掉或打弯。

第二，施工场地狭小，机械设备作业繁忙的地段应设临时交通指挥人员。

第三，起重机吊装作业时，吊点应正确；人工辅助作业时，应注意人身安全。

第四，起重机装卸管涵时应有信号工指挥，风力在6级及以上时严禁作业。

第五，起吊管节时，不得将钢丝绳直接套住管节，应采取必要的措施防止管节受损。

第六，涵洞沉降缝填缝材料应具有弹韧性、不透水性和耐久性，并应连续填塞密实。

第七，盖板、圆管、拱圈等预制件，在移动、堆放、装卸、施工过程中，应防止碰撞。

第八，拱圈、盖板就位浇筑时，拱架、支撑、模板应安装牢固，并应搭设脚手架平台和栏杆进行防护。

第九，起重作业前必须检查起重机的制动器、吊钩、钢丝绳和安全防护装置是否完好，严禁机械带病作业。

第十，涵洞施工中要按规定进行挡板支撑，首先在材料选取上要选择质量良好的挡板，其次要保证支撑过程中的每一个步骤都符合规范要求。

5. 涵洞出入口砌筑

（1）风险分析。

第一，高处作业时，脚手架不稳，导致高处坠落伤害。

第二，碎石作业时，石块飞出伤人，导致物体打击伤害。

第三，用电不当，可能会因线路老化或操作不当，发生触电事故。

第四，抬运石料时，捆绑不牢靠，石块滚落伤人，导致物体打击伤害。

（2）风险控制。涵洞出入口砌筑时，须重点防范高处坠落伤害和物体打击伤害。

第一，施工过程中要规范用电，禁止违章用电，以防发生触电事故。

第二，进行碎石作业时，工作人员做好防护措施，以防发生物体打击伤害。

（3）风险控制技术。

第一，高处作业前，工作人员要系好安全带，做好防护措施。

第二，洞口帽石和端墙、翼墙应平直，无翘曲现象，并应棱角鲜明，表面整洁。

第三，高处作业前，脚手架要支撑稳固，以防发生脚手架突然坍塌，导致高处坠落伤害。

6. 墙背回填

（1）风险分析。

第一，混凝土或钢筋混凝土预制构件在施工过程中出现碰撞，损坏构件。

第二，墙背回填时间过早，盖板的强度还未达到设计强度，可能压塌涵洞，导致整个工程失败。

第三，挖土机、起重机工作时存在违规操作，极易导致机械伤害，如手或身体被卷入，手或其他部位被刀具划伤，被转动的机具缠压住等。

第四，作业人员酒后作业或疲劳作业，可能会由于误操作进而影响施工质量；如果作业人员在高处作业或在电源旁边，还极易发生坠落和触电事故。

（2）风险控制重点。墙背回填过程中，须重点防范机械伤害。

第一，管涵填土厚度较小时，严禁任何车辆和机械直接从上面通过，以防压坏管节。

第二，混凝土或钢筋混凝土预制构件在移动、堆放、装卸、运输过程中，应防止碰撞。

（3）风险控制技术。

第一，电工、电焊工必须穿绝缘鞋，戴绝缘手套，且必须持证上岗。

第二，夜间施工时，现场必须有充足的照明设备，并尽量选在白天浇筑混凝土。

第三，起重机的作业地面应坚实平整，支脚必须支垫牢靠，回转半径内不得有障碍物。

第四，起重机在电线两侧作业时，起重臂、钢丝绳或重物等与电线线路应保持3m左右的安全距离。

第五，过渡段填筑应从涵洞两侧水平分层进行对称填筑压实，通行大型机械时，涵洞顶填土厚度应通过检算确定。

第六，严禁人员酒后作业、疲劳作业。

第七，混凝土在运输过程中不应发生离析、漏浆和坍落度损失过多等现象，当运至浇筑地点发生离析现象时，应在浇筑前进行二次搅拌，但不得再次加水。

(二）渡槽施工风险控制

1. 土方工程施工

（1）风险分析。

第一，将弃土堆积在进出水池池槽边，可能会引发水池边坡失稳，导致水池坍塌。

第二，将开挖出的弃土运至弃渣场过程中，当开挖点与弃渣场距离较远或路上车流量较大时，可能会由于司机疲劳驾驶或酒后驾驶导致车辆事故。

第三，机械开挖与人工开挖要同时进行，当驾驶挖掘机的作业人员操作不当或从事人工开挖的作业人员注意力不集中时，可能会使挖掘机碰撞到作业人员，导致机械伤害。

第四，对原基础回填夯击时，如密实度达不到要求，投入使用后，基础可能会出现不均匀沉降，轻者会影响渡槽使用性能，严重时可能会导致渡槽坍塌，尤其是当渡槽下方车流量较大时，会发生严重的车辆伤害和物体打击事故。

（2）风险控制重点。土方工程施工过程中，须重点防范机械伤害、车辆伤害、结构物坍塌等事故。

第一，严禁在进出水池池槽上方堆置弃土，以防槽边失稳。

第二，基坑开挖时，确保按规定进行放坡，以防发生坍塌和物体打击伤害。

第三，对原基夯实过程中，选取优质的沙砾石料进行分层分段填筑，务必使密实度达到要求，以防发生渡槽坍塌的事故。

（3）风险控制技术。

第一，回填土必须层层夯实，要求土料压实度达到96%。

第二，增强施工人员安全意识，禁止酒后作业或疲劳作业。

第三，采用挖掘机出土时，应有防护措施，挖斗不得碰撞排桩。

第四，基坑开挖时，要按规定进行放坡，确保边坡的承载力满足施工要求。

第五，挖掘机开挖与人工开挖同时进行时，两者之间必须保持足够的安全距离。

2. 钢筋施工

（1）风险分析。

第一，大量钢筋堆放在一起，从底部取用少数钢筋时，可能会发生钢筋从上至下大面积滑落，导致物体打击伤害。

第二，钢筋切割过程中，工作人员注意力不集中或配合不协调时，可能会发生切割机切削伤人，导致机械伤害事故。

第三，钢筋的设计尺寸不符合要求，造成混凝土的保护层过大或过小，给后期的养护工作带来困难，严重时会缩短渡槽的使用年限。

第四，钢筋的数量和形状与要求不符，如钢筋数量小于设计所规定的数量，此时钢筋的强度与刚度有可能超过允许值，钢筋会过早出现疲劳现象。

（2）风险控制重点。钢筋施工过程中，须重点防范机械伤害与物体打击伤害。

第一，钢筋切割时，切割机周围禁止无关人员停留，以防发生机械伤害。

第二，钢筋加工时，技术负责人要详细核查钢筋材料表的正确性，确保钢筋数量、尺寸符合设计要求。

（3）风险控制技术。

第一，钢筋堆放时，禁止竖向高度过大，以防发生物体打击伤害。

第二，钢筋下料加工应按钢筋图进行，经检查无误后方可施工。

第三，钢筋切割时所用工具不得随意抛掷，尤其严防工作人员从高处向低处抛扔钢筋、铁锤等。

3. 模板施工

（1）风险分析。

第一，模板固定不牢固和脚手架搭设不稳定，可能会使预制混凝土达不到规定的强度或者出现脚手架倒塌的事故。

第二，在搭接模板过程中，可能会由于脚手架强度不足，导致作业人员从高处跌落，发生高处坠落伤害。

第三，拆模时用力过猛过急，可能会导致模板损坏，而且当模板与混凝土黏结牢固时，还可能会破坏结构。

第四，拆模过早，混凝土强度还未达到设计要求，不仅影响渡槽的外观和使用，而且也给拆模工作带来很大困难。

第五，使用未经检查、维护的模板，模板的质量和使用性能没有保证，会给施工带来更多的不确定性，使危险系数加大。

（2）风险控制重点。模板施工过程中，须重点防范高处坠落伤害、机械伤害与物体打击伤害。

第一，严禁使用未经检查、维护的机械设备，以防发生机械伤害。

第二，模板拆除时，结构混凝土强度应满足设计要求或规范规定，严禁过早、用力过猛过急地拆除模板，以防损毁结构和发生物体打击伤害。

（3）风险控制技术。

第一，板缝之间要夹放海绵胶条，以防止板缝间跑漏灰浆。

第二，拆模时禁止用力过急，拆下来的木料、螺钉要及时运走，集中放置，以防丢失。

第三，当混凝土强度能保证其表面及棱角不因拆模而受损时，即可拆除侧模板。

第四，就地浇筑渡槽时，脚手架、模板及施工平台应安装牢固，并对受力杆件进行检查核算，通道及平台周围应设防护。

第五，模板采用复合木模板或钢模板，保证模板的强度、刚度、稳定性满足使用要求，可以有效地承受浇筑混凝土的重量、侧压力及施工荷载。

4. 混凝土施工

（1）风险分析。

第一，作业人员在喷射混凝土时，喷口前方有其他施工人员，可能导致物体打击伤害。

第二，作业人员在喷射混凝土时，未佩戴安全帽、口罩等防护措施，很可能导致物体打击伤害。

第三，喷射设备发生故障时，如作业人员未立即进行检查，混凝土可能会突然喷发而出，导致物体打击伤害。

第四，喷射过程中，碾压、踩踏管路，轻者可能会使喷射头方向不受控制，严重时可能会踩爆管路，给施工带来困难。

第五，混凝土的水胶比设计不符合要求，导致混凝土过湿或过干，给喷射操作带来困难，并且导致混凝土强度达不到设计要求。

第六，混凝土养护温度、湿度和养护时间不符合要求，可能会导致混凝土的抗压、抗剪强度有所下降，从而影响结构的耐久性和稳定性。

（2）风险控制重点。混凝土施工过程中，须重点防范物体打击伤害。

第一，严禁喷射混凝土过程中碾压、踩踏管路，以防发生踩爆管路的事故。

第二，喷射混凝土时，喷嘴不得面对有人方向，以防发生物体打击伤害。

第三，混凝土浇筑应严格控制水胶比，以防发生混凝土过干或过湿现象。

第四，喷射混凝土过程中，应设专人指挥，专人操作喷射设备，喷射机发生故障时，应先停风、水后再处理，以防发生物体打击伤害。

（3）风险控制技术。

第一，喷射混凝土过程中，作业人员应正确佩戴安全帽、口罩等防护用品。

第二，喷射混凝土作业前应检查现场环境、管路、接头、压力表及安全阀。

第三，混凝土在养护时，应确保其表面湿度、温度适宜，且养护时间不得少于 14 天。

第四，对渗水的坑壁，喷射顺序应由上而下，喷射混凝土终凝 2h 后，应进行湿润养护。

第五，混凝土采用机械拌制、机械振捣，浇筑前要对沙石骨料、水泥进行检验，严格按混凝土配合比施工。

第六，对无水或少水坑壁，喷射顺序应由下而上，每次下挖后应及时喷护，喷射混凝土终凝 2h 后，应进行湿润养护。

第七，尽可能在施工地点拌制混凝土，如确须运输混凝土时，运输时间不得超过 20min，若混凝土发生离析、泌水或坍落度不符合要求时应废弃。

5. 槽身施工

（1）风险分析。

第一，成槽机、起重机工作时，吊臂下站人，可能导致物体打击伤害。

第二，高处作业人员不按规定佩戴劳动防护用品，可能导致高处坠落伤害。

第三，起重吊装作业中有违规操作，轻者可能会使机械设备出现故障，影响施工进度；重者机械设备可能碰撞到施工人员，导致人员伤害。

第四，预制的渡槽梁在起吊、架设时，可能与墩台及已架设好的渡槽梁发生碰撞，轻者可能会损坏渡槽梁的部分结构，严重时可能导致整个梁报废。

第五，跨越公路、铁路施工时无防护措施，可能会导致车辆撞击构筑物，而且施工过程中掉落下来的重物可能会砸伤行人、车辆，导致物体打击伤害和车辆伤害。

第六，保护设施不齐全、监护人员不到位时，作业人员下槽、孔内清理障碍物，若没有佩戴好安全绳等防护措施，可能发生高处坠落伤害。

（2）风险控制重点。槽身施工过程中，须重点防范高处坠落伤害、物体打击伤害和车辆伤害。

第一，成槽机、起重机工作时，吊臂下严禁站人，以防发生物体打击伤害。

第二，高处作业人员要佩戴好劳动防护用品，系好安全绳，以防发生高处坠落伤害。

第三，渡槽施工过程中，若其下有行人、车辆通行时，应采取防护措施，以防发生物体打击伤害。

（3）风险控制技术。

第一，预制的渡槽梁在起吊、架设时，应防止其与墩台及已架设好的渡槽梁发生碰撞。

第二，跨越道路施工时，应使用防护棚等防坠落设施，以防止落物伤及行人和车辆。

第三，跨越道路施工时，行车道前方应设置限位门架，禁止超高、超宽车辆通行，支架、支墩应设置防撞墩加以保护。

第四，重吊装作业时，禁止无关人员进入现场。

第五，两台起重机同时起吊时，必须注意负荷分配，每台起重机分担的负荷不得超过该机的80%，以防任何一台负荷过大造成起重事故。

四、公路隧道工程质量控制

（一）施工准备阶段的质量控制

施工准备阶段的质量控制是指项目正式施工活动开始前，对各项准备工作及影响质量的各因素和有关方面进行的质量控制。施工准备是为保证施工生产正常进行而必须事先做好的工作，而且贯穿于整个施工过程之中。

1. 技术资料与文件准备质量控制

（1）施工项目所在地的自然条件及技术经济条件调查资料。地形与环境条件、地质条件、地震级别、工程水文地质情况、气象条件，以及当地水、电、能源供应条件，交通运输条件，材料供应条件等。

（2）施工组织设计。施工组织设计是指导施工准备和组织施工的全面性技术经济文件。

（3）工程测量控制资料。施工现场的原始基准点、基准线、参考高程及施工控制网等数据资料，是施工之前进行质量控制的一项基础工作，这些数据资料是进行工程测量控制的重要内容。

2. 设计交底与图纸审核质量控制

（1）设计交底。由设计单位组织向有关人员交底。

（2）图纸审核。图纸审核的主要内容包括：①对设计者的资质进行认定；②设计是否满足抗震、防火、环境卫生等要求；③图纸与说明是否齐全；④图纸中有无遗漏、差错或相互矛盾之处，图纸表示方法是否清楚并符合标准要求；⑤地质及水文地质等资料是否充分、可靠；⑥所需材料来源有无保证，能否替代；⑦施工工艺、方法是否合理，是否切合实际，是否便于施工，能否保证质量要求；⑧施工图及说明书中涉及的各种标准、图册、规范、规程等，施工单位是否具备。

3. 采购质量控制

采购质量控制主要包括对采购产品及其供方的控制，制定采购要求和验证采购产品。

（1）物资采购。采购物资应符合设计文件、标准、规范、相关法规及承包合同的要求，如果项目部另有附加的质量要求，也应予以满足。对于重要物资、大批量物资、新型材料以及对工程最终质量有重要影响的物资，可由企业相关部门对可供选用的供方进行逐个评价，并确定合格供方名单。

（2）采购要求。采购要求包括：有关产品的质量要求或外包服务要求；有关产品提供的程序性要求，如供方提交产品的程序；供方生产或服务提供的过程要求；供方设备方面的要求；供方人员资格的要求；供方质量管理体系的要求。

（3）采购产品验证。采购产品的验证有多种方式，如在供方现场检验、进货检验，查验供方提供的合格证据等。组织应根据不同产品或服务的验证要求规定验证的主管部门及验证方式，并严格执行。

（二）施工全过程阶段质量控制

质量控制是贯彻全过程的质量控制，重点是对工序质量进行控制。

1. 开挖作业控制

（1）洞口开挖。洞口段施工，应根据地质条件及保障施工安全等因素，选择开挖方法和支护方法，并符合下列规定：

第一，不良地质地段应在进洞前对地表、仰坡进行防护，并施作超前支护。

第二，洞口邻近建筑物时，应采取微振动控制爆破，并对建筑物下沉、倾斜、裂缝以及振动等情况做必要的监测，确保隧道施工和建筑物的安全。

第三，洞口段开挖应加强支护，开挖后应尽快施作锚杆、喷射混凝土、敷设钢筋网或钢支撑等，并尽早施作衬砌。

第四，加强对地表下沉、拱顶下沉的监控量测，适当增加量测频率。

（2）明洞开挖。明洞地段的土石方开挖应符合下列要求：

第一，开挖方式以及边坡和仰坡的坡度应根据地形、地质条件、边仰坡稳定程度和采用的施工方法确定。

第二，石质地段开挖时，应防止爆破影响边坡和仰坡的稳定。

第三，松软地层开挖时，宜边支护边开挖。

第四，开挖的土石方应弃置在不影响边坡及其他建筑物稳定的地点。

第五，不宜在雨季施工，当必须在雨季施工时，应加强防护，随时监测、检查山坡稳定情况。

2. 装渣运输质量控制

运输方式分为无轨式和有轨式，应根据隧道长度、开挖方法、机具设备、运量大小等确定。

（1）有轨运输作业应符合相关规定：①机动车牵引不得超载；②车辆装载高度不得

大于斗车顶面40cm，宽度不得大于车宽；③列车连接良好，机车摘挂后调车、编组和停留时应备有制动装置；④车辆在同方向行驶时，两组列车的间距不得小于60m，与推斗车的间距不得小于20m；⑤轨道旁临时堆放的材料，距钢轨外缘不得小于50cm，高度不得大于100cm；⑥长隧道施工上下班的载人列车应制定保证安全的措施。

（2）无轨运输作业应符合相关要求：①单车道净宽不得小于车宽加2m，双车道净宽不得小于2倍车宽加2.5m；②施工作业地段的行车速度不得大于10km/h，成洞地段不得大于20km/h。

3. 隧道支护施工质量控制

隧道支护施工分预支护与开挖后支护两种。预支护有超前管棚、帷幕注浆、超前锚杆等形式，其主要目的是通过采用一定的技术措施，提高隧道围岩的稳定性，并利用超前支护取得一定的防水效果；开挖后支护是在围岩较为稳定的情况下，为保持围岩经扰动后的稳定性，根据新奥法原理，采用喷射混凝土、锚杆、钢支撑、钢格栅等支护形式。

支护作业必须编制支护作业指导书，作业时必须按照作业指导书要求规范操作。

4. 衬砌施工质量控制

隧道衬砌的质量控制主要注意以下方面：

（1）加强开挖过程的围岩调查，须变更设计时，设计单位及时变更，施工单位必须按变更设计施工。

（2）精心施作光面爆破，减少超挖，超挖部分在一定范围内应采用喷护回填。

（3）复合式衬砌的注浆，应分初期支护压浆和二次衬砌压浆，二次衬砌压浆采用预埋管的方式，以免损坏防水板。

（4）重视施工监控量测，并将变形情况及时通知设计单位。

5. 隧道防排水施工质量控制

（1）防水板的悬架质量控制。对于防水板的铺设，设计一般采用射钉枪打入水泥钉悬架防水板，但在实施过程中要求采用电锤打眼（8～10mm），打入木楔子替代水泥钉悬架防水板的方法，这种方法不仅成本较低，施工安全，且悬架防水板比较可靠，木楔外露长度容易控制，不用担心戳通防水板造成漏水现象，可推广使用。

（2）防水板的焊接质量控制。过去防水板焊接一般采用热风机和电烙铁，焊接质量较难保证，虽然采用了双焊缝，仍然难以保证焊缝不渗漏。现在强制采用爬焊机焊接，自动形成双焊缝，从工艺上保证了焊接质量。根据现场抽样检验的结果看，凡使用爬焊机焊接的焊缝，充气试验一般都能满足检验标准的要求，爬焊机焊接防水板质量比较稳定，效果较好。

（3）止水带安装质量控制。水平施工缝和环向施工缝，均采用止水带（止水条）防水工艺设计，止水条施作比较简单，而止水带的安装相对较难，在埋设水平施工缝处的止水带时，要求间隔 50～100cm 加一个自制的钢筋卡固定止水带，以防浇筑边墙混凝土时垂直下坠的混凝土压倒止水带，使止水带失效，造成水平施工缝渗水。在埋设环向止水带时，同样用 L 形钢筋卡，将止水带和钢筋卡固定在端模板上，拆端模板时将止水带撬出来，确保止水带安装的准确定位和质量。

（4）仰拱施工缝防水质量控制。隧道工程仰拱施工缝在设计时，一般未考虑防水措施，施工时如果处理不慎，将造成施工缝渗水，给运营和维修带来麻烦，特别是高速公路隧道对路面的要求更高，如果路面渗水，很可能造成行车事故。因此，在施工时对施工接缝的特殊要求，除了满足规范规定的施工接缝处理方法中的要求外，还要满足仰拱施工缝（横向、纵向）与铺底施工缝必须错开 50cm 以上。

第五章　公路工程安全管理与技术检查

第一节　公路工程安全管理的范围与原则

一、公路工程安全管理的范围

公路工程安全管理的范围包括各种工程的安全管理。"公路施工安全管理不同于一般企业的生产安全管理，施工安全问题比一般企业生产安全更难于预防和控制，如何建立以预防为主的公路安全施工管理的长效机制，是公路施工安全管理中值得思索的问题。"[①]

（一）陆地工程安全管理

陆地工程安全管理是以保证公路工程项目在施工过程中以安全为目的的标准化、科学化的管理。其基本任务是发现、分析和控制工程施工过程中的危险、危害因素，建立安全管理体系，制定相应的安全管理措施，对各类从业人员进行安全知识的培训和教育，防止发生安全生产事故、职业病和财产损失。

陆地工程的安全管理范围包括：各类人员的安全培训考核、特殊工种持证上岗以及各种安全技术交底等针对人的安全管理；针对运输车辆、吊车、装载机、拌和站、摊铺机、压路机等的机械、机具的安全管理；针对施工现场各种安全防护、标志标语等环境的安全管理。

陆地工程安全管理的一般要求包括：①路基土方工程施工的安全管理；②路基石方工程施工的安全管理；③沥青路面工程施工的安全管理；④水泥混凝土路面施工的安全管理。

（二）路基、路基工程施工的安全管理

1. 路基工程施工的安全管理

路基工程施工安全管理的范围包括：土方施工、石方施工、高边坡施工、爆破作业、

---

① 宋强：《试论公路工程施工安全管理》，载《交通企业管理》，2007 年 12 期，第 56 页。

机械作业、挡护工程等。其中各个管理方面都包含了对在过程中起到能动作用的人的管理和施工中的各种机械、工具等的管理，以及对施工环境的安全管理，即人们常说的"人、机、料、法、环"五方面。

路基工程施工安全管理的一般要求如下：

（1）建立健全路基施工安全保障体系。项目经理部应建立健全路基施工安全保障体系，全面落实安全生产责任制，建立相应的安全生产预防、预警、预控、安全检查、隐患排查、事故报告与处理、应急处置等安全生产保障措施。

（2）施工现场布置应有利于生产，方便职工生活。施工现场的临时驻地与临时设施的设置，必须避开泥沼、悬崖、陡坡、泥石流、雪崩等危险区域，选在水文、地质良好的地段。施工现场内的各种运输道路、生产生活房屋、易燃易爆仓库、材料堆放，以及动力通信线路和其他临时工程，应按照现行规定绘出合理的平面布置图。

（3）施工现场内的坑、沟、水塘等边缘应设安全护栏，场地狭小，行人和运输繁忙的地段应设专人指挥交通。

（4）路基用地范围内若有通信、电力设施、上下水道（管）等，均应协助有关部门事先拆迁或改造，对文物古迹应妥善保护，下挖工程开挖前，应根据设计文件复查地下构造物（电缆、管道等）的埋置位置及走向，并采取相应的安全防护措施。施工中如发现可疑物品时，应停止施工，报请有关部门处理。

（5）路基施工机械设备应有专人负责保养、维修和看管。各种机械操作手、电工必须持证上岗，同时经常加强对驾驶员、电工及路基作业人员的安全教育。

（6）路基施工现场必须做好交通安全管理工作。夜间施工，路口、边坡顶必须设置警示灯或反光标志，专人管理灯光照明。

（7）现场操作人员必须按规定佩戴个人安全防护用品。机械燃料库必须设消防防火设备。

（8）施工现场易燃品必须分开放置，保证一定的安全距离。

2. 路面工程施工的安全管理

路面工程施工的安全管理范围包括：沥青路面工程的安全管理；水泥混凝土路面工程

的安全管理。其中包括对施工作业人员的安全管理、施工中机械的安全管理、施工环境的安全管理。

路面工程施工安全管理的一般要求如下：

（1）确定施工方案，及时准确发布路面施工信息。施工前，施工单位应确定施工区的范围以及安全管理的施工方案，对路面情况进行深入细致的分析，并在开工前及时发布施工信息，警告过往车辆要注意施工路段的交通情况，提醒车辆绕道而行，避免车辆拥堵。

（2）详细划分施工区域，设置好安全标志，严格按警告区、上游过渡区、缓冲区、作业区、下游过渡区、终止区来划分施工区域。

（3）施工现场所有施工人员应统一穿着橘黄色的反光安全服，施工时还应设专职的交通协管员和专职安全员，而且安全员分班实行24小时施工路段安全巡查。

（4）施工车辆必须配置黄色闪光标志灯，停放在施工区内规定的地点。不得乱停乱放，要摆放整齐，特别在进出施工场地时，要绝对服从交通协管员的指挥，不得擅自进出。

（5）施工区域两端应设置彩旗、安全警示灯、闪光方向标，给施工车辆和社会车辆以提示作用。

（三）桥涵工程的安全管理

桥涵工程施工安全要注意高处作业安全、缆索吊装施工安全、门架超重运输安全、混凝土浇筑安全、泵送混凝土安全、模板安装及拆除安全、脚手架安全、支架施工安全、钢筋制作安全、焊接作业安全等。桥涵工程的安全管理范围包括：桩基工程的安全管理；墩台工程的安全管理；墩身、盖梁工程的安全管理；桥面工程的安全管理等。其中各个管理方面都包含了对施工中人的安全管理，机械、工具等的安全管理以及施工环境的安全管理。

1. 桥涵工程施工安全管理的要求

（1）高墩、大跨、深水、结构复杂的大型桥梁施工，应对施工现场进行重大安全风险辨识与评估，并制定相应的安全技术措施。工程开工之前，应根据相关要求制定出相应的安全技术操作规程，并及时向施工人员进行安全技术交底。

（2）施工人员进入施工现场必须正确佩戴个人安全防护用品、用具，严防高处坠落，物体打击，触电或其他各类机械的、人为的伤害事故发生。

（3）施工前应对施工现场安全防护设施、临时用电、临时机电机具、特种设备设施等进行全面的安全检查，确认符合安全要求后方时施工。

2. 桥涵工程施工安全控制的重点

（1）明挖基础施工安全控制重点。

1）基坑开挖的方法、顺序以及支撑结构的安设，均应按照施工组织设计中的规定进行。开挖深度超过一般规定的基坑（槽）的土方开挖、支护、降水工程或地质水文复杂的基坑开挖必须制订详细的施工方案和安全专项方案。

2）基坑开挖时，要指派专人检查邻近建（构）筑物或临时设施的安全，并留有检查记录。

3）基坑开挖时要根据土壤、水文等情况，按规定的边坡坡度分层下挖，严禁局部深挖、掏洞开挖。如施工地区狭小或受其他条件限制，不能按标准进行施工时，应采取固壁支撑措施。遇到有涌水、涌沙及基坑边坡不稳定现象发生时，应立即采取防护加固措施。

4）基坑开挖过程中应随时检查坑壁边坡有无裂缝和坍塌现象，特别是雨后和解冻时期，必须根据具体情况增加坡度或加固支撑。

5）基坑边缘有表面水时，应采取截流措施。在有大量地下水流的情况下进行挖基时，应配足抽水机具。

6）采取挖土机械开挖基坑，坑内不得有人作业。

7）基坑开挖需要爆破时，应按国家现行的爆破安全规程办理。

8）寒冷地区采用冻结法开挖基坑时，应根据地质、水文、气温等情况，分层冻结，逐层开挖。

（2）筑岛、围堰施工安全控制重点。

1）人工筑岛，应搭设双向运输便道或便桥。

2）采用挡土板或板桩围堰，应视土质、涌水、挖深情况，逐段支撑。施工中，遇有流沙、涌沙或支撑变形等异常情况，应立即停止挖掘，并立即撤出作业人员。

3）采用吸泥船吹砂筑岛，要对船体吃水深度、停泊位置、管路射程及连接方法等，进行严格检查和试验。

4）挖基工程所设置的各种围堰和基坑支撑，其结构必须坚固牢靠。

5）基坑抽水过程中，要指派专人经常检查土层变化、支撑结构受力等情况；基坑支撑拆除时，应在现场技术负责人的指导下进行。

（3）钢板桩及钢筋混凝土板桩围堰施工安全控制重点。

1）钢板桩围堰是一种比较传统的深水基础施工方法，使用钢板桩围堰时，要根据施工条件和安全要求及水深、地质等情况适当选择桩长，准确确定围堰尺寸、钢板桩数量、打入位置、入土深度和桩顶标高，使之既不影响水上施工，又不会伤及水下桩基等构造物。

2）插打钢板桩（包括钢筋混凝土板桩）围堰前应对打桩机、卷扬机及其配套机具设备、绳索等，进行全面检查，经试验、鉴定合格后方可施工。

3）钢板桩起吊应听从信号指挥，吊起的钢板桩未就位前，插桩桩位处不得站人。

4）插打钢板桩宜插桩到全部合龙，然后再分段、分次打到标高。插桩顺序：在无潮汐河流一般是从上游中间开始分两侧对称插打至下游合龙，在潮汐河流，有两个流向的关系，为减少水流阻力，可采取从侧面开始，向上、下游插打，在另一侧合龙。插打钢板桩时，如因吊机高度不足，可改变吊点位置，在转换吊点时，必须先挂后换，使新吊点吃力后，并确定牢固，才能拆除原吊点。

5）桩锤一般采用振动桩锤。钢板桩在锤击下沉时，初始阶段应轻打。

6）使用沉拔桩锤沉拔板桩时，桩锤各部机件、连接件要确保完好，电气线路、绝缘部分要良好绝缘。

7）拔桩时，应从下游向上游依次进行。遇有拔不动的钢板桩时，应立即停拔检查，可采取射水、振动等松动措施，严禁硬拔。

8）采用吊机船拔除钢板桩，应指派专人经常检查吊机船的吃水深度、拔桩机或吊机受力情况，拔桩机和吊机应安装"限负荷"装置，以防超负荷作业。

9）钢筋混凝土板桩采用锤击下沉时，桩头和桩尖部位，应采取加固措施。

（4）钻孔灌注桩基础施工安全控制重点。

1）钻机就位后，对钻机及其配套设备，应进行全面检查。

2）各类钻机在作业中，应由本机或机管负责人指定的操作人员操作，其他人不得登机。

3）每次拆换钻杆或钻头时，要迅速快捷，保证连接牢靠。

4）使用正、反循环及潜水钻机钻孔时，对电缆线要严格检查；钻孔过程中，必须设有专人，按规定指标，保持孔内水位的高度及泥浆的稠度，以防塌孔。

5）钻机停钻，必须将钻头提出孔外，置于钻架上，严禁将钻头停留孔内过久。

6）采用冲抓或冲击钻孔，应防止碰撞护筒、孔壁和钩挂护筒底缘。提升时，应缓慢平稳。钻头提升高度应分阶段（按进尺深度）严格控制。

（5）人工挖孔桩安全控制重点。

1）严格施工队伍管理，施工人员必须经过安全培训，严格按施工方案进行。

2）施工现场必须备有氧气瓶、气体检测仪器。

3）施工人员下孔前，先向孔内送风，并检测确认无误，才允许下孔作业。

4）施工所用的电气设备必须加装漏电保护器，孔下施工照明必须使用24V以下安全电压。

5）采用混凝土护壁时，必须挖一节、打一节，不准漏打。

6）孔下人员作业时，孔上必须设专人监护，监护人员不准擅离职守，保持上下通话联系。

7）发现情况异常，如地下水、黑土层和有害气体等，必须立即停止作业，撤离危险区，不准冒险作业。

8）每个桩孔口必须备有孔口盖，完工或下班时必须将孔盖盖好。

9）作业人员不得乘吊桶上下，必须另配钢丝绳及滑轮，并设有断绳保护装置。

10）挖孔作业人员，在施工前必须穿长筒绝缘鞋，头戴安全帽，腰系安全带，井下设置安全绳。

11）作业人员严禁酒后作业，不准在正在施工的场所内吸烟，不准带火源下井。

（6）墩台施工安全控制重点。

1）就地浇筑墩台混凝土，施工前必须搭设好脚手架和作业平台，模板就位后，应立即用撑木等固定其位置，以防倾倒砸人。

2）用吊斗浇筑混凝土，吊斗提降，应设专人指挥。

3）在围堰内浇筑墩台混凝土，应安设梯子或设置跳板，供作业人员上下。

4）凿除混凝土浮浆及桩头，作业人员必须按规定佩带防护用品。严禁风枪对准人。

5）拆除模板，应划定禁行区，严禁行人通过。

（7）滑模施工安全控制重点。

1）高桥墩（台）、塔墩、索塔等高层结构，采用滑模施工时，应按照高处作业的安全规定，加设安全防护设施，穿戴好个人防护用品，并根据工程特点，编制单项施工方案及其安全技术措施，并向参加滑模施工人员进行安全技术交底。

2）采用滑板施工，滑模及提升结构应按设计制作和施工，并严格按照施工设计安装。作业前要对滑升模板进行验算和试验，并应有足够的安全系数。顶杆和提升设备，应符合墩身的形状和要求。

3）当塔墩等高层建筑采用爬模施工方法时，应进行特殊设计，在工厂制作。爬升架体系、操作平台、脚手架等，要保证具有足够的刚度和安全度。

4）操作平台上的施工荷载，应均匀对称，不得超负荷。

5）浇筑混凝土，不得用大罐漏斗直接灌入，防止冲击模板。

6）模板每次提升前应进行检查；排除故障，观察偏斜数值。提升时，千斤顶应同步作业。

7）操作平台的水平度、倾斜度应经常检查，发现问题应及时采取措施。

8）主要机具、电器、运输设备等，应定机定人，严格执行交接班制度。

9）为防止模板发生倾斜、扭转。滑模施工宜采用油压千斤顶，并保持同步提升。

10）支座安装，应按设计施工。采用盆式橡胶支座，可在场地装配后，整体或部分吊装就位。

11）拆除滑模设备时，应做好安全防护措施。拆除时可视吊装设备能力，分组拆除或吊至地面上解体，以减少高处作业量和杆件变形。

（8）预制构件安装作业安全控制重点。

1）装配式构件（梁、板）的安装，应制订安装方案，并建立统一的指挥系统。施工难度、危险性较大的作业项目应组织施工技术、指挥、作业人员进行培训。吊装作业所使用的起重设备都应符合国家关于特种设备的安全规程，并进行严格管理。

2）吊装作业应根据吊装构件的大小、重量，选择适宜的吊装方法和机具，不准超负荷。

3）吊钩的中心线，必须通过吊体的重心，严禁倾斜吊卸构件。

4）起吊大型及有突出边棱的构件时，应在钢丝绳与构件接触的拐角处设垫衬。

5）单导梁、墩顶龙门架安装构件时，各节点应连接牢固，在桥跨中推进时，悬臂部分不得超过已拼好导梁全长的1/3；墩顶或临时墩顶导梁通过的导轮支座必须牢固可靠；导梁上的轨道必须平行等距铺设，墩顶龙门架使用托架托运时，托架两端应保持平衡稳定，行进速度应缓慢。龙门架顶横移轨道的两端应设置制动枕木。

6）预制场采用千斤顶顶升构件装车及双导梁、桁梁安装构件时，千斤顶使用前，要做承载试验。构件进入落梁或其他装载工具横移到位时，应保持构件在落梁时的平衡稳定；双导梁向前推进中，应保持两导梁同速进行。

7）架桥机安装构件时，架桥机组拼、悬臂牵引中的平衡稳定及机具配备等，均应按设计要求进行；架桥机就位后，为保持前、后支点的稳定，应用方木支垫。构件在架桥上纵、横向移动时，应平缓进行。

（9）上部混凝土结构施工安全控制重点。

1）作业前，对机具设备及其拼装状态、防护设施等进行检查，主要机具应经过试运转。

2）施工中，应随时检查支架和模板，发现异常状况应及时采取措施。支架、模板拆除，应按设计和施工有关规定的拆除程序进行。

3）就地浇筑水上的各类上部结构，要按照水上作业的安全规定进行施工、作业。

（10）悬臂浇筑法施工安全控制重点。

1）施工前，应组织有关人员进行安全技术交底，制定安全技术措施。挂篮组拼后，要进行全面检查，并做静载试验。

2）施工操作人员进入现场时，必须戴安全帽。高空作业人员要体检。有不适病症的人员严禁上岗。托架、挂篮上的施工遇6级以上大风应停止作业。

3）施工托架、挂篮安装时必须先安装好走道、栏杆，所有的栏杆使用扣件或绑扎成围，并检查其安全可靠性，托架、挂篮作业平台边缘必须设场脚板，以防止台上杂物坠落伤人。

4）预应力张拉现场内与该工作无关的人员严禁入内，张拉或退楔时，千斤顶后面不得站人，以防预应力筋拉断或锚具弹出。

5）设立桥面临时护栏。为保证施工人员在高空处的作业安全，防止材料、机具等物体从已浇筑好的桥面上坠落伤人，在已浇筑过的梁段上焊制安装 1.2m 高度的桥面临时护栏，作业区范围内使用安全网封闭施工。

6）夜间施工要有良好的照明设备，危险地段设危险标志和缓行标志，配备足够的交通值勤人员，组织好过往行人及车辆，确保人员车辆的安全。

7）一个挂篮主桁的后锚共需 4 根精轧螺纹钢筋，一个挂篮后锚总共需要 8 根精轧螺纹钢筋锚固，挂篮行走到位后要及时锚固好。

8）顶升挂篮的千斤顶、提升挂篮的葫芦要确保完好，严禁超负荷工作。

9）挂篮行走时，要确保吊带、模板等与挂篮分离，并派专人观察行走是否正常，挂篮、模板与箱梁或其他物品是否发生摩擦、牵挂，发现行走异常应立即停止，查明原因处理后再开始行走。

10）挂篮行走要对称进行，行走前要弹出纵向轴线，在轨道上画出行走控制刻度线；行走时两侧行程要保持一致，轴向正确。

11）挂篮行走到一定位置后，要及时对腹板外侧、底板进行修饰、打磨，使混凝土外观一致，对轻微错台，用扁钻子剔平，不得随意涂抹，吊带孔也要及时封堵。

（11）顶推及滑移模架法施工安全控制重点。

1）采用顶推法施工，在墩台上也要有足够的工作面，以便更换滑道及留出安装支座的空间，并应验算在偏压情况下墩台结构的安全度。

2）顶堆施工所用的机具设备、材料在使用前，应全面检查、验收和试验。

3）设计应提供主梁最大悬臂状态下允许挠度值及顶推各阶段的墩顶反力和顶推力，应换算为油压读数和允许的墩顶位移值，以便控制位移量。

4）采用多点顶推或单点顶推，其动力均应有统一的控制手段，使其能达到同步、纠偏、灵活和安全可靠。

5）上下桥墩和梁上作业时，应设置扶梯、围栏、悬挂安全网等安全防护设施。

6）顶推施工中，应有统一的指挥信号。必要时，应备有便利的现场通信设备。

7）用滑移模架法浇筑箱梁混凝土时模架支撑于钢箱梁上，其前后端桁架梁必须用优质高强度螺栓连接好并拧紧。

8）上岗作业必须穿防滑鞋、戴安全帽。拆卸底模人员，必须挂好安全带。

（12）预应力张拉施工安全控制重点。

1）预应力钢束（钢丝束、钢绞线）张拉施工前，应检查张拉设备工具是否符合施工安全的要求。压力表应按规定周期进行检定。油泵开动时，进、回油速度与压力表指针升降保持一致，并平稳、均匀。

2）后张法张拉时，应检查混凝土强度，必须达到设计要求强度后，方可进行张拉。

3）钢束张拉应严格按规定程序进行。张拉作业中，应集中精力，仪表要看准，记录要准确无误，若出现异常现象（如：油表振动剧烈，发生漏油，电机声音异常，发生断丝、滑丝等），应立即停机进行检查。

4）张拉钢束完毕，退销时，应采取安全防护措施，防止销子弹出伤人。张拉时和完毕后，对张拉施锚两侧均应妥善保护，不得压重物。

5）先张法张拉施工，除遵守张拉作业一般安全规定外，先张法张拉台座结构，应满足设计要求。张拉前，对台座、横梁及各种张拉设备、仪器等进行详细检查，合格后方可施工，先张法张拉中和未浇筑混凝土之前，周围不得站人和进行其他作业。浇筑混凝土时，严防振动。

（13）跨线桥及通道桥涵施工安全控制重点。

1）公路桥跨越铁路或其他线路时，施工前，应编制专门的安全施工组织设计或安全专项方案。

2）公路桥跨越铁路或其他线路时，施工期间，特别是梁体吊装阶段，应在施工现场及两端足够远处适宜地点设置人员和通信设备。要避免在列车通过的情况下，进行吊梁安装作业。

3）对结构复杂、施工期较长的大型立交桥施工前，应编制专门的安全施工组织设计，确保不发生影响通车及坠物伤人事故，制订架梁吊装施工方案及安全技术措施，向作业人员进行安全技术交底和培训；配备通信设施，确保在紧急情况下，能够妥善处理发生的事故。

（14）斜拉桥、悬索桥施工安全控制重点。

1）斜拉桥和悬索桥（吊桥）的索塔施工，属于高处或超高处作业，应根据结构、高度及施工工艺的不同情况，制定相应的专门的安全施工组织设计、安全作业指导书（操作细则）。

2）塔底与桥墩为铰接时，施工中必须将塔底临时固定。斜缆索全部安装并张拉完成后，方可撤除风缆并恢复铰接。

3）施工期间，应与当地气象站建立联系，密切注意天气变化，大风、雷雨时，应立即停止作业。

4）随着索塔升高，防雷电设施必须跟上，防雷系统未完善前，不得开工。

5）缆索的制作与安装作业，应该做到：缆索施工时，不得撞伤锚头；缆索的防护层，不得有折损或磨伤；悬索桥的主索及斜拉桥的斜缆索，应进行破断试验，其破断力应满足设计要求；主索及斜缆索顶张拉时，应选择适当场地，埋设足够强度的地锚。对张拉设备，应严格检查，以确保安全。

6）悬索桥施工中，临时架设的工作索、牵引索安装完毕后，应对索具、吊具等进行全面、仔细检查。

7）悬索桥采取重力式锚碇时，对锚碇体的施工，应按照有关安全规定浇筑混凝土或砌体工程。锚碇体必须达到坚实牢固。

（四）隧道工程施工的安全管理

隧道工程施工的安全管理范围包括：隧道施工爆破作业的安全管理；隧道内运输的安全管理；隧道施工支护的安全管理；隧道施工衬砌的安全管理；隧道施工中通风、防尘、照明、排水以及防火、防瓦斯的安全管理等。

隧道工程施工安全管理的要求如下：

（1）隧道工程施工必须根据国家有关安全生产的法律法规、标准规范、施工组织设计等编制分部分项工程安全专项施工方案。

（2）隧道施工作业前，必须进行超前地质预报，全面了解地质状况，根据围岩等级进行钻爆设计，选择合适的施工方法和施工工艺，合理安排施工工序。

（3）洞外施工场地应平整不积水，应对车辆人员通道、出碴、进出材料、结构加工等进行合理布置，通畅有序。弃渣场地应设置在不堵塞河流、不污染环境、不毁坏农田的地段。

（4）隧道钻爆作业前，应对通风、排水、用电、通信进行专项设计，动力电线应与照明线路分开布设，照明器材及用电设备应根据隧道类型选用防爆型或非防爆型。

（5）分部分项工程作业前必须逐级向作业人员进行安全技术交底，交底人和被交底人应在交底书上签字。

（6）隧道施工所有进出洞的人员必须本人签字登记，并应建立完善的交接班制度和进出洞翻牌制度。

（7）隧道爆破工和炸药库保管员必须经过公安机关的专业培训并取得作业资格证方可上岗作业。

（8）进洞作业机动车辆应安装尾气净化装置或采取其他净化措施，防止有害气体洞内积聚，对作业人员造成伤害。

（9）隧道软弱围岩施工应遵循"超前探、管超前、短进尺、弱（不）爆破、强支护、勤量测、紧衬砌"的原则，施工组织围绕这一原则开展施工。

（10）在2m以上的洞口边坡和平台上作业时，应遵守高处作业安全操作规程。

（11）应制订详细的隧道施工安全生产事故应急救援预案，建立完善的应急救援体系，配备应急救援人员和必要的应急救援物质，并定期进行救援演练。

（五）水上工程施工的安全管理

水上工程施工的安全管理范围包括：针对水上施工的安全培训和安全技术交底；针对水上施工气象、水文、海域、航道、海上紧急避险等外界施工环境的安全管理；针对水上交通、浮吊等施工机械的安全管理等。

水上工程施工安全管理的一般要求如下：

（1）水上工程施工应严格按照有关规定，制定相应的施工安全措施。

（2）在船舶通航的大江、大河、大海区域进行水上施工作业前，必须按现行程序，在规定的期限内向施工所在地海事部门提出施工作业通航安全审核申请，批准并取得水上水下施工许可证后，方可施工。

（3）水上作业施工前，应了解江、河、海域铺设的各种电缆、光缆、管道的走向，按规定采取有效措施予以保护，防止电缆、光缆及水下管道遭到损坏。

（4）项目应制订水上作业各分项工程安全实施方案和水上作业安全技术措施，防止施工便桥、平台、护筒口、模板施工低于水位，影响施工和行洪；对参加水上施工作业人员必须进行水上作业的安全知识教育和专项技术培训，并做好安全交底工作。

（5）水上施工必须在作业人员必经的栈桥、浮箱、交通船、水上工作平台、临时码头上配备安全防护装置和救生设施。

（6）施工项目要与地方气象部门、海事部门建立工作联系，及时了解和掌握施工水域的气候、涌潮、浪况、潮汐、台风等气象信息，正确指导安全施工。

（7）作业人员进入水上作业时，必须穿好救生衣，戴好安全帽。乘坐交通船上下班时，必须等船停稳后，方可从指定的通道上下船。严禁从船上往下跳跃，防止拥挤、推拉、碰撞、摔伤或滑落水中。

（8）作业人员乘坐交通船必须有序上下，乘员必须穿救生衣入仓。航行途中乘船人员不得随意走动或倚靠船舷，严禁打闹、嬉戏及随意动用交通船上的救生用具和消防器材。交通船严禁超员超载。

（9）参加水上施工的船舶（打桩船、浮吊、驳船、拖轮、交通船）必须证照齐全，按规定配备足够的船员，船舶机械性能良好，能满足施工要求，并及时到海事监督部门签证。

（10）在浮箱上作业时，要注意来往船只航行时引起的涌浪造成浮箱颠簸，致作业人员摔伤或被移位物体碰撞、打击，造成伤害。

（11）航道水域上下游各布置一警示标牌，警示过往船舶不得随意进入施工航道。临时施工栈桥设置警示防雾灯，通航口位置设置导航灯，防止过往船舶撞击。

（12）遇有六级以上大风、大浪等恶劣天气时，应停止水上作业。

（六）高空工程施工的安全管理

高空工程的安全管理范围包括：高空作业人员管理；从业人员的安全培训、安全技术交底、现场安全监督检查等；高空作业临边防护及高空作业平台、高空防坠落等现场环境安全管理；高空作业机械、工具、各种用电等物的安全管理。

高空工程施工安全管理的一般要求如下：

（1）高空作业施工前，应逐级进行安全技术教育及交底，落实所有安全技术措施和个人防护用品，未经落实时不得进行施工。

（2）高处作业中的安全标志、工具、仪表、电气设施和各种设备，必须在施工前加以检查，确认其完好，方能投入使用。

（3）从事高空作业的人员必须定期进行身体检查，诊断患有心脏病、贫血、高血压、癫痫病、恐高症及其他不适宜高处作业的疾病时，不得从事高处作业。

（4）高空作业人员应头戴安全帽，身穿紧口工作服，脚穿防滑鞋，腰系安全带。在有坠落可能的部位作业时，必须把安全带挂在牢固的结构上，安全带应高挂低用，不可随意缠在腰上，安全带长度不应超过3m。作业时要严格遵守各项劳动纪律和安全操作规程，严禁酒后和过度疲劳的人员进行登高作业。

（5）高空作业场所有坠落可能的物体，应先行撤除或予以固定。所用物件均应堆放平稳，不妨碍通行和装卸。工具应随手放入工具袋，拆卸下的物件及余料和废料均应及时清理运走，清理时应采用传递或系绳提溜方式，禁止抛掷。

（6）遇有六级以上强风、浓雾和大雨等恶劣天气时，不得进行露天悬空与攀登高处作业。台风暴雨后，应对高处作业安全设施逐一检查，发现有松动、变形、损坏或脱落、漏雨、漏电等现象，应立即修理完善或重新设置。

（7）所有安全防护设施和安全标志等，任何人都不得损坏或擅自移动和拆除。因作业必须临时拆除或变动安全防护设施、安全标志时，必须经有关施工负责人同意，并采取相应的可靠措施，作业完毕后立即恢复。

（8）施工中对高空作业的安全技术设施发现有缺陷和隐患时，必须立即报告，及时解决。危及人身安全时，必须立即停止作业。

（9）高处作业上下应设置联系信号或通信装置，并指定专人负责。

（七）爆破工程施工的安全管理

爆破工程的安全管理范围包括：对操作人员进行的培训考核、技术交底、考试取证、安全教育等安全管理；对炸药、雷管、导火索以及其他爆破器材等物的安全管理；对爆破现场的安全距离、安全防护、安全警示等环境的安全管理。

在基础工程施工中，常会遇到顽石或岩石等需要爆破作业来解决。爆破施工危险大，施工中导致爆破工程事故的原因主要有两种：①对爆破材料的品种和特性以及运输与贮存情况不了解，导致装卸、搬运不当引起爆炸造成伤害；②对引爆材料的选择及其引爆方法等不了解或使用不当造成爆炸。因此，爆破工程施工必须制定相应的安全控制措施。

爆破工程施工安全管理的一般要求如下：

（1）从事爆破工程的施工单位必须取得相应的爆破资质，方能从事爆破工程施工作业。

（2）爆破工程施工前，施工方案必须报有关部门审批后才能实施。

（3）按照现行规定，爆破作业人员应参加培训经考核取得有关部门颁发的相应类别和作业范围、级别的安全作业证，持证上岗。因此，爆破工程施工的作业人员必须按照国家有关规定经过专门的安全作业培训，并取得特种作业操作资格证书后，方可上岗作业。

（4）爆破作业和爆破作业单位爆炸物品的购买、运输、储存、使用、加工、检验与销毁的安全技术要求及管理工作要求，应严格按照相关规定实施。

（八）电气作业的安全管理

电气作业的安全管理范围包括：配电室的安全管理；配电线路的安全管理；施工现场配电箱与开关箱设置的安全管理；配电箱、开关箱内的电器装置的安全管理；发电机组的安全管理；电动机械设备的安全管理；施工现场照明电器的安全管理；安全电压的具体要求等。

电气作业安全管理的一般要求如下：

（1）施工现场临时用电必须按"三级配电二级保护"设置。

（2）施工现场的用电设备必须实行"一机、一闸、一漏、一箱"制，即每台用电设备必须有自己专用的开关箱，专用开关箱内必须设置独立的隔离开关和漏电保护器。

（3）施工现场架空线采用绝缘铜线，架空线应设在专用电杆上，并与地面保持足够的安全距离。

（4）在变压器、电闸箱等用电危险地方，应挂设安全警示牌。如"有电危险""禁止合闸，有人工作"等安全标志。

（5）特殊场所必须采用安全电压照明供电。

（6）施工现场的电工、电气焊工属于特种作业工种，必须按国家有关规定经专门安全作业培训，取得特种作业操作资格证书，方可上岗作业。

（九）特种设备的安全管理

特种设备的安全管理范围包括：特种设备的购买、租赁与安装；特种设备持证情况，包括：设备的出厂合格证、检验合格证、使用地报检合格证、操作人员特殊工种证等；特种设备的保养、维修、使用、检验检查记录；操作人员安全教育、技术交底等。

特种设备安全管理的一般要求如下：

（1）特种设备安全管理必须按照有关要求制定相应的安全管理措施。

（2）塔式（门式）起重机、施工电梯、物料提升机等施工起重机械的操作（也称司驾人员）、指挥、司索人员等作业人员属特种作业，必须按国家有关规定经专门安全作业培训，取得特种作业操作资格证书，方可上岗作业。

（3）起重机械在安装、拆卸、加高作业前，应根据作业特点编制专项施工方案，并进行方案及安全技术交底。

（4）起重吊装作业时周边应置警戒区域，设置醒目的警示标志，防止无关人员进入。

（5）起重吊装作业过程必须遵守起重机"十不吊"原则。

二、公路工程安全管理的原则

1."安全第一"的强制性原则。安全第一就是要求在进行生产和其他活动时把安全工作放在一切工作的首要位置。当生产和其他工作与安全发生矛盾时，要以安全为主，生产和其他工作要服从安全，这就是"安全第一"原则。

2."以人为本、关爱生命、安全发展"的原则。即在公路工程施工安全管理中，要处处做到把人的安全放到首位，以人为本，必须以人的生命为本，关爱生命、关注安全，从而做到安全发展。

3."管生产必须管安全"的原则。"管生产必须管安全"的原则是公路施工企业必须坚持的基本原则，是指企业主管生产的各级管理人员在生产过程中必须坚持在抓生产的同时要安全。

"管生产必须管安全"的原则体现了"安全为了生产、生产必须安全"；体现了在计划、布置、检查、总结、评比生产工作的同时，计划、布置、检查、总结、评比安全生产工作。即实现生产与安全的"五同时"。

4."谁主管谁负责、一把手负总责"的原则。"谁主管谁负责、一把手负总责"作为企业安全生产的原则，首先明确了企业法定代表人是安全生产第一责任人，对本企业安全生产应负全面责任；分管安全生产工作的副职，在其分管工作中涉及安全生产内容的，也应承担相应的领导责任。

企业在制定安全生产领导责任制的同时还应当制定全员安全生产责任制。这样才能保证企业的安全生产管理做到全面覆盖，使安全责任落实到位。真正形成主要领导负总责、分管领导具体抓、其他领导协助办、各部门各司其职、各尽其责、分工负责、齐抓共管的安全生产工作新局面。

5."计划性、系统性"原则。安全管理的两个显著特点即计划性和系统性，安全管理和其他管理大同小异，都要将其列入年度或月度计划中去。企业的安全管理要依据企业安全生产实际和上级主管部门的要求，合理确定企业某时期的安全生产方向、目标值以及实现安全目标的主要措施。所以，安全管理要坚持计划性的原则。另外，安全管理作为一种企业管理模式也具有一定的系统性，它包括在企业管理的大系统当中，同时安全管理自身也是一个系统，本身具有一定的整体性、相关性、目的性等。

6."预防为主"的原则。"预防为主"的原则，就是把安全生产工作的关口前移，超前防范，建立预教、预测、预想、预报、预警、预防的递进式、立体化事故隐患预防体系，改善安全状况，预防安全事故。

在新时期，"预防为主"就是通过建设安全文化、健全安全法制、提高安全科技水平、落实安全责任、加大安全投入、强化有效的安全管理和技术手段，构筑坚固的安全防线。安全生产管理工作应该做到预防为主，减少和防止人的不安全行为和物的不安全状态，这就是对预防为主的原则要求。

7."动态管理"的原则。即安全管理过程是一个动态的管理过程。随着施工项目进展，安全管理的内容和重点也在发生着变化。所以，在公路工程施工安全管理方面要坚持"动态管理"的原则。

8."奖优和罚劣相结合"的原则。在公路工程施工安全管理当中既要采用奖励的管理手段，同时也要采用惩罚的管理手段。奖优要本着精神鼓励与物质鼓励相结合的原则，充分体现奖优罚劣。表扬先进，促进后进，形成有效的激励机制，做到奖励和惩罚相结合。

9."四不放过"的原则。"四不放过"的原则是指在发生安全生产事故时必须坚持的处理原则，即事故原因不查清不放过，事故责任人没处理不放过，事故相关者没得到应有的教育不放过，事故的防范措施不落实不放过。

10."一岗双责"制的原则。实现安全生产"一岗双责"制就是在落实安全生产责任制的基础上，强调每个具体岗位兼有双重责任，即该岗位的本职工作责任和相应的安全生产责任。具体来说就是企业在安全生产工作中主要负责人负总责，其他副职既要履行分管业务工作职责，又要履行安全生产工作职责；在项目施工中要求各级管理人员在完成施工管理工作的基础上，同时承担着施工中的安全管理工作。

11."一票否决"的原则。对发生重特大事故的项目、部门和单位，将实行安全生产"一票否决"，即取消其参与各类综合性先进单位或先进个人或者干部晋职晋级的资格。"一票否决"也进一步坚持了"实事求是、公平公正、全面考核、公开透明"的安全生产事故处理原则，有助于突出落实安全生产领导责任。

第二节　公路工程安全管理的方法与内容

一、公路工程施工安全管理方法

公路工程安全生产管理是一种系统性、综合性的管理。主要的管理方法包括五个要素的控制并建立健全和执行安全管理制度。

（一）公路工程施工安全管理的要素

1. 政策

施工单位的"安全政策"必须有效并有明确的目标。政策的目标应保证现有的人力、物力资源的有效利用，并且减少发生经济损失和承担责任的风险。任何一个施工单位要想成功地进行安全管理，都必须有明确的"安全政策"。这种"政策"不仅要满足法律的规定和道义的责任，而且要最大限度地满足业主、雇员和全社会的要求。安全政策能够影响施工单位很多决定和行为，包括资源和信息的选择、产品的设计和施工以及现场废弃物的处理等。

2. 组织

施工单位的安全管理应包括一定的组织结构和系统，以确保安全目标的顺利实现。建立积极的安全文化，将施工单位中各个阶层的人员都融入安全管理中，有助于施工单位组织系统的运转。

施工单位的最高管理者应用实际行动营造一个安全管理的文化氛围，目标不应该仅仅是避免事故，而应该是激励和授权员工安全的工作。领导的意识、价值观和信念将影响施工单位的所有员工。施工单位应注意有效的沟通交流和员工能力的培养，使全体员工为施工单位安全生产管理做出贡献。

3. 计划与实施

成功的施工单位能够有计划地、系统地落实所制定的安全政策。计划和实施的目标是最大限度地减少施工过程中的事故损失。计划和实施的重点是使用风险管理的方法确定消除危险和规避风险的目标以及应该采取的步骤和先后顺序，建立有关标准以规范各种操作。

对于必须采取的预防事故和规避风险的措施应该预先加以计划。要尽可能通过对设备的精心选择和设计，消除或通过使用物理控制措施来减少风险。如果上述措施仍不能满足要求，就必须使用相应的工作设备和个人保护装备来控制风险。

4. 业绩

（1）业绩测量。施工单位的安全业绩，即施工单位对安全生产管理的成果，应该由事先订立的评价标准进行测量，以发现何时何地需要改进哪些方面的工作。施工单位应采用涉及一系列方法的自我监控技术，用于控制风险的措施成功与否，包括对硬件（设备、材料）和软件（人员、程序和系统），也包括对个人行为的检查进行评价，也可通过对事故及可能造成损失的事件的调查和分析，识别安全控制失败的原因。

（2）业绩总结。施工单位应总结经验和教训，要对过去的资料和数据进行系统的分析总结，并用于今后工作的参考，这是安全生产管理的重要工作环节。安全业绩良好的施工单位能通过企业内部的自我规范和约束以及与竞争对手的比较，不断持续进步。

（二）公路工程施工安全制度的管理

1. 安全组织管理制度

安全组织管理制度是生产经营单位为了有效实施安全管理所建立的用以规范、指导、协调各部门和各岗位人员管理和工作行为的规章体系，是保证安全管理工作正常、有效实行和运转的依据和方法。它是生产经营单位管理制度的重要组成部分，必须符合国家安全法律、法规的有关规定。因此，生产经营单位从主要负责人到所有从业人员都必须按照安全组织管理制度的规定，进行自己的生产、工作。

（1）建立安全组织管理制度体系。建立安全生产规章制度，符合国家法律、法规和政府规定的要求；保证能够贯彻执行；切实符合企业实际；有利于生产经营单位生产经营的发展。

1）制定生产经营单位安全生产制度时应注意以下内容：

第一，深入实际，调查研究。制定某一对象的安全生产规章制度，就要掌握该对象的各种情况，包括设备、工艺、操作、运行、环境条件等具体情况，还要掌握以往该行业或工作发生事故和职业危害的教训。只有掌握实际情况，才能制定出切实可行的规定。

第二，收集和研究安全法律、法规标准。要制定企业安全生产规章制度，全面收集现行的国家、地方、行业有关法律、法规、规范、标准，并进行深入研究，吃透精神，并考虑如何结合实际落实这些精神。

第三，结合经验制定条款。制定规章制度，除应按国家法律、法规等编制外，还应考虑多年来行之有效的工作经验、工作方法等，在总结提高的基础上，纳入安全生产规章制度。

第四，关键条文，要经过技术试验和技术鉴定。每一条款都不能含糊，是非界限要分明。

第五，坚持先进，摒弃落后。在规章制度中不能保留和迁就落后的、不符合安全要求的内容。因此，要密切注意国家法规和技术标准的进展情况，施工生产实际的进步情况。

第六，不断更新和补充完善。安全生产的管理和技术是不断发展的，因此，必须善于学习先进的管理手段和方法，吸取一切有益于安全生产工作的先进经验和教训。同时不断更新、修补和完善规章制度。这就要求不断地收集丰富的制度、标准、资料和事故情报，以此为制定、修订、补充安全生产规章制度服务。

2）建立安全组织管理制度体系时，需要注意的内容如下：

第一，建立横向到边，纵向到底的安全生产决策机构（安委会或安全领导小组）和安全监督管理机构或人员的组织保障体系，并以框图形式公示。

第二，全面掌握各级各部门的组织行政关系和相应的职能权限划分情况。据此来制定各级各部门的安全生产责任制，并经本单位安委会或安全领导小组审核通过后予以发布。

第三，按照国家有关安全生产方针、政策、法律、法规等规定，对照生产经营单位的实际情况，由安委会或安全领导小组召开会议研究确定本单位的安全管理总体原则和方针目标。

第四，由安全管理机构人员组织起草本单位的安全生产措施经费计划、使用及管理制度、安全生产教育培训制度、安全生产检查制度、安全生产会议制度、安全生产法律、法规、规程、标准类信息管理制度、职工因工伤亡事故报告、调查和处理制度、安全生产行政责任追究制度、安全生产奖惩制度、安全生产值班制度、施工现场安全纪律、关于使用劳务单位或劳务工的安全生产管理规定以及关于租赁承包中的安全生产规定等。然后，单位安委会或安全领导小组讨论通过，由生产经营单位主要负责人或项目经理部一把手签批下发执行。

（2）收集和贯彻有关安全法律、法规、规范、标准。在实际搜集工作中，可采用的方法如直接向国家或地方政府有关部门进行咨询、网上查询、走访周边同类企业取长补短、聘请安全管理咨询公司代为搜集等都是目前较为有效的方法。

由于公路施工企业的施工生产地域分散，因此，项目经理部也必须参与到这项工作中来。所有这些都是为了保证整个企业能够建立起系统、全面的安全生产的法律、法规、规范、标准体系。

在贯彻执行的问题上，生产经营单位必须首先对搜集到的各项有关安全生产的法律、法规、规范、标准进行整理分类，认真研读，把与本单位生产经营有关的内容提炼、归纳，并根据本单位的实际情况，制定出贯彻执行安全生产的法律、法规、规范、标准的具体要求和执行程序，这样有助于各相关部门或单位在办理自身业务的时候遵照执行。

生产经营单位搞好安全生产的首要任务就是严格贯彻执行国家、地方政府以及行业的各项安全生产的法律、法规、规范、标准。在贯彻执行中我们必须坚持全面、系统地贯彻，逐项对照执行，力求养成习惯。同时，还必须坚持领导检查，对各级各部门的贯彻执行情况加以严格约束和考核。各级领导一定不能轻视办理企业安全生产资格认可证、项目施工安全许可证、爆破作业许可证、水上施工作业许可证以及劳务用工等各项必要的安全手续。这样不仅能保证企业以及所属施工项目生产经营的顺利进行，同时在发生事故时，也能很大程度地减轻生产经营单位各级主要负责人的责任。

（3）实行安全目标管理。安全目标管理就是企业为了实现安全生产目标，按照规定的目标体系，发挥所属单位、领导以及全体从业人员的主观能动性和创造精神，并对实施过程实行以自我控制为主的一种管理制度。安全目标管理具有先进性、科学性、实用性和有效性，是管理中的管理。

安全目标管理，强调安全管理的结果，要求按既定的目标开展安全管理活动，一切决策（包括经营决策、管理决策、技术决策）都必须以实现目标为准绳。

安全目标管理需要在实施过程中形成一个纵横方向都相互衔接、相互制约的安全目标管理体系，使生产经营单位的层层、人人在计划期间都有自己的奋斗目标和为实现目标而实行的以自我控制为主的安全管理活动以及为实现目标所须承担的安全责任、义务和工作任务。

安全目标管理随生产经营单位的生产经营活动持久地进行，并按照PDCA往复循环，每一次新的循环都是在上次循环的基础上进行，使安全管理水平按螺旋式上升的规律不断有所提高。

安全目标管理是通过目标管理体系的建立和实施，把"以作业技术为中心"和"以人的因素为中心"两种管理方式有机结合起来。在目标管理中，目标的设定是目标责任者本人，由于人的固有的自尊心和进取精神，促使目标责任者自我感觉到有更大的责任感。为了有效实行安全目标管理，我们要落实安全目标管理体系的设定、目标的实施、目标成果的检查与评价三部分工作。

1）安全目标设定的内容。安全目标设定的内容包括目标和保证措施两部分。安全目标是指在计划期内完成的职业安全健康工作的成果（包括定性和定量的）。如工伤事故率、降低事故严重度、职业病发病率、危险部位安全防护达标率、隐患整改率、全员安全教育率，生产经营单位主要负责人、施工项目经理、安全管理人员、特种作业人员的安全教育率等都可以作为阶段目标项目。所谓保证措施，是指保证目标实现的具体措施计划和工作任务。

为了工作方便，许多生产经营单位在实践中创造了各种形式的安全目标管理表格、卡片，把理论化的安全目标管理体系转化成为了简明扼要、便于执行和检查的安全目标管理的表格。归纳起来，其内容主要包括项目：①目标要求和实现目标的问题和现状；②主要措施（包括技术措施和组织措施、措施进度、责任者）；③检查时间、检查者；④总结和处理（评价）。

安全生产目标任务及其实施过程，一般是以安全方针目标展开表的形式进行管理。展开表要求内容具体、工作进度和职责明确；定期填报和对照考核，以便及时发现问题、解决问题、改进工作。展开表的主要作用是明确职责、明确配合关系，明确检查制度。它既是安全目标管理工作的体现形式，又是安全目标管理的具体内容。

2）安全目标管理的实施。安全目标实施管理是指在落实保证措施计划，促使目标实现的过程中所进行的管理活动，这是目标管理取得成效的决定性环节。目标实施的管理，主要实行以各级目标责任者的自主管理或自主控制为主，同时辅之以上级的组织、指挥、控制与协调。

第一，目标责任者的自主管理（自我控制）。生产经营单位的安全目标体系建立以后，各级目标的实现，主要依靠各级目标责任者根据设定的目标，在实施相应的保证措施计划过程中，围绕有关薄弱环节主动进行各种自我控制活动来完成。自主管理、自我控制水平的高低，对实现目标起着重要作用。

第二，上级的组织、指挥、控制与协调。目标责任者的上级领导在下级落实措施计划过程中，也要进行适当的管理，这种管理主要是组织、指挥、控制与协调。

3）安全目标成果的检查与评价。安全目标在实施过程中和完成后，都要进行检查。检查是考核与评价的前提，是实现目标的重要手段。考评的目的是为了总结经验，找出差距，推进下一步计划期的安全目标管理活动。

检查方式有自我检查和上级检查两种。自我检查可以随时进行，上级检查一般在目标完成后或者在月、季、年终，结合工作总结进行检查。检查要实事求是地坚持既定目标的标准，以便为后来的目标评价打下良好基础。

一般在一个循环周期结束后，必须对目标执行结果进行评价，使达标者更加增强信心，没有达标者明确今后努力方向，推进安全目标管理不断向前滚动。

对于目标评定工作，一般包括各执行层次对目标完成情况的汇总，存在各类问题汇总，目标管理的思路和办法的优劣等内容。在进行评定的时候，一般的步骤是：①由目标执行者对目标完成情况按照评价方法中规定的标准进行自我评定，要对完成目标所实施的方案、进度、手段、条件等情况进行综合评定，总结成功经验和失败教训；②上级以检查结果和安全目标展开表为依据，在协商、讨论的基础上，对目标执行者进行指导。正确评价其成果，找出成功经验，指出挫折原因。安全目标管理方法在公路施工单位是一种以人为本的科学管理方法，是非常值得借鉴的。

（4）召开各类安全会议。安全会议是安全管理中的一项重要措施。它的功能包括：通过安全会议，研究、决策、处理安全工作中的问题，计划、布置、检查、总结、评比安全工作。我们有必要就如何开好安全会议的问题，进行认真分析和研究，真正做到必要的形式不减少，解决难题务实效，从而更有效地发挥安全会议的作用。

一般安全会议分为以下类型：

1）决策重大安全问题的会议，以定期不定期的安委会、安全领导小组会的形式召开。其主要内容包括：传达国家、行业、地方政府的重要文件和重要指示精神；总结一个阶段以来的安全生产工作经验，取得的效果，安全生产现状、管理上存在的问题，确定切实可行的对策；根据存在问题和下一阶段生产经营的实际，确定安全管理的具体工作任务和安全监控的重点；研究确定对为安全工作做出突出贡献的单位、部门、人员的表彰决定，通过对违反安全生产法律、法规、规范、标准，发生因工伤亡事故，给单位造成经济损失和社会不良影响的单位和个人的处罚决定。在发生重大因工伤亡事故或发现重大因工伤亡事故苗头时，也应召开安委会或者安全领导小组会议，及时查找事故原因，教育从业人员从中吸取教训，制订防止类似事故再次发生的整改措施方案，追究事故责任人员的行政责任。

一般情况下，从事公路施工的生产经营单位宜每季度或者每半年召开一次由主要负责人主持，主要领导和安全管理等相关部门以及所属各施工项目经理部经理或队长等参加的安委会会议；施工项目经理部宜每月召开一次由项目经理主持，主要分管经理、安全等部门负责人、各作业层队伍、各工班负责人参加的安全生产领导小组会议。安全生产领导小组会议宜在安全领导小组所有成员对项目安全基础管理、施工生产现场安全检查之后，立即召开。

2）安全业务工作会议，一般以例会形式召开。主要内容包括：学习、传达、贯彻上级主管部门有关安全管理规定、措施、办法、组织开展的各项安全活动；汇报、交流自前一阶段以来的安全业务工作成果、心得和存在问题以及各地方政府或主管部门关于安全监督管理的新举措、新动态，以使从事公路施工的生产经营单位的安全管理工作得以及时完善和补充，及时适应社会和市场需求；检查、总结各所属施工项目，特别是新开工项目一个阶段以来安全基础工作和办理各项安全生产手续的情况。

安全业务工作会议的重点内容包括：结合施工实际，检查、总结一周来各作业层、各工班开展安全活动、落实安全教育、出工前、收工后安全检查和安全点名、喊话等规定的情况及其记录；分析各作业面施工组织设计中的安全管理和安全技术措施方案、安全技术交底书或者安全作业指导书、安全事故应急预案及其在落实这些工作过程中存在的各种问题。能够共同研究解决的，立即解决，不能解决的，也要研究出反映或者协调解决的方案；共同学习有关安全政策、法律、法规、规范、标准，相互解答学习过程中的疑难问题。如项目专职安全管理人员一般掌握的安全生产政策、法律、法规较为全面、深入，具有优势；对专业性强的施工方法、工艺等的安全技术规程、标准以及安全技术操作规程的理解就很可能比没有专门从事那种作业的人员理解得深。因此，通过共同学习、相互交流、讲解，一方面可以取长补短；另一方面也可以进一步加深自身对安全生产政策、法律、法规、规范、标准的认识，并更好地落实到实际工作中去。

3）安全专题会议。安全专题会议一般因事而开，所以不定期进行。同时，这些工作、问题或者事件情况各异，一般召集会议的层次、参加人员也会因事及其程度而定。对于公路施工单位，这类会议一般包括：贯彻国家、地方政府、建设单位或者上级主管部门开展的诸如某一安全专项普查、整治等工作的会议；执行某安全规范、标准的经验交流、现场推广会议；某一安全设施、设备、装置等使用前的验收、审批会议；研讨解决季节性、地域性、突发性问题的会议，诸如研究解决台风、洪水、潮汛等自然灾害期间安全生产问题的会议；研究解决潮湿、雷暴地区的安全用电问题的会议；研究解决城市施工扰民问题的会议；研究事故处理方案、落实"四不放过"工作的会议，等等。

4）安全施工措施方案审批会。这类会议对于从事公路施工的生产经营单位来说，是最具体、最实用的会议，一般依托于施工方案、施工技术准备会，并成为一项不可缺少的重要内容。坚持组织好安全施工措施方案准备会，对合理筹划、精细布置、有的放矢地开展安全生产工作，保证安全目标的实现起到了至关重要的作用。

总之，这样的会议必须给专职安全管理人员和作业人员代表充分发言，表述自己的观点和要求的机会。对于新、难、险、大工程，项目经理部最好将自己制订的整体施工方案和安全措施方案等资料呈报上级单位，求得指导和帮助。在上级单位有关部门对方案进行审核后，认为有必要对施工方案和安全措施方案进行进一步推敲和完善时，可以由单位主管生产的副经理或者总工程师主持，召开专业的施工方案和安全措施方案评审会议。

（5）建立安全生产激励约束机制和责任追究制度。安全生产激励约束机制和责任追究制度，是对生产经营单位的主要负责人和所有从业人员的安全生产行为进行褒奖或者约束直至惩处的规则。生产经营单位建立专门的安全生产激励约束机制和责任追究制度不仅能够体现主要负责人对本单位安全工作的重视，更是保证各项安全管理活动有效实施的重要手段。

生产经营单位要把有关安全生产激励和约束的规定及其执行的程序纳入安全管理规

章制度之中去。并以此为规则，在生产经营活动中，予以实施。在制定和执行安全生产激励和约束规定及其执行程序时，必须遵循下列原则。

1）激励方面。激励方面包含以下要点：

第一，应从经济和精神两方面规定奖励或荣誉。

第二，获得奖励或荣誉的条件必须规定得具体明确，充分展现榜样的作用，体现宁缺毋滥的原则，并具有可操作性，避免随意性。安全生产的先进单位或者个人，首先必须能够严格执行安全生产法律、法规、规章，全面完成上级下达的各项安全生产指标和任务。在此基础上，还应具有值得推广的安全管理或者安全技术方面的成果，或者是能和不安全的行为做斗争，为避免重大因工伤亡事故有明显贡献的人员。

第三，必须规定推选、审批、评定先进的程序，一般需要从班组开始自下而上地进行。

2）约束方面。约束方面包含以下要点：

第一，规定要以安全生产责任制为基础，内容、条款应尽可能具体、明确。同时，应建立把主要负责人纳入其中的相互制约体系。也就是说，生产经营单位的每一个人的每一个不安全行为都能及时受到来自制度的制约并被终止。

第二，有关制约的规定应当和安全生产责任追究相结合。对于生产经营单位内部不仅要从发生的因工伤亡事故中倒推出责任者，追究其责任。而且，还要从管理缺陷、一般隐患、违章指挥、违章作业中倒推出相应的责任者，并追究其责任。

总之，生产经营单位在建立安全生产激励和约束机制中，规定要严谨、可行；实施中要严格，要一视同仁，每做一项奖励或处罚决定，必须做到以理服人，让本人和其他从业人员都能心服口服，按照这样运行的安全生产激励和约束机制才能真正发挥其应有的作用。

2. 安全技术管理制度

安全技术，是为发现并掌握因工伤亡事故发生的规律，控制或消除生产过程中的危险因素，防止人身事故的发生而采取的专门的技术措施。安全技术最突出的是以防止因工伤亡事故的发生为主攻目标。

公路施工安全技术，主要就是为了控制或消除施工生产现场，包括施工生产区、办公区和生活区内的可能对从业人虽构成危害的各种危险因素，进而，有效地防止事故发生，保证各项施工生产任务安全顺利地完成。公路施工行业在发展安全技术方面，任务是十分繁重的，前景是广阔的，大有潜力可挖。对于从事公路施工的生产经营单位来说，当务之急就是加强安全技术管理工作，把现有的安全技术手段有效地落实到施工现场。

（1）公路施工安全技术管理的主要对象及其管理要素。公路施工安全技术管理要贯穿公路施工的全过程。即：在投标工作中要考虑施工方案的安全可行性和用于安全技术管理与实施的预算；在施工过程中要对影响安全生产的各种因素加以控制；在施工结束时，对有关安全生产的技术文件、资料加以收集、整理和归档，以备查证有关问题。

在实际工作中，为了使安全技术管理工作有的放矢，首先就要对安全技术管理的对象有所了解和掌握。为了使安全技术管理思路清晰，更便于安全技术管理工作的开展，可以把安全技术管理的对象分为施工人员及其防护用品、机电设备、工程和施工材料、施工对象以及安全防护设施、作业环境五方面。然后，再在此基础上对安全技术管理的对象做进一步分类。

1）施工人员及其防护用品方面。

在此基础上，我们要明确并按照下列要素对各类人员实施安全技术管理：①人员的从业资格和上岗资格及其考核标准；②人员的岗位技能和安全知识及事故预防能力；③人员履行岗位安全职责的情况；④人员执行安全技术管理制度的情况；⑤各类人员防护用品发放的标准、安全技术性能和采购、发放、使用、管理情况及其安全技术资料（包括合格证、说明书等）。

2）机电设备方面。机电设备作为安全技术管理的对象还可细分为：①塔吊、汽车吊、龙门吊、架桥机等起重吊装设备；②运输车辆和场内驾驶的运输设备；③打桩机、挖掘机、推土机、压路机、平地机、拌和机等公路桥梁施工专用机械设备；④测量、检测、试验等用的各种仪器、设备；⑤小型机加工和手持电动工具以及焊接设备（包括气瓶、气罐等）；⑥施工现场临时用电工程中各种电气和用电设备；⑦锅炉和压力容器；⑧爆破装置和设备；⑨后勤生活保障用的各类设施、设备；⑩其他机械设备。

在此基础上，还要明确并按照下列要素对各类机电设备实施安全技术管理：①合格机电设备的安全技术性能标准以及产品的各种原始安全技术资料（包括产品的合格证、说明书等）；②机电设备采购、安装、使用、保养、维修、改造、检查、验收工作及其相应的安全技术资料和档案；③机电设备安装安全防护装置的要求和技术标准及其原始的安全技术资料（包括安全防护装置的合格证书、说明书等）；④机电设备的安全技术管理制度。

3）工程和施工材料方面。工程和施工材料作为安全技术管理的对象还可细分为：①施工所需要使用的炸药、雷管等爆破器材以及危险化学品等；②影响工程质量和安全施工的各种工程材料。

在此基础上，我们还要明确并按照下列要素对各类工程和施工材料实施安全技术管理：①各类工程和施工材料的技术性能标准以及产品的各种原始安全技术资料（包括产品的合格证、说明书等）；②国家及其主管部门有关炸药等爆破器材以及危险化学品管理的法律、法规、规范、技术标准以及本单位专门的炸药等爆破器材以及危险化学品安全组织管理制度和安全技术管理制度；③有关炸药等爆破器材以及危险化学品采购、运输、保管、使用等的各种批文和合法手续；④有关炸药等爆破器材以及危险化学品采购、运输、保管、使用等的各种原始记录、技术资料；⑤各类工程和施工材料运输、堆放、搬运。

4）施工对象和安全防护设施方面。施工对象和安全防护设施作为安全技术管理的对象还可细分为：①施工测量工作；②路基工程；③路面工程；④桥涵工程；⑤隧道工程；⑥其他施工生产；⑦高处作业安全防护设施；⑧夜间施工安全防护设施；⑨边通车边施工工程安全防护设施；⑩张拉作业安全防护设施。

在此基础上，还要明确并按照下列要素对施工对象和安全防护设施实施安全技术管理：①施工对象和安全防护设施本身的安全技术状况或性能及其相关技术资料；②施工对象和安全防护设施的施工、安装组织设计或施工、安装方案的安全性及其相关的安全技术管理的原始资料；③施工对象和安全防护设施变更或者变更施工方案时的安全技术管理的原始资料；④安全防护设施的落实情况等。

（2）公路施工安全技术管理的主要依据和措施。公路施工安全技术管理可以分为安全技术规程、标准和落实安全技术规程、标准的手段、办法和有关工作流程的规定两大部分。安全技术规程、标准是实施公路施工安全技术管理的主要依据；落实安全技术规程、标准的手段、办法和有关工作流程的规定就是公路施工安全技术管理的主要措施。

公路施工安全技术管理的主要措施如下：

1）各级要认真制定本单位的安全技术措施费用计划和使用管理的制度。对于从事公路工程施工的生产经营单位，安全技术措施费用计划应根据中标工程的实际情况制订。目前，我国已有大型公路工程施工单位正在就如何科学、准确、有效地制定安全技术措施费用计划及其使用管理制度展开研究。

2）采用安全系统工程学等科学手段进行安全技术管理工作。

3）做好安全技术措施的检查、验收工作。

4）做好安全技术措施方案和安全技术交底工作。

5）加强重点部位和机电设备的安全技术管理工作。

6）加强安全技术培训、教育、考核工作。

7）加强对事故及其形成机理的技术分析和研究工作。

二、公路工程施工安全管理内容

（一）安全技术措施计划

安全技术措施计划系指公路工程施工企业从全局出发编制的年度或数年间在安全技术工作上的规划。安全管理的内容之一就是编制并督促执行公路工程施工安全技术措施计划。

1. 安全技术措施计划的编制依据

（1）党和国家及产业部门、地方政府公布的劳动保护、安全生产法令、法规和各项标准、规章等。

（2）在安全生产、劳动卫生检查中所发现而尚未解决的问题。

（3）针对造成伤亡事故和职业病的主要原因应采取的措施。

（4）经济发展、施工（生产）设备及操作方法的改变所采取的防护措施。

（5）对革新项目和职工提出的合理化建议，所应采取的措施。

2. 安全技术措施计划的编制原则

（1）企业的安全技术措施计划，应当在编制企业的生产财务计划的同时编制。生产财务计划是企业综合性生产活动的整体计划，安全技术措施应该和必须纳入这个整体计划中，这也是安全与生产是统一整体的具体表现。

（2）安全技术措施计划的编制与执行，应当纳入企业的议事日程，由各级负责生产、技术的领导，具体负责这项工作。企业的安全技术部门（或专职人员）应成为辅导的参谋和助手，与有关部门密切配合共同做好这一工作。

（3）应考虑必要与可能，掌握花钱少、效果大的原则。要从本企业的实际出发，不要制订那些现阶段根本办不到的、花钱多的、不切合实际的计划。应充分利用本单位的有利条件，制订出科学、先进、可靠、实用的安全技术措施计划。

3. 安全技术措施计划的作用

编制和实施安全技术措施计划，对保证安全生产，保护生产力，提高劳动生产率，促进国民经济发展是非常必要的，并具有重要的意义。其作用概括起来有以下方面：

（1）可以做到在生产建设计划中，有计划地改善劳动条件，消除不安全、不卫生的因素。

（2）保证了安全技术措施经费专款专用，能有计划、有步骤地解决安全生产中的"老大难、老问题"、重大隐患和尘毒危害问题；防止工伤事故的发生，保障职工在生产过程中的安全和健康。

（3）合理地使用国家资金，使投资发挥最大效益。

（4）提高了企业各级领导和职工的安全意识，调动职工安全生产的积极性，又发挥了职工群众对安全工作的监督作用。

4. 安全技术措施计划的内容

（1）安全技术。以防止工伤为目的的一切措施。

1）机器、机床、提升设备及电器设备等传动部分的防护装置，在传动梯、吊台、廊道上安设的防护装置及各种快速自动开关等。

2）电刨、电锯、砂轮、剪床、冲床及锻压机器上的防护装置，有碎片、屑末、液体飞出及有裸露导电体等处所安设的防护装置。

3）升降机和起重机械上各种防护装置及保险装置（如安全卡、安全钩、安全门、过速限制器、过卷扬限制器、门电锁、安全手柄、安全制动器等），桥式起重机设置固定的着陆平台和梯子；升降机和起重机械为安全而进行的改装。

4）锅炉、受压容器、压缩机械及各种有爆炸危险的机械设备的保险装置和信号装置（安全阀、自动控制装置、水封安全器、水位表、压力计等）。

5）各种联动机械和机械之间、工作场所的动力机械之间、建筑工地上为安全而设的信号装置，以及在操作过程中为安全而进行联系的各种信号装置。

6）各种运输机械上的安全启动和迅速停车设备。

7）为避免工作中发生危险而设置的自动加油装置。

8）为安全而重新布置或改装的机械和设备。

9）电器设备安装防护性接地或接中性线的装置，以及其他防止触电的设施。

10）为安全而设低电压照明设备。

11）在各种机床、机器房，为减少危险和保证工人安全操作而设的附属起重设备，以及用机械化的操纵代替危险的手动操作等。

12）在原有设备简陋，全部操作过程不能机械化的情况下，对个别繁重费力或危险的起重、搬运工作，采取的辅助机械化设施。

13）为搬运工作的安全或保证液体的排除，而重铺或修理地面。

14）在生产区域内危险处装置的标志、信号和防护设施。

15）在工人可能到达的洞、坑、沟、升降口、漏斗等处安设的防护装置。

16）在生产区域内，工人经常往来的地点，为安全而设置的通道及便桥。

17）在高处作业时，为避免铆钉、铁片、工具等坠落伤人，而设置的工具箱及防护网。

18）原有防护设施的折旧更新。

（2）工业（劳动）卫生。为了改善职工身体健康的卫生环境，防止职业病和职业中毒为目的的一切设施。

1）保证空气清洁或使温湿度合乎劳动保护要求而安设的通风换气装置。

2）采用合理的自然通风和改善自然采光而开设窗和侧窗，而且增设窗子启闭和清洁擦拭装置。

3）加强或合理安装车间、通道及厂院的人工照明。

4）对产生的有害气体、粉尘或烟雾等，采取将生产过程机械化、密闭化或安装空气净化设施。

5）消除粉尘、各种有害物质而设置的吸尘及防尘设备。

6）防止辐射热危害的装置及隔热防暑设施。

7）对有害健康的工厂或地点安装隔离设施。

8）为改善劳动条件而铺设各种垫板（如防潮的立足垫板等），在工作地点为孕妇设置的座位。

9）为工作厂房或辅助房内增设或改善防寒取暖设施。

10）为劳动保护而设置对原料或加工材料的消毒设备。

11）为改善和保证供应职工在工作中的饮料而采取的设施（如配置清凉饮料或解毒饮料的设备，饮水清凉、消毒、保温的装置等）。

12）为减轻或消除工作中的噪声及振动的设施。

（3）辅助房屋及设施。有关保证生产（卫生）方面所必需的房屋及一切设施（集体福利事业不在内）。

1）在有高温和粉尘、易脏和有化学物品或毒物环境的工作中，为工人设置的淋浴设备和盥洗设备。

2）增设或改善车间或车间附近的厕所。

3）更衣室或储存箱，工作服的洗涤、干燥或消毒设备。

4）车间或工作场所的休息室、用膳室及食物的加热设备。

5）寒冷季节露天作业的取暖室。

6）女工卫生室及其设备。

（4）宣传教育。

1）购置或编印安全技术劳动保护的参考书、刊物、宣传画、标语、幻灯及电影片等。

2）举行安全技术劳动保护展览室、设立陈列室、教育室等。

3）举办安全操作方法的教育训练及座谈会、报告会等。

4）建立与贯彻有关安全生产规程制度的措施。

5）开展安全技术劳动保护的研究与试验工作，添置所需工具、仪器等。

5．安全技术措施计划的编制方法

（1）根据管生产必须管安全的原则，各公司经理（厂长）、总工程师、各工程处（项目处、车间）主任、主任工程师（或技术负责人）对本单位编制与执行的安全技术措施计划负主要责任，其他有关领导在各自管辖范围内分管职责。如管财务的领导，要对安全技术措施计划所需经费负责，做到专款专用、按时支付，不得挪作他用。

（2）编制程序，企业一般应在每年第四季度开始编制下年度的安全生产技术措施计划。

1）由管生产的经理（厂长）、总工程师向工程处（项目处）等下属单位的领导布置编制计划的具体要求。

2）工程处（项目处）等单位的生产主任、主任工程师（或技术负责人）组织安全、生产、计划、技术等职能部门人员，配合工会广泛吸收职工群众意见和合理化建议，编制出年度安全技术措施计划，经审查批准后上报公司（厂）。

3）由公司（厂）安全部门负责将各下属单位上报的安全技术措施计划，初步审查汇总后，送公司（厂）主管领导，由公司（厂）主管领导会同工会，组织安全、生产、计划、技术、财务、设备（机动）、材料等有关部门详细讨论，确定项目，明确设计、施工（制作）、资金限额、设备材料来源、实施单位及负责人，并确定完成期限。

4）上报主管部门审查批复。

5）各单位根据批准的安全技术措施计划，组织实施。

（二）施工安全技术措施

编制施工安全技术措施，是对每项工程而言的，是施工组织设计中的重要组成部分，是针对该项工程施工中存在的不安全因素进行预分析，从而进行控制和消除工程施工过程中的隐患，从技术上和管理上采取措施防止发生人身事故。

施工安全技术措施的编制要求如下：

（1）在工程开工前编制，并经过审批。要求在开工前编制好安全技术措施，在工程图纸会审时，就必须考虑到施工安全。同时，因为开工前已编审了安全技术措施，为此，用于该工程的各种安全设施能有较充分的时间做准备，从而保证了各种安全设施的落实。对于在施工过程中，出现了工程更改等情况变化，安全技术措施也必须及时相应补充完善。

（2）有针对性地进行编制。编制安全技术措施的技术人员必须掌握工程概况、施工方法、场地环境、条件等第一手资料，并熟悉安全法规、标准等才能有针对性地编写安全技术措施。

1）针对不同工程的特点可能造成施工的危害，从技术上采取措施，消除危险，保证施工安全。

2）针对不同的施工方法，如立体交叉作业，滑模、网架整体提升吊装、大模板施工等，可能给施工带来不安全因素，从技术上采取措施，保证安全施工。

3）针对使用的各种机械设备、变配电设施，给施工人员可能带来哪些危险因素，从安全保险装置等方面采取技术措施。

4）针对施工中有毒有害、易燃、易爆作业，可能给施工人员造成的危害，从技术上采取防护措施，防止伤害事故。

5）针对施工场地及周围环境，给施工人员或周围居民带来危害，以及材料、设备运输带来的困难和不安全因素，从技术上采取措施，给予保护。

（3）安全技术措施要考虑全面、具体，均应贯彻于全部施工工序之中，如，施工平面布置不当，造成暂设工程多次迁移，建筑材料多次转运，不仅影响施工进度，造成浪费，有的还留下隐患。只有把多种因素和各种不利条件考虑周全，有对策有措施，才能真正做到预防事故。

（4）对大型群体工程或一些面积大、结构复杂的重点工程，除必须在施工组织总设计中编制施工安全技术总体措施外，还应编制单位工程或分部分项工程安全技术措施。对爆破、吊装、水下、深坑、支模、拆除等大型特殊工程，都要编制单项安全技术方案。

总之，由于施工条件、环境等的不同，各个项目之间存在着共性但也有不同之处。不同之处在共性措施中是无法解决的。因此，应根据工程施工特点，将不同危险因素，按照有关规程的规定，结合以往的施工经验与教训进行施工安全技术措施的编制。对于一般性工程按照规定编制相应的安全技术措施，而对于结构复杂、危险性大、特性较多的特殊工程，必须编制单项的安全措施。另外，还应编制季节性施工安全措施。

（三）安全教育与培训

安全教育是安全管理工作的重要环节，安全教育的目的是提高全员安全素质、安全管理水平和防止事故、实现安全生产。

1. 安全教育的基本要求

安全培训教育应根据教育对象的不同特点有针对性地组织进行，这样会取得更好的培训教育效果；同时，安全培训教育应按照国家有关规定的要求进行。

（1）施工单位的主要负责人、项目经理等各级领导以及管理人员、技术人员必须先接受有关安全生产法律、法规、规范、标准等的培训教育，以提高领导和管理安全生产工作的能力。

（2）必须严格执行特种作业人员的安全培训教育考核及其管理工作的有关规定。特种作业人员要接受安全技术的培训、考核和管理。

特种作业是一种对操作者本人，尤其对他人和周围设施的安全有重大危害因素的作业。因此，直接从事特种作业的特种作业人员是影响安全生产的一个关键因素。

1）直接从事下列作业的人员均为特种作业人员：①电工作业；②金属焊接切割作业；③起重机械（含电梯）作业；④企业内机动车辆驾驶；⑤登高架设作业；⑥锅炉作业（含水质化验）；⑦压力容器操作；⑧制冷作业；⑨爆破作业；⑩矿山通风作业（含瓦斯检验）；⑪矿山排水作业（含尾矿坝作业）；⑫由省、自治区、直辖市安全生产综合管理部门或国务院行业主管部门提出，并经国家经济贸易委员会批准的其他作业。

2）特种作业人员必须具备的基本条件。内容包括：①年满18周岁；②身体健康，无妨碍从事相应工种作业的疾病和生理缺陷；③初中以上文化程度，具备相应工种的安全技术知识，参加国家规定的安全技术理论和实际操作考核并成绩合格；④符合相应工种作业特点需要的其他条件。

3）特种作业人员的培训与考核发证。内容包括：

第一，特种作业人员在独立上岗作业前，必须进行与本工种相适应的、专门的安全技术理论学习和实际操作训练。

第二，参加特种作业安全操作资格考核的人员，应当由申请人或申请人的用人单位向当地负责特种作业人员考核的单位提出申请。考核单位收到考核申请后，应在 60 日内组织考核。经考核合格的，发给相应的特种作业操作证；经考核不合格的，允许补考 1 次。特种作业操作证在全国通用。

第三，特种作业人员安全技术考核分为安全技术理论考核和实际操作考核。具体考核内容按照国家经济贸易委员会制定的标准执行。

第四，特种作业操作证，每两年复审 1 次。连续从事本工种 10 年以上的，经用人单位进行知识更新教育后，复审时间可延长至每四年 1 次。

第五，特种作业操作证复审由特种作业人员本人或用人单位在有效期内提出申请，由当地的考核、发证单位负责审验。复审内容包括：身体健康检查，违章作业记录检查，安全生产新知识和事故案例教育，本工种安全知识考试。复审合格的，由复审单位签章、登记，予以确认；复审不合格的，可在接到通知之日起 30 日内向原复审单位申请再次复审。复审单位可根据申请，再复审 1 次；再复审仍不合格或未按期复审的，特种作业证失效。跨地区从业或跨地区流动施工单位的特种作业人员，可向从业或施工所在地的考核、发证单位申请复审。

4）对特种作业人员的监督管理。

第一，特种作业人员必须持证上岗。无证上岗的，按国家有关规定对用人单位和作业人员进行处罚。

第二，用人单位应当加强特种作业人员的管理，做好申报、培训、考核、复审的组织工作和日常检查工作。

第三，发证单位和用人单位应当建立特种作业人员档案。

第四，跨地区从业或跨地区流动施工单位的特种作业人员必须接受当地安全生产综合管理部门的监督管理。

第五，有下列情形之一的，由发证单位收缴其特种作业操作证：①未按规定接受复审或复审不合格的；②违章操作造成严重后果或违章操作记录达3次以上的；③弄虚作假骗取特种作业操作证的；④经确认健康状况已不适宜继续从事所规定的特种作业的。

另外，离开特种作业岗位达6个月以上的特种作业人员，应当重新进行实际操作考核，经确认合格后方可上岗作业。

对于特种作业人员，除了要通过上述培训、教育、考核，接受上述规定的监督管理外，每年仍须接受有针对性的安全培训，时间不得少于20学时。

（3）生产经营单位待岗、转岗、换岗的从业人员，再重新上岗前，必须接受一次安全培训教育，时间不得少于20学时。

（4）公路工程施工行业的生产经营单位新进场的从业人员，必须接受公司、项目经理部（或工区、工程队等）、作业队（或班组等）的三级安全培训教育，经考核合格后，方准上岗。

1）公司安全培训教育的主要内容是：国家、行业和地方有关安全生产的方针、政策、法规、标准、规范、规程和本单位的安全规章制度；本单位安全生产形势、历史上发生的重大事故及应吸取的教训；发生事故后如何抢救伤员、排险、保护现场和及时报告等。公司安全培训教育的时间不得少于15学时。

2）项目经理部（或工区、工程队）进行施工现场规章制度和遵章守纪教育。其主要内容是：本单位施工生产特点、施工现场环境和可能存在的不安全因素及施工生产安全基本知识；本单位（包括施工生产现场）的安全生产制度、规定的安全注意事项；本工种的安全技术操作规程；机械作业、电气设备及高处作业等基本安全知识；防火、防毒、防尘、防爆知识及紧急情况的安全处置和安全疏散知识；防护用品的使用知识及发放标准。项目经理部安全培训教育的时间不得少于15学时。

3）作业队（或班组等）安全培训教育的主要内容是作业特点和本工种的安全操作规程；作业队（班组）安全制度和纪律；爱护和正确使用安全防护装置（设施）及个人防护用品；本岗位易发生事故的不安全因素及其防范对策；本岗位的作业环境及使用的机械设备、工具的安全要求等。作业队（或班组等）安全培训教育的时间不得少于20学时。

（5）经常性安全教育。安全教育培训工作，必须做到经常化、制度化。

1）把经常性的普通教育贯穿于管理全过程，并根据接受教育对象的不同特点，采取多层次、多渠道的教育方式，方能取得良好效果；经常性安全教育的主要内容包括：上级安全生产法规及有关文件、批示、领导讲话等；各级各部门和每个从业人员的岗位安全责任制；遵章守纪；事故案例、教训及先进安全技术、革新成果等。

2）采取新技术、新工艺、新设备、新材料和调换工作岗位时，要对操作人员进行新技术操作和新岗位的安全教育，未经安全教育培训不得上岗。

3）作业队（班组）应每周安排一个安全活动日，各作业队（班组）利用班前或班后进行。其内容是学习党和国家以及本单位随时下达的安全生产规定和文件；回顾上周安全生产情况，提出下周安全生产要求；分析作业队（班组）安全生产动态及现场安全生产形势，表扬好人好事，指出应吸取的教训。

普通的从业人员每年接受安全培训教育的时间，不得少于 15 学时。

（6）安全培训教育的实施与管理。

1）实行安全培训教育登记制度。公路工程施工行业的生产经营单位必须建立从业人员的安全培训教育档案，没有接受安全培训教育的职工，不得在施工现场从事作业或者管理活动。

2）有条件的大中型公路工程施工行业的生产经营单位，经企业所在地的建设行政主管部门或者授权所属的建筑安全监督管理机构审核确认后，可以对本单位的从业人员进行安全培训工作，并接受单位所在地的建设行政主管部门或者授权所属的建筑安全监督管理机构的指导和监督。其他公路工程施工行业的生产经营单位从业人员的安全培训工作，由单位所在地的建设行政主管部门或者授权所属的建筑安全监督管理机构负责组织。公路工程施工行业的生产经营单位的法定代表人、项目经理的安全培训工作，由所在地的建设行政主管部门或者授权所属的建筑安全监督管理机构负责组织。

3）实行总分包的工程项目，总包单位要负责统一管理分包单位的从业人员的安全培训教育工作。分包单位要服从总包单位的统一管理。

4）从事公路工程施工的生产经营单位的从业人员安全培训工作的人员，应当具备中级以上专业技术职称，5 年以上施工现场经验或者从事公路工程施工安全教学、法规等方面工作 5 年以上，经安全师资格培训合格，并取得培训资格证书。

5）公路工程施工单位的从业人员的安全培训，应当使用经行业教育主管部门和行业安全主管部门统一审定的培训大纲和教材。

6）公路工程施工单位的从业人员的安全培训教育经费，应当从单位的教育经费中列支。

2. 安全教育和培训的内容

安全教育的内容一般包括：安全生产思想教育，即安全生产政策、法律、法规、法纪教育；安全技术知识教育；安全技能教育；典型事故经验教训教育等。

（1）安全生产思想教育。安全生产思想教育的目的是为安全生产奠定思想基础。通常从加强安全生产方针政策、法律、法规和规章制度以及劳动纪律等方面进行。

1）安全生产方针政策培训教育。

第一，提高各级领导和广大从业人员对安全生产重要意义的认识。从思想上、理论上认识党和国家的安全生产方针政策和社会主义制度下搞好安全生产的重要意义；增强关心人、保护人的责任感；牢固树立以人为本，关爱和维护弱势群体切身利益的思想观点。

第二，通过安全生产方针、政策教育，提高各级领导、生产经营管理人员和广大从业人员的安全政策水平，使他们正确、全面地理解安全生产方针、政策，具备足够的安全生产法律、法规意识，严肃认真、一丝不苟地执行安全生产方针、政策、法律、法规。

2）安全生产法制的培训教育。定期和不定期地对全体从业人员进行遵法守法的培训教育，以杜绝违章指挥、违章作业以及生产活动中出现安全生产的违法违规的现象。

3）劳动纪律教育。主要是使广大从业人员懂得严格执行劳动纪律对实现安全生产的重要性。生产经营单位的劳动纪律是从业人员在生产工作时必须遵守的规则和秩序。禁止违章指挥、违章作业，严格执行各项安全生产规章制度和安全操作规程；遵守劳动纪律是贯彻安全生产方针，减少因工伤亡事故，实现安全生产的重要保证。

（2）安全知识培养教育。公路工程施工单位的从业人员必须具备安全基本知识。因此，全体从业人员必须接受安全知识教育，每年按规定的内容进行培训。安全知识教育的主要内容是生产经营单位的基本概况和安全生产规章制度；施工生产流程、场内运输的有关安全知识；有关电气设备的基本安全知识；高处作业安全知识，生产中使用的有毒有害的原材料和可能散发有毒有害物质的作业安全防护基本知识；消防制度及灭火器材应用的基本知识；个人防护用品的正确使用知识；因工伤亡事故的应急措施和急救知识；等等。

（3）安全技能培训教育。安全技能培训教育就是根据本专业、本工种的特点，实现安全操作、安全防护所必须具备的基本技术能力和技术知识要求。它包括安全技术、劳动卫生和安全操作规程等。国家有关部门规定建筑登高架设、电工、焊工、司炉工、爆破工、机械操作工、场内各种移动式机械设备的驾驶人员、起重工、吊车司机及信号指挥人员、人货两用电梯司机等特种作业人员必须进行专门的技术培训，并经考试合格，获得政府主管部门颁发的特种作业证书，方准上岗作业。

（4）典型安全事故案例教育。典型安全事故对人的触动最大，收效也非常显著。在开展安全生产教育的过程中，可以结合典型安全事故教训进行教育。因此，要注意收集本单位和外单位的典型安全事故案例。

3. 安全教育和培训的形式

安全培训教育应利用各种形式和手段，特别是安全教育工作，宜以生动活泼、丰富多样的方式，来实现安全生产这一严肃课题。安全培训需要把安全理论知识和安全方针、政策、法律、法规、规范、标准以及实际应用或者操作结合在一起。

（1）演讲式安全教育。演讲式安全教育主要包括教学、讲座的演讲，经验介绍、现身说法、演讲比赛等。可以是系统教学，也可以是专题论证、讨论。用以丰富人们的安全知识，提高对安全生产的重视程度。

（2）竞赛式安全教育。竞赛式安全教育主要包括口头、笔头安全知识竞赛；安全、消防技能竞赛；其他各种安全教育活动评比等。激发人们学安全知识、懂安全技术、会安全防护的积极性，促使从业人员在竞赛活动中树立安全第一的思想，丰富安全知识，掌握安全技能。

（3）会议讨论式安全教育。会议讨论式安全教育主要包括事故现场分析会、班前班后会、专题研讨会等，以集体讨论的形式，使与会者在参与过程中进行自我安全教育。

（4）出版物式安全教育。出版物式安全教育主要包括书籍、报刊、安全手册等。

（5）广告式安全教育。广告式安全教育主要包括广告、横幅、标语、宣传画、标识、展览、黑板报等形式。它以精练的、富于哲理的、发人深省的或是幽默的语言，醒目的方式，在显著的位置进行展示、展览，提醒人们注意安全和怎样才能保证安全。

（6）声像式安全教育。声像式安全教育主要包括安全宣传广播、电影、电视、录像、网络等。声像式安全教育是用现代技术手段，使安全教育真正寓教于乐。

（7）文艺演出式安全教育。文艺演出式是以安全为题材自编自演的文艺节目演出的教育形式。编写和演出的过程都可以使人们受到安全生产的教育。

（8）展览式安全教育。展览是以一种非常现实的方式，体现了安全预防措施的实用价值。展览与有一定目的的其他活动结合起来，可以得到更佳效果。

（9）正规、系统教学式安全教育。正规、系统教学式安全教育利用生产经营单位办的专业或技能培训学校等，开办安全工程专业，或穿插渗透于其他专业的安全课程中。

（四）施工现场安全管理

1. 施工现场的安全组织

（1）施工现场（工地）的负责人（或项目经理）为安全生产的第一责任者，应视工程大小设置专（兼）职安全人员和相应的安全机构。

（2）成立以工地负责人（项目经理）为主的，有施工员、安全员、班组长等参加的安全生产管理小组，并成立安全管理网络。

（3）建立由工地领导参加的包括施工员、安全员在内的轮流值班制度，检查监督施工现场及班组安全制度贯彻执行情况，并做好安全值日记录。

（4）工地要建立健全各类人员的安全生产责任制、安全技术交底、安全宣传教育、安全检查、安全设施验收和事故报告等管理制度。

（5）总、分包工程或多单位联合施工工程，总包单位应统一领导和管理安全工作，并成立以总包单位为主，分包单位（或参加施工单位）参加的联合安全生产领导小组，统筹、协调、管理施工现场的安全生产工作。

（6）各分包单位（或参加施工单位）根据管生产必须管安全的原则，都应成立分包工程安全管理组织和确定安全负责人，负责分包工程安全管理，并服从总包单位的安全监督检查。

（7）在同一施工现场，由建设单位（甲方）直接分包的部分项目工程，施工单位除负责本单位施工安全外，还应服从现场总负责施工单位的监督检查和管理。

2. 施工现场的安全要求

（1）一般工程的施工现场的基本要求。

1）平面布置。

第一，开工前，在施工组织设计（或施工方案）中，必须有详细的施工平面布置图。运输道路、临时用水用电线路布置、各种管道、仓库、加工车间（作业场所）、主要机械设备位置及工地办公，生活设施等临时工程的安排，均要符合安全要求。

第二，在可能条件下，应对工地设置与外界隔离的围护设施，入口处一般应有（特殊工程工地除外）工程名称、施工单位名称牌，并设置施工现场平面布置图、施工概况表（或称"施工公告"）、安全纪律（或"施工现场安全管理规定"）；使进入该工地的人，能对该工程的概况有一个基本了解和注意安全的忠告。

第三，工地排水设施应全面规划，排水沟的截面及坡度应进行计算，其设置不得妨碍交通和工地周围环境；排水沟还应经常清理疏浚，保持畅通。

2）道路运输。

第一，工地的人行道、车行道应坚实平坦，保持畅通。主要道路应与主要临时建筑物的道路连通。场内运输道路应尽量减少弯道和交叉点。交通频繁的交叉处，必须设有明显的警告标志，或设临时交通指挥（指挥人员或指挥信号）。

第二，工地通道不得任意挖掘或截断。如因工程需要，必须开挖时，有关部门应事先协调、统一规划。同时将通过道路的沟渠，搭设安全牢固的桥板。

3）材料堆放。

第一，一切建筑器材（包括建筑材料、预制构件、施工设施构件等）都应该按施工平面布置图规定的地点分类堆放整齐、稳固。各类材料的堆放不得超过规定高度，严禁靠近场地围护栅栏及其他建筑物墙壁堆置，且其间距应在50cm以上，两头空间应予封闭，防止有人入内而发生意外伤亡事故。

第二，作业中使用剩余器材及现场拆下来的模板、脚手架杆件和余料、废料等都应随时清理回收，并且将钉子拔掉或打弯再分类集中堆放。

第三，油漆及其稀释剂和其他对职工健康有害物质，应该存放在通风良好、严禁烟火的专用仓库。沥青应存放在干燥、通风的场所。

4）施工现场的安全设施。施工现场的安全设施，如安全网、洞口盖板、护栏\防护罩、各种限制保险装置必须齐全有效，并且不得擅自拆除或移动，因施工确实需要移动时，必须经工地施工管理负责人同意，并需要采取相应的临时安全措施，在完工后立即复原。

5）安全标语牌。施工现场除应设置安全宣传标语牌，夜间有人经过的坑洞等处还应设红灯示警。

（2）特殊工程施工现场。

1）特殊工程系指工程本身的特殊性或工程所在区域的特殊性或采用的施工工艺、方法有特殊要求的工程；有的是整体工程均属于特殊工程施工现场。

2）特殊工程施工现场安全管理，除一般工程的基本要求外，还应根据特殊工程的性质、施工特点、要求等制定针对性的安全管理和安全技术措施，基本要求是：①编制特殊工程施工现场安全管理制度并向参加施工的全体职工进行安全教育和交底；②特殊工程施工现场周围要设置围护，要有出入制度并设门卫（值班人员）；③强化安全监督检查制度，并认真做好安全日记；④对于从事危险作业的人员在进入作业区时要进行安全检测，作业时应设监护；⑤施工现场应设医务室或医务人员；⑥备有救灭火灾、防爆等灾害的器材物资。

（3）防火。"预防为主，防消结合"，这是我国消防工作的方针。建筑工地与一般厂、矿企业的火灾危险性有所不同。因此，必须采取针对性的消防措施，切不可疏忽和掉以轻心。防火的基本要求是：

1）在编制施工组织设计（或方案）时，应有消防要求。如施工现场平面布置、暂设工程（临时建筑）搭建位置、用火用电和易燃易爆物品的安全管理、工地消防设施和消防责任制等都应按消防要求周密考虑和落实。

2）施工现场要明确划分用火作业区、易燃、易爆材料堆放场、仓库处、易燃废品集中点和生活区等。各区域之间的间距要符合防火规定。

3）工棚或临时宿舍的搭建及间距要符合防火规定。

第一，一切架空线路均须用固定瓷瓶绝缘，电线穿过墙壁时，必须从瓷管、硬塑料管内通过。

第二，施工现场明火作业必须经有关部门批准后，才可动火。

第三，施工现场仓库、木工棚及易燃易爆物堆（存）放处等，应张贴（悬挂）醒目的防火标志。

第四，施工现场必须配备足够数量的防火、灭火设施和器材。如：防火工具（消防桶、消防梯、铁锹、安全钩等）、砂箱（池），消防水池（缸）、消防栓和灭火器。

第五，建立安全防火责任制并划分防火责任区。

4）施工现场必须根据防火的需要，配置相应种类、数量的消防器材、设备和设施。

（4）防爆。爆炸事故不仅会造成巨大的经济损失和人员伤亡，而且还会造成不良的社会影响。

爆炸是指物质由一种状态迅速地转变为另一种状态，并在瞬间以机械功的形式释放出大能量。在瞬间所完成的化学反应叫化学性爆炸；锅炉、空压机、水压机等的爆炸则为物理性爆炸。

1）爆炸的发生必须具备一定的条件。例如，可燃气体、可燃液体的蒸汽或可燃性粉尘，在达到一定的浓度或压力范围与空气混合，遇到火源等就会造成爆炸。

2）建筑施工现场做好防爆工作的主要内容包括：①对于爆破及引爆物品的储存、保管、领用都必须严格按规定执行；②各种气瓶的运输、存放、使用，必须按有关规定执行；③各种可燃性液体、油漆涂料等在运输、保存、使用中，除按规定外，还应根据其性能特点采取相应的防爆措施；④向操作者及有关人员做好安全交底。

第三节　公路工程安全技术交底与检查

一、公路工程安全技术交底

公路工程施工中的安全技术交底，是一项依据设计图纸、施工技术规范、施工组织设计等中的技术要求和施工安全要求而向作业班组、作业人员进行的安全技术方面的交代及要求。它是用于指导施工，保证施工任务安全、顺利完成的有效措施。"安全技术交底必须逐级进行，从企业到项目经理到作业队，再到班组，最后到人，并且交底必须具体、明确，有针对性。"[①]

安全技术交底一般是在某一作业进行前，或在某一工序开工前，或在分部分项工程施工前进行，由主管安全技术的人员向有关参与施工的班组、人员进行的安全技术交代和要求，其目的是使施工人员及作业班组对工程特点、技术参数、质量要求、安全要求、安全技术、安全措施等方面有一个详细、深入的了解，以保证安全施工、避免人身伤亡事故的发生。

（一）安全技术交底的组织

1. 安全技术交底组织管理机构的建立

（1）领导小组。领导小组由项目经理部负责人任组长，负责安全生产技术交底内容建立过程中的重大问题的决策和组织协调，为技术交底的建立提供人、财、物的支持。

（2）工作小组。工作小组由项目经理部主要部门（岗位）人员组成，应具有开展相关工作的知识和技能，在领导小组的指导下，开展安全技术交底过程中涉及具体工作。比如：组织编制安全技术交底文件、组织宣传教育等。

2. 安全技术交底文件的编制

（1）安全技术交底的内容。施工安全技术交底编制的内容包括：施工班组担负施工工程的相关内容、施工的组织、安全操作要求，安全生产管理要求，安全设施配置要求、注意事项等。

（2）安全技术交底的要求。安全技术交底是以能否满足指导安全施工为准，因此，必须具有的特点如下：

1）指导性与强制性。安全技术交底中有的内容，是施工作业的安全技术指导；有的要求，作业班组、作业人员必须遵守、不得违反。

① 樊振杰. 探析公路工程施工管理中的安全技术交底 [J]. 中国水运（下半月），2011, 11（04）：123.

2）预见性。要对可能存在的安全隐患、可能存在的安全问题进行科学的预测。

3）针对性。是指必须针对具体所担负的施工任务和特点进行交底。

4）可行性。是指交底的内容、提出的要求不笼统、不教条，切实可行，具有可操作性。

5）完整性。是指交底的内容应全面、具体，重点突出。

3. 安全技术交底的方式

安全技术交底的方式常用的有以下两种：

（1）口头交底。口头安全技术交底是指对于危险性不大的作业、安全技术要求明白易懂、容易掌握，可在施工作业中用口头讲解的形式进行安全技术交底。对口头交底的内容应做好详细记录（接受交底的人员应签字），并存档备查。

（2）书面交底。项目安全技术人员向班组长和作业人员进行安全技术交底，通常应采用书面交底的做法。项目安全技术人员应按照规范和规程的有关安全技术规定和安全要求，结合该作业的特定情况进行具体的交底。书面交底后，应做好记录（接受交底的人员应签字），并将交底资料存档备查。

4. 安全技术交底的管理

（1）安全技术交底资料是具体指导安全施工的安全管理文档，是以工序或分部分项工程为施工对象，按班组进行的。施工不结束，交底就存在，所以安全技术交底是贯穿施工全过程的。技术交底在工程施工的全过程中是分阶段进行的，但对施工周期较长的分项工程施工任务，还应间隔一定时间进行重复交底。这样，进一步引起施工人员的重视，可以补充施工中发现的技术交底的不足或忽略之处。

（2）安全技术交底不能交完了就束之高阁，接受交底者必须随时对照遵守和执行。交底者必须按安全技术交底的要求进行施工全过程的检查、督促和指导；随时制止和纠正违反安全技术交底要求的施工行为，确保交底的约束力和严肃性，真正让安全技术交底在安全施工中发挥应有作用。

（二）安全技术交底的作用与类型

1. 安全技术交底的作用

安全技术交底是目前各个施工企业安全管理的一个重要标志，安全技术交底技术资料也是工程安全技术档案资料中不可缺少的一部分，因此安全技术交底是一项尤为重要的工作。其重要作用体现在以下内容：

（1）作为安全施工的技术依据。施工单位在建设工程安全生产中处于核心地位，首先要规范自己的安全生产行为，要知规范、懂规范，按规范办事。

（2）作为考核施工企业安全管理的依据。随着相关法律、法规的相继出台，各级单位已将安全生产纳入管理体系，但是仍然有施工企业重效益、轻安全的情况发生。所以应将安全技术交底作为安全管理的一项重要内容。安全技术交底的内容越完备、越具体明确，越能在保障安全生产方面发挥作用，越能体现一个企业对安全的重视程度。

（3）安全技术交底文件，通常采用表格的形式，深入浅出地将工程种类施工过程中所涉及各类安全技术问题，按照工种、施工机械、施工操作技术等方面，分别进行详细的技术交底，直观、简洁、通俗易懂，使施工作业人员容易按章操作。

2. 安全技术交底的类型

（1）各工种操作人员安全技术交底。这主要是针对从事不同工种施工的人员所进行的具有本工种特点的技术交底。

（2）施工机械安全技术交底。这主要是针对各种操作机械所进行的，对于适用此种机械时应遵循的技术要求所做的技术交底。

（3）施工操作技术安全技术交底。这主要是针对在各施工工序中所应注意的安全技术操作所做的技术交底。

（4）针对作业对象的安全技术交底。按照作业对象的特点而向作业者提出相应的安全技术要求。

在施工过程中可以根据具体的需要，选用适合施工工程的安全技术交底方式。

（三）安全技术交底的内容

1. 施工机械使用安全技术交底

（1）施工机械、机具通用安全技术交底。

1）施工机械、机具等装置的使用，应符合建筑机械使用安全技术规程的有关规定。

2）机械及机具进入现场前，应查明通过路线上的承载能力；通过桥梁时，应低速慢行，在桥面上不得转向或制动；承载力不足的桥梁，应采取加固措施，以保证机械、机具安全通过。

3）施工前，应查明施工现场地面、地下原有建筑物、管网等的地点及走向，并采用明显记号予以标识；严禁在离电缆线 1m 距离之内作业。

4）施工中，应随时检查机械、机具各部位的运转及仪表指示是否正常；机械、机具运行中，严禁人体接触转动部位或进行检修；如发现存在异常状况，应立即停机检修；在修理（焊、铆等）工作装置时，应使其降到尽可能低的位置，并应在悬空部位塞垫木。

5）在电杆及高压线路附近施工作业时，应按规定操作；机械、机具等不得靠近架空输电线路作业，并应按照有关规程规定留出安全距离。

6）配合机械、机具作业的工作人员，应在机械及机具回转半径以外工作；当必须在回转半径以内工作时，应停止机械、机具回转并制动好后，方可作业；施工人员应身体健康，经安全培训，并考核合格后，持有效证件，方可施工；施工中的操作应严格按照安全技术要求。

7）在施工中遇到下列情况之一时应立即停止作业，待符合作业安全条件时，方可继续施工：①气候突变，发生暴雨、水位暴涨或山洪暴发时；②在爆破警戒区内发出爆破信号时；③地面涌水冒泥，出现陷车或因雨发生坡道打滑时；④工作面净空不足以保证安全作业时；⑤施工标志、防护设施毁损失效时。

8）施工后，应将机械及机具上的杂物清理干净，并放置在坚实、平坦、安全的地带，按规定停置。保养或检修机械、机具时，按规定操作。

（2）土石方机械。土石方机械安全技术交底的一般内容（通用）如下：

1）土石方施工机械的内燃机、电动机和液压装置的使用，应符合建筑机械使用安全技术规程的有关规定。

2）机械驶入现场前，应查明行驶路线上的桥梁（包括下穿道）、涵洞的上部净空和下部承载能力；机械通过桥梁时，应低速慢行，在桥面上不得转向或制动；承载力不足的桥梁，应采取加固措施，以保证机械安全通过。

3）施工前，应查明施工现场地面、地下原有建筑物、管网等的地点及走向，并采用明显记号予以标识；严禁在离电缆线 lm 距离之内作业。

4）施工中，应随时检查机械各部位的运转及仪表指示是否正常；机械运行中，严禁人体接触转动部位或进行检修；如发现存在异常状况，应立即停机检修；在修理（焊、铆等）工作装置时，应使其降到尽可能低的位置，并应在悬空部位塞垫木。

5）在电杆附近取土时，对不能拆除的拉线、地垄杆身等，应留出土台，并应根据土质情况确定开挖坡度。机械不得靠近架空输电线路作业，并应按照规定留出安全距离。

6）配合机械作业的清底、平地、修坡等人员，应在机械回转半径以外工作；当必须在回转半径以内工作时，在停止机械回转并制动好后，方可作业。

7）施工中遇到下列情况之一时应立即停止作业，待符合作业安全条件时，方可继续施工：①填挖区土体不稳定，有发生坍塌危险时；②气候突变，发生暴雨、水位暴涨或山洪暴发时；③在爆破警戒区内发出爆破信号时；④地面涌水冒泥，出现陷车或因雨发生坡道打滑时；⑤净空不足以保证安全作业时；⑥施工标志、防护设施毁损失效时。

8）遇以下特殊情况的，应做如下处理：①雨季施工，机械作业完毕后，应停放在较高的坚实地面上；②挖掘基坑时，当坑底无地下水，坑深在 5m 以内，且边坡坡度符合规定要求时，可不加支撑；③当挖土深度超过 5m 或发现有地下水以及土质发生特殊变化等情况时，应根据土的实际性能计算其稳定性，再确定边坡坡度；④当对石方或冻土进行爆破作业时，所有人员、机具应撤至安全地带或采取安全保护措施。

2. 钢筋混凝土机械安全技术交底

钢筋混凝土机械安全技术交底的一般内容（通用）如下：

（1）混凝土机械安全技术交底的一般内容（通用）。

1）混凝土机械上的内燃机、电动机、空气压缩机以及电气、液压等装置的使用，应执行相关规程的规定。

2）设备各运转部件承受载荷，严禁超过厂家推荐的最大极限值。

3）作业场地应有良好的排水条件，机械近旁应有水源，机棚内应有良好的通风、采光及防雨、防冻设施，并不得有积水。

4）固定式机械应有可靠的基础，移动式机械应在平坦坚硬的地坪上用方木或撑架架牢，并应保持水平。

5）当气温降到5℃以下时，管道、水泵、机内均应采取防冻保温措施。

6）进料时，严禁将头或手伸入料斗与机架之间。运转中，严禁用手或工具伸入机内扒料、出料。

7）作业后，应及时将机内、水箱内、管道内的存料、积水放尽，并应清洁保养机械，清理工作场地，切断电源，锁好开关箱。

（2）钢筋机械安全技术交底的一般内容（通用）。

1）钢筋机械应安装在牢固的基础上，地脚螺栓应拧紧。基础中间应留有地下坑道，应能调整和检修。

2）机械不得在初凝的混凝土、地板、脚手架和干硬的地面上进行试振。在检修或作业间断时，应断开电源。

3）作业完毕，应将电动机、软管、振动棒清理干净，并应按规定要求进行保养作业。振动器存放时，不得堆压软管，应平直放好，并应对电动机采取防潮措施。

4）使用前，应检查并确认电动机和传动装置完好，特别是轴承座螺栓、偏心块螺栓、电动机和齿轮箱螺栓等紧固件紧固牢靠。

3. 水平垂直运输机械

（1）水平运输机械安全技术交底的一般内容（通用）如下：

1）运送超宽、超高和超长物件前，应制定妥善的运输方法和安全措施。进入城市交通或公路时，必须遵守交通法规。运输超限物件时，必须向交通管理部门办理通行手续，在规定时间内按规定路线行驶。超限部分白天应插红旗，夜晚应挂红灯。超高物体应有专人照管，并应配电工随带工具保护途中输电线路，保证运行安全。

2）启动前应进行重点检查。灯光、喇叭、指示仪表等应齐全完整；燃油、润滑油、冷却水等应添加充足；各连接件不得松动；轮胎气压应符合要求，确认无误后，方可启动。燃油箱应加锁。

3）启动后，应观察各仪表指示值、检查内燃机运转情况、测试转向机构及制动器等性能，确认正常并待水温达到40℃以上、制动气压达到安全压力以上时，方可低挡起步。

起步前，车旁及车下应无障碍物和人员。

4）行驶中应符合相关规定：①水温未达到 70℃ 时，不得高速行驶。行驶中，变速时应逐级增减，正确使用离合器，不得强推硬拉，使齿轮撞击发响。前进和后退交替时，待车停稳后，方可换挡；②应随时观察仪表的指示情况，当发现机油压力低于规定值，水温过高或有异响、异味等异常情况时，应立即停车检查，排除故障后，方可继续运行；③上、下坡应提前换入低速挡，不得中途换挡。下坡时，应以内燃机阻力控制车速，必要时，可间歇轻踏制动器。严禁踏离合器或空挡滑行。急转弯时应先换低挡。在坡道上停放时，下坡停放应挂上倒挡，上坡停放应挂上一挡，并应使用三角木楔等塞紧轮胎；④严禁超速行驶。应根据车速与前车保持适当的安全距离，选择较好路面行进，应避让石块、铁钉或其他尖锐铁器。遇有凹坑、明沟或穿越铁路时，应提前减速，缓慢通过；⑤平头型驾驶室前倾时，应清除驾驶室内物件，关紧车门，方可前倾并锁定。复位后，应确认驾驶室已锁定，方可起动；⑥遇不良路段时，应符合下列规定：在泥泞、冰雪道路上行驶时，应降低车速，宜沿前车辙迹前进，避免突然换挡、制动或急剧加速，且不得靠近路边或沟旁行驶，必要时应加装防滑链；当车辆陷入泥坑、砂窝内时，不得采用猛松离合器踏板的方法来冲击起步。当使用差速器锁时，应低速直线行驶，不得转弯；通过危险地区或狭窄便桥；车辆涉水过河时，应先探明水深、流速和水底情况，水深不得超过排水管或曲轴皮带盘，并应低速直线行驶，不得在中途停车或换挡。涉水后，应缓行一段路程，轻踏制动器使浸水的制动蹄片上水分蒸发掉；车辆经修理后需要试车时，应由合格人员驾驶，车上不得载人、载物，当须在道路上试车时，应挂交通管理部门颁发的试车牌照；停放时，应将内燃机熄火，拉紧手制动器，将控制器拨到零位、切断电源、关锁车门。内燃机运转中驾驶员不得离开车辆；在离开前应熄火并锁住车门；在车底下进行保养、检修时，应将内燃机熄火、拉紧手制动器并将车轮楔牢。

（2）垂直运输机械安全技术交底的一般内容（通用）如下：

1）安装机械的地基应平整夯实，底座与地面之间应垫两层枕木，并应采用木块楔紧缝隙，使机械所承受的全部力量能均匀地传给地面，以防在吊装中发生沉陷和偏斜。

2）机械的安装和拆卸应画出警戒区，清除周围的障碍物，在专人统一指挥下，按照出厂说明书或制订的拆装技术方案进行。

3）机械起动前重点检查项目应符合要求：①供电电缆无破损；②主要部位连接螺栓无松动；③各个装置和各指示仪表齐全完好；④各齿轮箱、液压油箱的油位符合规定；⑤金属结构和工作机构的外观情况正常；⑥钢丝绳磨损情况及各滑轮穿绕符合规定；⑦轨道基础平直无沉陷，鱼尾板连接螺栓及道钉无松动，轨道上无障碍物，松开夹轨器并向上固定好；⑧试验各工作机构运转正常，无噪声异响，各机构的制动器及安全防护装置有效；⑨各支腿的收存无松动，轮胎气压应符合规定；⑩应保持起重机上所有安全装置灵敏有效，如发现失灵的安全装置，应及时修复或更换。所有安全装置调整后，应加封（火漆或铅封）固定，严禁擅自调整。

4）启动前，应将各操纵杆放在空挡位置，手制动器应锁死，并应参照内燃机安全操作交底启动内燃机。启动后，应急速运转，检查各仪表指示值，运转正常后接合液压泵，待压力达到规定值，油温超30℃时，方可开始作业。应将主离合器分离，各操纵杆放在空挡位置，并应参照内燃机操作安全交底启动内燃机。

5）开动前，应先发出音响信号示意，重物提升和下降操作应平稳匀速，在提升大件时不得用快速，并应拴拉绳防止摆动。

6）施工中应符合的规定包括：①当同一施工地点有两台以上机械时，应保持两机间任何接近部位（包括吊重物）距离不得小于2m；②通过桥梁、水坝、排水沟等构筑物时，必须先查明允许载荷后再通过。必要时应对构筑物采取加固措施。通过铁路、地下水管、电缆等设施时，应铺设木板保护，并不得在上面转弯；③起吊载荷达到额定起重量的90%及以上时，升降动作应慢速进行，并严禁同时进行两种及以上动作。严禁下降起重臂；④行驶和工作的场地应保持平坦坚实，并应与沟渠、基坑保持安全距离；⑤行走时，转弯不应过急；当转弯半径过小时，应分次转弯；当路面凹凸不平时，不得转弯；⑥作业中发现机械倾斜、支腿不稳等异常现象时，应立即使重物下降落在安全的地方，不能使用紧急制动，下降中严禁制动；⑦行驶时应保持中速，不得紧急制动，过铁道口或起伏路面时应减速，下坡时严禁空挡滑行，倒车时应有人监护；⑧行驶时，严禁人员在底盘走台上站立或蹲坐，并不得堆放物件；⑨在起吊中，由于故障造成重物失控下滑时，必须采取紧急措施，向无人处下放重物；不得急速升降；⑩作业中停电时，应切断电源，将提升物件或吊笼降至地面。

7）停机时，应将每个控制器拨回零位，依次断开各开关，关闭操纵室门窗，下机后，应锁紧夹轨器，使起重机与轨道固定，断开电源总开关，打开高空指示灯。

8）在寒冷季节，对停用起重机的电动机、电器柜、变阻器箱、制动器等，应严密遮盖。

9）停车时，应选择适合地点，不得在坡道上停车。冬季应采取防止车轮与地面冻结的措施。

10）作业后，应对车辆进行清洗，清除砂土及混凝土等黏结在料斗和车架上的脏物；将提升吊笼或物件降至地面，并应切断电源，锁好开关箱。

4. 打桩、钻孔机及泵类机械安全技术交底

打桩、钻孔机及泵类机械安全技术交底的一般内容（通用）如下：

（1）打桩机类型应根据桩的类型、桩长、桩径、地质条件、施工工艺等综合考虑选择。打桩作业前，应由施工技术人员向机组人员进行安全技术交底。

（2）打桩机所配置的电动机、内燃机、卷扬机、液压装置等的使用应按照相应装置的安全技术交底要求操作。

（3）水上打桩时，应选择排水量比桩机重量大4倍以上的作业船或牢固排架，打桩机与船体或排架应可靠固定，并采取有效的锚固措施。当打桩船或排架的偏斜度超过3°时，应停止作业。

（4）插桩后，应及时校正桩的垂直度。桩入土3m以上时，严禁用打桩机行走或回转动来纠正桩的倾斜度。

（5）安装时，应将桩锤运到立柱正前方2m以内，并不得斜吊。吊桩时，应在桩上拴好拉绳，不得与桩锤或机架碰撞。

（6）机组人员做登高检查或维修时，必须系安全带；工具和其他物件应放在工具包内，高空人员不得向下随意抛物。

（7）严禁吊桩、吊锤、回转或行走等动作同时进行。打桩机在吊有桩和锤的情况下，操作人员不得离开岗位。

（8）卷扬钢丝绳应经常润滑，不得干摩擦。钢丝绳的使用及报废参见起重吊装机械

安全交底相关规定；作业中，当停机时间较长时，应将桩锤落下垫好。检修时不得悬吊桩锤。

（9）打桩机作业区内应无高压线路。作业区应有明显标志或围栏，非工作人员不得进入。桩锤在施打过程中，操作人员必须在距离桩锤中心 5m 以外监视。

（10）作业后，应将打桩机停放在坚实平整的地面上，将桩锤落下垫实，并切断动力电源。

5. 路面工程施工机械安全技术交底

路面工程施工机械安全技术交底的一般内容（通用）如下：

（1）设备启动前，应检查各部电器是否完好，电压、电流是否在规定数值内。电器仪表应有安全防护装置，防止开关意外接通。

（2）设备进行运转启动时，严格按照使用说明书的规定顺序启动，禁止违章作业。应首先观察各部位有无闲置人员和工作人员处在不安全的部位，然后按响电铃，确保安全的情况下，方可启动运转。

（3）设备严禁带负荷直接启动，以免造成机械事故。

（4）设备各运转部件承受载荷，严禁超过厂家推荐的最大极限值。

（5）驾驶台及作业现场应视野宽阔，清除一切有碍工作的障碍物。作业时无关人员不得在驾驶台上逗留。操作手不得擅离岗位。

（6）设备维修及保养应符合以下条件：①严禁在设备运转过程中进行调整或维修作业，所有的调整维修工作应在设备停稳后进行。电器维修作业时，应首先切断电源，拆除保险，挂出有人检修的警告标志；②设备运转过程中，发现某零部件出现松动和异响时，应立即停机修复；③设备的全部电器操作及维护工作，均须由专门人员（持有效上岗操作证）承担，电器线路应符合国家标准规范，同时，应有有效的接地和熔断装置，电源接头须充分保护，防止遭受意外损坏；④严格执行每班保养（工作前、中、后进行），一、二、三级保养，每年一次的中修等保修项目；⑤设备需要长期停用时，应按规定的标准要求，进行一次全面的保养和维修；⑥经过长期停用的设备，需要重新使用时，应对设备进行一次全面的检查维修，特别是影响安全的部位，在确保安全的前提下，方可进入使用；⑦在空中检查设备时，应扎紧安全带。

（7）动力配电柜和控制台内部有高压电，非专业人员严禁开柜操作。

（8）设备场地的有关部位，应按消防的标准要求，配备足够数量的消防器材，并保证消防器材长期有效。工作场地意外起火，应使用灭火器、沙或土进行覆盖。

（9）清洁工作应在作业场地以外进行。用柴油清洗机械时，禁止接近明火。

（10）机械停放在交通车道附近时，须在周围设置明显的安全标志，夜间设灯光信号并设专人守护。

二、公路工程安全技术检查

安全检查是指工程建设监督部门以及项目经理部针对施工现场安全生产保证体系活动和结果的符合性和有效性进行的常规检查、监视和测量活动，其中以项目经理部的安全检查为主。贯穿施工全过程的安全检查是施工现场安全生产保证体系持续有效运行的重要保障。

（一）安全检查的意义

安全检查，就是要促使其矛盾向好的方面转化，以保证劳动者在生产过程中的安全和健康。其意义如下：

（1）通过安全检查，可以发现施工（生产）中的不安全（人的不安全行为和物的不安全状态）、不卫生问题，从而及时采取应对措施，消除不安全因素，改善劳动条件，保障生产安全。

（2）通过安全检查，可以互相学习、总结经验、吸取教训、取长补短，有利于进一步促进安全生产工作。避免同类型、同性质的事故再次发生，造成不必要的损失。

（3）通过安全检查，可以了解安全生产状态，并将现场发现的问题记录在案，建立自己的数据库，为分析安全生产形势，研究加强安全管理提供信息和依据。

（4）通过安全检查，可以增强企业领导和施工人员的安全生产意识，纠正违章指挥、违章作业，提高各级工作人员搞好安全生产的自觉性和责任感，并积极去落实整改措施。

（5）通过安全检查，进一步宣传、贯彻、落实党和国家安全生产方针、政策和各项安全生产规章制度。

（二）安全检查的内容

安全检查可以是综合性检查，也可以是有重点的专项检查；可以是例行检查，也可以是临时性检查。其检查内容主要应根据施工（生产）特点，制订检查的项目、标准。公路工程施工安全检查从宏观方面来看，可以包括八个方面的内容。

（1）检查领导。检查各级领导是否把安全生产工作摆上议事日程；是否认真解决安全技术措施经费和安全生产上的重大难题；是否支持安全技术和管理部门的工作；在涉及问题的处理上是否做到奖惩分明、尽到自己应承担的安全职责。

（2）检查组织。企业是否设置安全生产管理机构，并向工程项目派驻安全生产专职管理人员负责安全管理工作；工程项目经理部是否成立"安全生产领导小组"用于领导和协调企业安全生产工作；是否做到有计划、有目的、有准备、有整改、有总结、有处理地进行安全检查。

（3）检查思想。保护从业人员在生产过程中的安全和健康，是我国安全生产中的一项重要政策，也是企业管理的一个基本原则。建筑工程安全生产管理必须坚持安全第一，预防为主的方针，建立安全生产的责任制度和群防群治制度；建筑施工企业必须依法加强对建筑安全生产的管理，执行安全生产责任制度，采取有效措施，防止伤亡和其他安全事故；施工现场安全由建筑施工企业负责。因此应检查各级领导和从业人员是否重视安全生产工作；是否树立安全生产意识和文明施工的意识；是否人人关心和主动搞好安全生产工作，使国家的安全生产方针、政策法规得到落实；检查对安全工作的认识、重视程度，抓安全的深度和广度。

（4）检查措施。是否根据施工组织设计编制相应的安全技术措施计划、专项技术方案；重要的安全设施是否执行与主体工程"三同时"的原则（同时设计、审批；同时施工；同时验收），投入使用劳动条件和安全措施是否得到改善，在预防重大安全事故上所起的重要程度；安全控制措施是否有力，控制是否到位，有哪些消除管理差距的措施。

（5）检查制度。检查安全生产方针、政策、法规和各项规章制度是否建立、健全，深入人心；规章制度的执行是否到位；违章指挥、违章操作的行为是否能及时得到纠正和处理。

（6）检查安全。经过技术培训新到岗的员工是否经过安全教育；从事特种作业的人员是否都经过安全培训、考核，持证操作；主要负责人和安全检查人员是否经过专门安全培训、考核并取得资格证书；全体职员是否都学习过其所从事工种的安全操作规程，能否达到工作所要求的技术水平。

（7）检查隐患。深入施工现场，检查劳动条件、安全设施、安全装置、安全用具是否符合安全生产法规标准的要求；电器设备和线路的电源是否安全；燃气有无泄漏，压力容器、燃气的运行是否符合规定；进入施工现场的人员是否按规定使用安全防护用品、用具；施工人员的从业资格、技术技能是否符合工作岗位要求。

（8）检查事故。检查有无隐瞒事故的行为；发生事故是否及时报告；是否对事故进行了认真调查，严肃处理；是否制定了防范措施；是否按照"四不放过"（事故的原因未查清不放过，事故的有关人员没有受到教育不放过，整改措施未落实不放过，事故的责任者未受到处理不放过）的原则处理事故；调查组是否把事故的原因、经过、责任分析和处理意见以及事故教训和改进工作的建议等形成文字报告。

以上八方面，可以根据检查的目的、实际情况以及季节性特点等来确定检查的重点内容。

（三）安全检查方法

常用的安全检查方法有一般检查法和安全检查评分表法。

（1）一般检查方法，如图 5-1 所示。

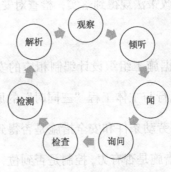

图 5-1 一般检查方法

1）观察。观察施工现场的环境和作业条件；观察实物和施工人员的实际操作；观察施工人员在施工过程中所做的记录和资料；观察施工安全设施等。

2）倾听。倾听汇报，倾听介绍，倾听反映，倾听意见或批评，倾听建议，倾听机械设备的运转响声或承重物发出的微弱声等。

3）闻。对施工现场存在的包括油漆、化学材料、腐蚀物等的泄漏或挥发引起的有毒气体进行辨别。

4）询问。向项目经理部的某项工作和作业有经验的人询问工作中的危险源和不利环境因素；对影响安全的问题进行详细询问，寻根究底。

5）检查。在企业内部除了在现场查明问题、查出隐患、查对数据、查清原因、追查责任外，还可以查阅企业相关的事故、职业病记录，从中发现在本项目中可能存在的危险源与不利因素；从企业外部获取信息，从有关类似企业、类似项目、文献资料、专家咨询等方面获取有关危险源和不利因素信息，加以分析研究。

6）检测。对重要的施工控制点进行测量；对重要的施工机械、安全防护设施以及重要的附件进行测试；对重要的物资进行检测以及必要的试验或化验。

7）解析。实事求是分析安全事故的隐患、原因；弄清事故的时间、地点，研究事故受害者的工作环境、本人的情况，包括身体思想状况，作业中的工具、材料、机具设备情况，技术交底情况，对操作规程是否熟悉，是否持证上岗，现场管理情况等是否存在不安全因素，是哪些不安全因素，是如何诱发事故的等。

（2）安全检查评分表法。安全检查评分表法是一种原始的、初步的定量分析方法，它通过事先拟定安全检查明细或清单从而对生产安全进行初步的诊断和控制。

安全检查评分表是为系统地发现人、机、环境系统中的危险源和不利安全因素而事先拟定好的问题清单。它根据安全系统工程分解和综合的原理，事先把所要检查的对象加以剖析，把大系统分割成若干个小的子系统，然后确定检查项目，查出不安全因素所在，采用对各分项打分的方式，将检查项目按系统或子系统的顺序编制成表，以便进行检查，这种表就叫安全检查评分表。

1）安全检查评分表的优点：

第一，能够事先有充足的时间编制和讨论检查表，这样可以做到系统化、完整化、全面化，不漏掉任何可能导致危险发生的关键因素，可以克服目的性不明确、走过场的安全检查方法，提高检查质量。

第二，安全检查评分表用对各分项打分的方式，能够比较直观地反映安全程度。

第三，可以和安全生产责任制相结合：由于不同检查对象用不同的检查表，易于分清责任；检查表还可以注明对改进措施的要求，隔一段时间可以重新检查改进情况，对安全因素进行动态管理。

第四，安全检查评分表简明易懂，容易掌握，既适合我国现阶段施工安全生产管理使用，又可以为进一步使用更先进的安全系统工程方法，进行事故的预测，为安全评价打下基础。

第五，可以根据已有的规章制度、规程、标准要求及检查执行、遵守的情况，得出较为准确的评价。

2）安全检查评分表的内容及要求：①安全检查评分表的项目：安全检查评分表的检查项目，应列所有可能导致事故发生的因素或状态；②安全检查评分表采用的方式：安全检查评分表一般采用对各分项打分的方式；③扣分标准：根据相应的规章制度、规范规程制定合适的检查标准或要求；④检查结果：将检查中所发现的问题实事求是地记录在表格内；⑤改进措施：根据具体问题制定切实可行的改进措施。

第六章　公路工程生态管理与技术创新

第一节　公路工程施工生态环境保护管理路径

"随着我国市场经济发展进程的不断加快，人们对经济快速发展与生态环境建设的和谐统一性需求越来越大。"① 在公路工程施工期间会涉及比较多的施工因素，如果没有采用良好的生态环境保护措施，势必会造成生态环境破坏，对于当地经济的持续发展也造成了一定的阻碍。因此公路施工企业在建设与管理工作中，还需要结合区域内的生态环境特点以及公路施工要求，采取针对性的生态环境保护策略，在保障公路建设质量基础上尽可能降低对生态环境所造成的破坏，从而实现区域内经济效益与生态效益的协同发展。

一、公路工程施工对生态环境产生的影响

（一）公路施工期间对生态环境造成的破坏

在公路工程施工过程中会对周边生态环境造成一定的影响，具体体现在以下三方面：

（1）在公路建设过程中会对建设区域的植被产生一定程度的破坏，在公路两侧设置的取土场、废土堆以及临时占地等区域，均会对原本的土壤以及植被产生破坏，导致区域内地表裸露程度加深，影响到生态环境的稳定性。

（2）公路建设还会对周边景观产生比较大的影响，一方面公路建设会导致地表植被受到破坏；另一方面公路建设过程中要利用大量土地，导致土地原本的功能跟作用发生改变，而且公路地质对于土地表面的渗水能力也产生了较大改变，直接影响到土壤自身的生产能力。

（3）在公路建设中还会导致一定程度的水土流失情况发生，具体建设中的一系列工程行为，势必会对沿线生态环境以及土壤性质造成影响，表层土地自身的附着性以及抗腐

---

① 　王佳宇：《高速公路竣工验收环境影响调查方法初探》，载《低碳世界》，2018 年 01 期，第 279 页。

蚀性也会降低，导致水土流失问题进一步加重，造成严重的生态破坏。

（二）运营期对生态环境造成的影响

就公路的建设情况进行分析，在公路运营期间对原有的生态区域造成的分割阻断情况，外加上沿线的服务措施以及排放污水垃圾等，均会对当地的生态环境造成严重的影响。近年来随着人类活动能力的不断增加，公路沿线的农业、工业以及旅游业均得到了非常迅速的发展，导致原有的生态环境从自然环境转变为人造环境，在公路长时期使用过程中产生大量的污染物，对公路沿线的生态环境造成长期持续的污染与破坏。

二、公路绿化对生态环境保护的重要作用

公路绿化作为环境污染治理的重要措施，因为植物自身茂密的树冠、落叶以及草皮能够对雨水冲蚀起到良好的预防效果。树叶的光合作用也能够增加当地的氧含量，树叶可以吸收空气中的灰尘，对于公路周边大气环境有着良好的净化效果。因此在公路建设工作中还要加强对公路绿化工作的重视力度，具体体现在以下四方面：

（1）自然环境调和。通过公路绿化的适当规划，能够对沿路环境起到良好的美化效果，实现当地自然生态平衡跟自然环境的协调，让公路融入自然环境。

（2）稳固边坡。边坡长期裸露，还有可能导致塌陷以及滑坡等自然灾害发生，对于公路使用性能也会造成影响。借助公路绿化策略，可以在边坡进行植被的种植，达到水土保持和稳固边坡的效果，还能够对水土流失问题起到良好的解决效果。

（3）生活环境调节。通过公路绿化可以让单调的公路景观变得更加美观，对于汽车噪音也能够起到良好的削弱效果，减少汽车噪音对于周边居民生活所造成的影响，还具有良好的生活环境净化效果。

（4）减少自然灾害。在公路建设中势必会对周边自然环境造成严重的影响，如果没有做好生态恢复工作，还有可能导致自然灾害的发生，威胁到公路工程的使用安全性。通过强化的公路绿化措施，能够对这种不良冲击起到良好的缓解效果，还能够改善公路周边生态环境，减少自然灾害的发生可能性。

三、公路工程施工中生态环境保护的措施

（一）进行公路建设施工的合理规划

公路工程在建设中有着复杂性与全面性的特点，涉及公路工程建设之外的因素。因此在公路建设过程中，要求施工单位能够从全面性与系统性的角度进行充分分析，就公路建设中可能出现的生态破坏问题进行明确。无论是在公路施工前设计还是施工后运营阶段，均需要将环境保护要素作为重要的管理内容，并且要做好对公路建设全过程的环境保护与监管工作，借此获得良好的生态环境保护效果。因此在公路建设施工过程中，还要做好以下三方面的工作：

（1）在公路建设前期需要做好施工区域的环境评估，在结合公路工程施工特点基础上，做好环境影响评价工作。在公路工程可行性研究过程中，利用经验借鉴、资料查阅以及模拟测试等多种方式，就项目建设对于环境的影响程度进行合理评价，随后在生态保护理念下，对公路工程设计方案进行优化与完善。

（2）在公路建设过程中，做好项目环境保护施工组织设计的合理编制，还要做好对施工全过程的环境监理工作，规范所有施工技术人员的行为，减少人为活动所导致的生态破坏情况发生。在公路工程竣工验收阶段，也需要结合相关标准，对环保设施进行严格的验收工作。

（3）在公路运营过程中，要做好公路项目的日常巡检和监测工作，就各生态保护措施的落实效果进行明确。针对公路运营期间产生的环境破坏问题也要在第一时间及时补救，对公路周边的生态环境起到良好的保护效果。

（二）进行环境影响指标体系的完善

施工前准备工作也会直接影响到公路工程的施工质量以及对生态环境造成的影响。因此在施工前准备工作中，还需要对公路建设与环境保护之间的关系进行协调，减少公路建设所造成的生态破坏问题。在公路建设施工过程中，施工单位需要遵循国家的相关法律规定，做好与公路建设工程相关的环境保护措施。公路项目管理人员还需要从公路项目全生命周期入手，进行环境影响指标体系的构建与完善。

公路建设过程中，相关的综合性生态环境评价指标包含非常多的内容，项目管理人员需要就公路设计、环境质量以及景观绿化等多方面入手，就公路建设所导致的生态影响进行全面考量。我国地域辽阔，不同地区公路工程在建设过程中所面临的生态环境也存在较大差异性，针对部分环境特殊的区域，还需要结合当地的生态环境特点以及气候特点，进行环境影响指标以及指标权重的合理确定，为公路工程生态环境保护管理工作的开展奠定良好基础。

比如在云南以及贵州等区域进行公路工程建设过程中，因为这些区域的生态环境比较脆弱，因此在施工过程中还需要对水资源、生物资源以及绿化景观等因素进行综合性的考虑。在河南、陕西等一些人员密集的平原地区进行公路建设过程中，需要将大气污染、噪音以及土壤资源占用等因素作为重要的评价指标。只有在结合区域建设特点的基础上，进行环境影响指标体系的构建与优化，才能够为公路建设施工起到良好的指导效果，减少公路建设中所造成的生态破坏问题。

（三）因地制宜地进行环境设计

就我国现阶段的公路建设情况进行分析，其中还存在设计与建设不兼容的问题，这也是影响到公路工程施工质量跟生态效果的重要问题。我国很多公路施工单位在公路建设过程中，并没有做好建设周边环境的评价与总体设计工作，在同一区域的道路中还存在环境设计不一致的问题，也就影响到后续的公路工程施工效果。一般在公路工程建设中，其环境设计效果还与建设区域以及公路等级有着密切的关联性，一般高等级的公路设计中对于环境保护的重视力度比较高，但是在低等级道路中还存在环境保护设计水平不足的问题。部分公路设计人员有环境保护理念过于陈旧的问题，多是通过加大绿化覆盖率进行生态环境的保护，对于生态系统的自然规律重视度不足，也就难以获得良好的环境设计效果。

因此在公路建设环境保护的设计工作中，要求公路设计人员能够在结合以往工程建设经验以及当地生态环境状态的基础上，做好施工区域的实地勘探工作，在此基础上开展环境保护的设计工作。在公路工程规划设计中还需要对生态环境不同阶段的特点进行合理划分，对于处于同一阶段的公路项目采取一致化的环境保护措施，反之则需要进行针对性环境保护措施的设计，保证环境保护设计的质量。比如在一些荒漠的过渡区域内，在环境保护设计过程中还要增强耐干旱植被的覆盖率，提升当地的水土保持率。而在部分绿洲农田区，则需要加强对雨水收集以及储水工程的设计工作，在此基础上实现公路工程设计与建设的协同，促进公路建设质量以及建设生态性进一步提高。

（四）加强施工中人为活动的监管力度

在公路工程建设中要想获得良好的生态保护效果，除了做好环境保护设计工作之外，还需要通过强有力的监管机制，加强对公路施工人员的监管力度，避免人为因素所导致的生态环境破坏问题发生。目前在公路工程监管工作中，多是将管理重心放在了施工质量跟施工进度上，对于环境设计的监管力度不足，导致了建设与设计脱节等问题发生，设计方不能因地制宜地进行环境保护设计工作，建设单位也无法将环境保护制度进行落实。此外在公路建设中，主体工程与环保附属工程还存在联系紧密度不足的问题，多是在公路主体工程建设完成之后方能够进行环保方面的建设工作，而且没有做好环境保护项目的验收工作，对于公路建设中产生的环境破坏问题也就难以进行处理，导致环境保护工作的作用无法充分发挥，影响到公路工程的生态效益。

通过加强公路建设中施工管理的方式，也能够对施工活动起到良好的优化效果。因为公路工程项目自身的建设周期比较长，并且涉及非常多的施工内容，因此在环境保护工作开展过程中，还需要从多方面入手，确保环境保护工作的全面性和落实效果。

比如在公路建设中要加强对土石的管理力度，在结合经济性施工原则的基础上，尽量在地表裸露区域取土，还要采用分散取土的施工原则，避免取土量过大对于当地生态环境所造成的破坏。公路施工完成之后还要对取土区域及时回填，减少公路工程建设所造成的生态破坏。最后要加强传统绿化措施在公路建设中的作用，比如通过在公路两侧进行绿化灌木种植的方式，起到良好的防风固沙以及空气绿化效果。在公路工程施工阶段还要做好水源保护工作，借此获得良好的生态环境保护管理效果。

第二节 公路工程管理中信息化技术与云平台建设

随着计算机网络的发展，"云技术"成为目前信息化应用的主流技术，项目信息化建设应全面引入"云"的概念；在项目建设管理的各个阶段，广泛利用大数据挖掘技术，以互联网信息为联络，帮助项目建设各方对项目进程与质量都有把握，借助"云存储、云计算、云服务"的思路，方便管理者有效地管理项目。

一、工程管理数据分析与信息化技术

（一）宏观信息化——"大数据"

大数据，或称巨量资料，是指那些数据量特别大、数据类别特别复杂的数据集，这种数据集不能用传统的数据库进行转存、管理和处理，需要新处理模式才能具有更强大的决策力、洞察发现力和流程优化能力的海量、高增差率和多样化的信息资产。在土木工程建设行业，结合我们制定的统一的数据标准，可以建立分析模型，借助云计算，实现对项目工程造价指标、工程量指标、概算执行情况、工程变更、技术方案等进行综合分析，为行业主管部门提供决策依据。

（二）"微"观信息化——移动互联网应用

一般情况下，工程现场的环境条件相对有限，因此基于这一点，可以通过移动互联网应用，迅速地在现场建立局域网络，同时也能为现场移动办公提供便利。通过移动端应用（如微信、QQ等），工作人员不仅可以方便快捷地接收信息，而且可以通过移动设备办理业务，解脱了现场工作人员的办公场地限制，使办公更加灵活，效率更高。尤其是管理者，可以不受场地限制进行办公，例如出差时，不在现场也可以利用移动设备在资源管理平台上照常工作，省去了过去信息传递方式产生的花费，同时有利于效率的提高，并让"实时办公"的梦想成为现实。办公不再拘泥于办公室，通过移动设备（手机、掌上电脑等）就可以灵活办公，随时随地高效工作。

（三）综合信息化——信息集成技术

企业一方面要向众多外地项目和下属分部传递信息；另一方面与政府、客户以及项目有关各方要进行必要的沟通，集成一体化处理信息的网络平台，使建筑项目中的优势得以体现。信息集成技术的发展，为实现总部系统、项目管理以及施工现场的管理的一体化提供了必要条件，同时也为客户创造了更大的商业价值。信息化时代，通过互联网即可发送和共享项目图纸、现场图片以及相关的数据。

为使工程项目管理水准有更大的进步，可以借助互联网、计算机技术大发展的时代便利，借信息化的大趋势，大大地提高工程建设项目管理的信息化水平，同时还可以将工程建设项目转向智能化发展。如今，国内的电子办公、电子政务、金桥工程、金卡工程等取得了很大的成果，同时在社会上也有很好的反响，如此一来，信息系统向集成化的网络应用转变将成为可能。

二、信息化技术应用——云平台建设实例

下面以黑龙江省公路建设项目综合管理平台为例，阐述云平台涉及的技术和所要实现的功能，并取其移动 APP 从业务需求及功能实现两方面加以重点分析。

（一）工程建设项目管理云平台

黑龙江省公路管理信息平台在设计开发过程中参考国内同行业软件的先进特点，密切结合工程建设项目管理要求，依托信息化技术，运用先进的现代项目管理思想。通过项目管理云平台可以帮助项目工作人员实现以互联网为载体，以项目管理为中心，实现项目管理的互联互通、共享共治，构建项目管理的"命运共同体"。项目云具有不同的分立的系统，可以为项目各方提供相应的解决方案。

建设项目各级公司、行业职能管理部门依据各自权限，统一在建设项目管理平台下工作，满足各方建设管理业务需求（如计量支付、工程变更、投资动态监管、指标分析、材料调差、工程控制、质量监管、质量评定、数字档案、工程决算等），数据通过云端永久存储，为项目后评价及养护运营提供资料查询及数据分析，实现项目全生命周期管理。

建设项目综合管理平台将管理理念和方法与计算机技术、互联网、移动互联跨界结合，通过顶层规划，建立统一的技术标准、数据结构、数据标准、接口规范，借助"云存储""云计算""云服务"，基于 SOA 的标准接口，打造统一的交通建设综合管理平台。这种方

公路工程管理与实务研究

式可以满足行业各部门之间相关业务的沟通交流，从而达到加快各种信息的流转速度、提高工作效率、强化工程管理的信息化水平，降低工程管理成本的目的。建立统一、标准、有效的管理信息反馈机制，用程序控制行为，实现精确管理模式，加强事前与事中的监管，提高工程管理水平和效率，规范、拓展和延伸建设项目数据库的数据价值，为主管部门提供数据检索、分析和决策能力。

建设项目综合管理平台以"云存储""云计算""云服务"为基础支撑技术，将建设项目所关联的各类数据进行统一的存储，利用云计算进行各类指标的分析，并通过云服务区分不同的对象进行数据的展现。

（二）云平台——移动 APP 的开发

1. 业务需求

（1）任务管理。管理以任务的方式进行，我的任务指由"我"发出或流向"我"的任务。任务管理须具备以下功能：

1）如果"我"是机构 / 部门负责人，则流向我部门的任务也是我的任务。"我"可开启任务分配机制把任务分配给某人落实。

2）查看流向我的任务情况，并追溯任务的来源和经过详情。

3）由我发出新任务，指定对象为个人或机构，实时更新任务的执行情况、经办人等详情。

（2）工程资料须实现以下功能：

1）提供工程所需的规范、施工图纸等资料，便于随时随地调取查阅。

2）通过"PC 嗅探"（系统内建）访问个人电脑，即随时随地能通过移动端访问个人电脑，访问或将 office、CAD、PDF 等文件作为附件推送。

3）系统内建个人资料库，功能与"云盘"类似，以实现常用资料的移动端查阅。

（3）OA 系统，该功能是 PC 端 OA 系统在移动端的入口，对项目指挥部的公文 / 合同审批，公函、呈批件、通知进行移动端的处理，并可实现 PC 端同等的操作，如审批、查看审批记录、文件状态等。

（4）通讯录需要实现以下功能：

1）根据工程建设项目组织机构，定制通讯录。

2）可自行添加联系人，但该联系人不进入系统。

3）按业主要求设置任务／信息发出与查看权限，如上级领导可查看下级的工作状态，下级不能向上看。施工／监理单位人员不能越级上报等。

（5）查询，通过日期、单位或模糊搜索关键字等条件实现资料查阅。

2. 功能设计

（1）实现手机端账号与 PC 端平台的统一的账号密码的登录验证授权管理，支持手机号码登录，支持 IOS、Android 主流操作系统的使用。

（2）实现待办审批业务的消息推送，实现和用户相关任务的集中管理，并按任务处理状态（已处理、未处理）进行统计、查询、查看、处理等操作，代办个数以小角标的形式提醒用户。

（3）实现项目资料，如：开工报告、施工组织设计、专项施工方案、安全专项施工方案、作业指导书等在手机端 APP 的查询、检索、下载、预览等功能。实现在手机端对项目图纸按设计院提供的图纸目录及按单位分部分项工程的查询、检索、下载等功能，支持扫描台账二维码调阅对应图纸等功能。数据来源于"公路工程建设管理平台"，由平台提供开放的接口供 APP 应用调用。

（4）实现 PC 端 OA 系统的公文／合同审批，公函、呈批件、通知收发文在手机端 APP 的查看、审批、会签、退回等操作，跟踪项目审核情况，下载公文中的相关正文附件。

（5）实现 PC 端用户信息在手机端 APP 按组织机构层级的形式进行检索、查看，也支持按用户名模糊检索。系统能调用操作系统的通信接口实现电话的拨打、短信的发送。

第三节　公路工程管理中 BIM 技术的创新应用

一、公路设计阶段的 BIM 技术

工程实施的起点是设计，设计阶段 BIM 在项目全生命周期过程中具有极其重要的地位，该阶段全面深度使用 BIM 技术。"基于三维数字化模型的 BIM 技术，可以涵盖工程构件的所有信息，依托该模型，可进行多维度的施工模拟，精细化、可视化管理，可避免传统管理模式中'信息孤岛'等问题的产生，对施工效率的提高具有显著意义。"[①]

（一）BIM 技术在设计阶段的作用

设计阶段 BIM 技术着力于解决了图纸复核、碰撞检测、三维可视化展示、设计交底、工艺模拟、虚拟数字漫游、沙盘、工程量自动统计等工作，最大限度地避免协调不充分而产生的工程变更，提高效率，节约工程造价。

1. 图纸复核

运用 BIM 软件平台协同设计、碰撞检测及净空检查，根据建立的 BIM 模型，查找模型内的存在冲突点和图纸缺陷，形成图纸问题报告，及时进行图纸修正。

2. 三维可视化展示

BIM 模型根据单位分类进行建模，分为：路基路面、桥梁、隧道、交安、机电、房建、绿化环保等，建立的模型精度及要求达到创建标准和交付标准的相关要求。建模分层过程考虑了施工期管理的需求，对桥梁、隧道、人工岛等包含的构件进行分类，建立构件编码体系，建模过程中对相应的构件要输入构件编码。另外，重要投资部分则更一步细化，如在 BIM 三维模型中的钢筋模型，钢筋建模体现了 BIM 精细化设计和施工的精准到位，由于钢筋是整个工程中的主要投资部分，故而精细化钢筋算量，能够使得工程量统计数据更为精准，而传统二维平面图纸对钢筋数量统计错误不可避免，而且，施工过程钢筋位置冲撞问题非常普遍，钢筋建模可显著减少此类问题，此外，钢筋模型可流转至施工单位，辅助材料采购、钢筋自动化下料和钢筋放样技术交底。

3. 协同设计管理

协同设计是设计技术发展的必然趋势，建立统一的设计标准，包括图层、颜色、线型、打印样式等，在此基础上，所有设计专业及人员在统一平台上进行设计，从而减少现行各专业之间以及专业内部间由于沟通不畅或沟通不及时导致的错、漏、碰、缺，真正实现所

---

① 赵顺清、孙辉：《BIM＋在公路工程项目管理中的应用研究》，载《公路》，2020 年 65 期 09，第 231 页。

有图纸信息元的单一性；参数化设计，实现一处修改其他自动修改，提升设计效率和质量；同时，协同设计也对设计项目的规范化管理起到重要作用，包括进度管理、设计文件统一管理、人员负荷管理、审批流程管理、自动批量打印、分类归档等。

4. 设计交底和关键工艺模拟

利用 BIM 模型三维可视化的优势，取代二维图纸用于设计交底，尤其用于复杂结构或部位，如钢箱梁制造、海中锚锭施工、沉管隧道施工等，可大大提高沟通效率，减少沟通时间；对复杂单体工程施工，比如：人工岛施工、沉管隧道施工、海中锚碇施工等。可预先进行施工模拟，优化资源投入；在施工阶段还可以 BIM 三维可视化给工人技术交底，三维模型容易理解，即使欠缺专业知识的操作工人也可以非常直观地理解结构构造和施工工艺，确保工程建设按照设计理念进行。

5. 工程量核算

BIM 三维模型，可自动统计材料工程量清单、构件数清单等，如钢筋用量、混凝土用量、模板用量、钢材用量、沉管数量、预制节段梁数量、钢箱梁数量等，实现各单体工程、分项工程甚至每个部分的工程量都可快速统计得出，而且统计结果准确，提高了工作效率的同时还能实现工程量统计，为各阶段资源配置提供便利。

（二）BIM 技术在设计阶段的应用

1. BIM 协同设计

传统的设计是基于二维空间基础上的一种协同模式，各专业在项目负责人的引导下，按项目的目标及需求编制设计计划，在此基础上，结合每一个专业的优先度进行设计且绘制相应的图纸。传统的设计常存在着几个问题：每一个专业的标准存在一定的区别，没有使用同一的软件版本，彼此之间缺乏沟通互动等，同时，文件文档信息资料的沟通往往利用不同的软件来进行，有时候还会利用 U 盘等方法来传输。在业界人士提出 BIM 协同模式以后，使得协作模式有了明显的改善，就算是同样基于二维图纸的协同，工作效率也有了明显的提升。它强调"四个统一"，即环境、目标、标准、平台统一，项目负责人从项目开始起就引导相关参与者积极做好各项准备工作。

在立项之后，为确保项目顺利推进，为各个相关人员提供依据，管理人员一起进行商讨，制定相应的制度，并整理成《协同手册》。这样就为项目的实施提供了参考依据，防止在协同设计时发生浪费资源与时间的问题，且改善项目的效率以及质量。具体来说，《协同手册》主要涉及下列内容：

（1）制订项目计划。项目开始阶段，项目经理积极和各有关主体联系，加强交流，利用这种方式弄清楚项目的实际需求，如果不提前明确其需求，那么就非常容易在后期施工时发生返工现象。按照项目实际需求，与相关专业的负责人协商，确定其建模精度等相关内容，在此基础上，还需要让各个主体做出确认。精度要求上，各方的要求有所区别，所以，根据同一个要求来规定全部模型精度是非常不明智的，这样做失之偏颇，比如，设计文件中涉及许多设施，如果根据高精度要求进行建模，那么必然会涉及很大的工作量，而所发挥的作用或许只是在施工工艺动画中出现一次，而这种性质的构建在设计中或许仅须用一个图符表示，且注明其型号即可。

因此，对建筑物各个部分的构件，应当分类确定其建模精度，在此基础上，还需要向其他各相关人员做出科学有效的解释。移交内容同样是非常重要的部分，关系着设计阶段的实际工作内容，所以，必须最大限度地细化这些内容。把所需的项目周期与推算出的建模速度有机结合，确定各个节点的日期，然后纳入整体项目计划。上述环节形成的资料主要是通过项目负责人来管理。

（2）确定项目流程。按项目计划建立相应的管理和实施团队，在此基础上，按照各个专业的分布状况来确定相关各方的工作内容以及权限。然后按照权限等级确定统一的实施流程。例如，在建模过程中，确定项目模型各处的实施次序时应按各专业的实际特点，确保其关联性和一定的逻辑性；按照建模流程与项目需求确定各个负责人的工作内容与先后顺序等；按照权限等级与专业情况确定模型互相参考配合的优先等级。

（3）确定建模软件。

1）按照建模精度、项目需求，结合各个专业的配合度，采用统一的建模软件。

2）选用合适的协同管理平台软件、环境的搭建，基于软件功能确定流程的运转等。在软件的运行和管理上还应当确定平台管理员。

3）按照公司具体情况选定网络端，建立好存放目录，用于存放项目周期内文件、文档，确定后续标准的支持方式。

（4）制定相关标准。在 BIM 实施中，标准扮演着十分重要的角色，作为其中的有机组成部分，它在很大程度上决定着项目的效率。应当结合国标来确定，按照项目实际情况以及设计院相关标准来确定项目级的标准。一般情况下，标准涉及的内容包括：命名、格式、流程以及管理标准等。

编写完相应的协同手册之后，还应当由项目负责人牵头，确保全员认真按照手册要求开展工作，应当为上文中制定的相关流程以及标准的落实奠定坚实的基础。

1）召开专门的会议，安排全员学习手册、布置协同工作，确保全员充分把握相关内容。

2）协同设计中，项目经理应定期检查项目进度，及时找出问题，在此基础上，安排人员展开集体讨论，尽快将问题改进。

3）项目完成以后，还应当撰写项目总结，并编制相应的改进方案。

2. BIM 模型设计

直到现在，BIM 技术才在设计单位中逐渐得到重用，究其根源，是由于以前模型精度不高造成的，在进一步的应用中需要不断地总结与提升。软件精度发展的水平与我们现在的需求相比还是相对缓慢，尽管针对特定的公路精度可以很高，然而，大部分均基于建筑设计理念来建模，要满足施工图设计深度的模型精度还有一定的改善空间。建模时，输入软件的是相对坐标与高程（经换算以后得到），它们主要是按照二维图纸来提取的信息，表面上不存在任何问题，然而，当进入全面基于三维的正向设计时，就不是很科学了，而这却是现阶段应用最广泛的公路建模方法。同时，这种"翻模"的基础是具有二维图纸，这样会导致工作量大幅提高，再就是模型是利用数据换算的方法来构建的，其精度是不是满足公路结构中相关参数的需要，仅仅停留在理论的层面。

具体来说，建模软件的需求如下：

（1）标准图族库。对于公路工程上的钢筋混凝土构件而言，参数化的实体模型应符合公路有关参数设置和重复利用的要求。现在的建模软件能够对参数进行自定义设置，可以把公路工程领域的特有参数名词习惯设定给构件模型，并且能利用参数之间的关联进行模型尺寸的修改。值得注意的一个问题是，在设置时，部分公路参数必须事先进行换算，必须有相应的软件产品来提供支持。

公路设计中，标准图的应用同样属于其中的有机组成部分，具体的现实当中，一些设计院均建立起各自的标准图集，由此在绘制同一个形式的构件时，能够明显减少工作时间、提高工作效率。到现在为止，人们使用的标准图的族库，大部分是基于构件命名与外形来供人们选用，必须由使用者逐一选择，在使用公路标准图时，公路设计往往是按照跨径、墩台号等相关指标来进行分类的。

（2）专业构件支持。建筑工程项目往往涉及多个专业，不同专业均具备本领域的特殊构建，到目前为止，采用软件进行模型构建过程中，只能按照其中的定位方式来换算、放置，而没有按照公路的里程桩号、高程等，由此必然会导致工作量明显增多。

在施工图设计阶段，公路钢筋的建模是比较复杂的一环，存在很大的难度，软件对其偏向于建筑行业的梁板柱，值得注意的一个问题是，该模型中的钢筋轴线基本上是三维空间的弧线、斜线等，正因如此，在钢筋设置过程中基本上通过设计线偏移的距离来放置钢筋，即空间位置的设置需要根据实体构件的参数进行，软件应能读取混凝土构件实体的空间信息，之后再按钢筋布置的原则进行建模。除此之外，还应当支持公路专业规范的导入。

3. 结构分析与二次开发

在 BIM 应用中，基于公路信息模型的结构分析是设计阶段最需要的其中一个功能。在结构分析软件中导入公路模型时，按照模型信息中包含的相关参数进行读取，在此基础上，按软件要求，根据最符合现实的情况进行自动分析。但这是理想化下，现实中并不存在这个理想状态，原因是：首先，业界目前还没有研发出可基于整个实体模型进行分析计算的软件，常用的产品多数是基于有限元与杆系理论；其次，对于现在的一些分析软件而言，并不能做到将模型数据导入，市面上的 RM Bridge 能够支持从 Open bridge Modeler 将公路模型导入进行分析，但 OBM 的模型精度根本无法满足要求，分析结果能否为设计工作提供指导与借鉴仍然悬而未决。对于钢筋的计算也是其中的一部分，当前软件产品不能对整体模型进行分析，并且由于硬件条件的不足，当前带有钢筋的总体模型的运转依旧算一个难题。

为妥善解决上述问题，我国一些设计机构着手创办自己的研发队伍，从各自的角度出发，基于各种平台开展二次开发的工作，在各方面取得一定的进展。比如，计算公路下部结构过程中，离不开有关地质资料，到目前为止，我国已经开发出"华创汇翔三维工程地质系统"，这一产品可以录入钻孔数据等方面的资料，最终得到相关三维地质模型（带有地质属性信息）。就当前我国开发出的钢筋建模软件而言，公路专业的钢筋模型均为异形结构，该模式下的建模过程非常烦琐，效率不高，我国目前也已经研发出了相关软件，能够对于公路的钢筋钢束模型按照中国规范和设计进行考虑。

4. BIM 成果移交

传统的设计成果通过图纸的形式来提交，而新技术的应用，则提供了更多的选择余地，在很大程度上丰富了提交的成果。提交成果一方面涉及图纸与信息模型，而且涉及纯浏览模型，支持根据相关属性浏览模型；提供碰撞检查报告，在设计时就可以随时自检。另一方面，还能够为施工方提供依据，提供施工工艺的指导动画，能及时掌握设计意图，提供带有施工进度模拟信息的模型。

在提交内容中，尽管最关键的是模型，但模型针对各阶段的使用需求有所区别，比如，公路基础工程中的钻孔灌注桩，在设计阶段时，按传统手段一根桩基础只须绘制出一整根的图形，而在施工阶段，一根桩基础可能因诸多条件的影响而必须分成若干次来进行浇筑，由此就必须进行分期，并且还应当兼顾是不是需要分别构建设计模型和施工模型的问题。如果通过设计方来提交施工模型，在这种情况下，则基于工法的建模必然会变得更加繁琐，其任务量将明显增多，所以需要有一种软件，它不仅能够按构件所携带施工工艺信息进行分析，并且在施工阶段能够根据现场数据对施工模型主动进行分解。

5. BIM 应用实例

以某市政互通立交改造项目为例，探讨在公路设计阶段 BIM 技术的应用。

某市政互通立交改造项目是一个城市快速道改造工程，坐落在深圳市中部地区。为进一步优化城市交通条件，该工程设计路段长度为 8.5km，共设互通立交 8 处，管廊 37 座，综合管廊总长 17.6km，主、辅路分别设置双向 8、6 车道，标准横断面长度为 90m，BIM 应用要求模型精度为初步设计阶段。

（1）协同环境搭建。本工程一方面需要道路公路专业人士的介入；另一方面，还离不开综合管廊有关专业人士的介入，涉及多个专业。基于此，设计方采用了 Bentley 平台，通过 Project Wise 构建相应的协同平台。

首先根据云端建设项目服务器，设置存储根目录，用于存储设计院 BIM 中心专属文件。设计单位坐落在陕西西安，而该改造工程的项目部则坐落在深圳，双方联合，同时开展工作。在存储根目录中建立以下五个目录：设计基础资料、BIM 设计、数据库设计、管理系统开发、成果移交，五者针对资料管理、BIM 设计建模等方面提供了工作平台。

在此基础上，在工作分配与专业领域上，把协同专业划分成七个领域：场地实景、地质信息等，比如，先以一座互通立交为单位将公路工程划分成八个立交小组，进一步把它们划分成主线、匝道公路，根据上、下部结构来拆分各个公路，各项工作均通过相应的设计师来开展。分工完成以后，为了实现模型设计和资源共享的协同管理，根据各个专业以及各个流程、合理分配工作者的权限，然后实施相应的工作流程，确定建模的相关技术标准，与此同时，还确定了文件之间的相互参考以及关联的规则，在很大程度上改善了沟通效率。

（2）BIM 模型建立。

1）建立场景模型。根据相关技术，通过无人机来拍摄工程项目的现场，预先设置好无人机的程序，科学设置航拍线路，最终得到许多有效的影像资料，在此基础上，根据地理坐标在沿线设计了关键点（总共 58 个），接着利用 Context Capture 进行处理，由此得到相应的实景模型，确保模型精度为 1∶1 000。通过上述方法构建的模型，所以能够作为路线设计的勘测数据依据，是因为相对而言其精度较高，利用 Descartes 软件，调整和编辑该模型，把它导出为路线设计所需的三维三角网格地形模型文件。

2）按照场地模型以及地质的钻孔信息数据，对数据导入功能和实体建模功能进行二次开发，设计出地质建模工具。导入钻孔数据相关资料以后，能够按照地面模型形成相应的地质模型。

3）建立现状管线模型。根据过去的竣工图纸等数据，提取管井相关数据编辑成表，利用 Power Civil 包含的相关功能，构建出现状管线的信息模型。以上的工作为先导工作，其模型成果与信息数据能够为后续各项工作提供指导。

路线设计采用三维的正向设计，通过 Open roads Designer 软件，按照上述方法得出的地形模型，设计并绘制道路路线的平、纵、横数据，由此就能够得到相应的路线模型。设计横断面时，主要按照该软件来进行，辅助设计的工具，构建起许多模板库，其内构件的位置与尺寸之间有一定的关联，同时为了在很大程度上缩短建模时间，还能够按照已知的设计数据与地面模型数据自动进行计算预分配。

在设计阶段，因多数公路属于互通立交范围，会用到大量标准构件，所以在设计之初，针对相关标准构件均构建起标准模型库。多数主梁是钢箱梁，分阶段布设，各节段的钢构件尺寸均非常接近，故按 MicroStation 的建模功能再次进行开发，设定了各节段的构件尺寸和组装模式，能够全参数化地对钢箱梁建模，并建立在上部标准图库内，能在放置中进行选择。市政常用的花瓶墩多在下部结构中，结合工具，可将下部构造参数化，且可支持根据路线及公路跨径进行快速布置。

同时进行道路设计模型与综合管廊设计模型的建立，按照设计要求，利用二次开发的工具对管廊和道路能够在相对较短的时间内构建起相应的信息模型，模型最终总装在协同平台上。

（3）可视化应用。本工程坐落在经济水平比较发达的深圳市，是一个重大设计项目，对于景观方面也有着相对较高的要求，所以构建起相应的总装模型之后，还应当通过景观设计师来优化整个场景，采用 LumenRT 软件中的景观设置功能，辅助以有关工具，科学合理地设计整体的景观。道路沿线的植物，为模拟植被变绿与凋谢的过程，可以利用季节更替进行模拟，并兼顾景观要求，在各个位置上建立好植物的种类即布置要求的数据。总装模型与场地实景模型有机融合，然后配备相应的景观模型，这样就使模型的美观性有了明显的改善。

（4）方案比选优化。本项目包括公路下部结构、现状管线、管廊等诸多内容，其设计方案必须科学合理。构建总体模型以后，利用软件的相关功能输出碰撞报告，由此能够非常直观地显示出结构碰撞的程度与位置。按照碰撞程度，适当改进设计方案。

在方案比选中，对比分析当前市政道路的实景模型和方案模型，由此我们能够非常直观地看到该路段改造之后的情况。

（5）交通模拟。本工程属于市政改造项目，为充分确保工程进度以及安全，施工过程中必然要封闭有关道路，由此将会在一定程度上影响到交通流量，所以，还应当科学地规划现有的路段交通情况，模拟各个施工阶段的交通倒流情况，根据 VISSIM 的相关功能，按照交通流量要求建立车流模型，提前模拟施工各阶段的支挡围护、车流行进以及车流分流等情况，能够为后期的交通方案规划提供一定的参考。

二、公路施工阶段的 BIM 技术

施工阶段是公路建设周期中最重要的一环，这期间往往会受到一系列因素的影响。对于公路工程来说，该阶段受到更多的考验，所以必须采用合理的管理措施，为工程顺利进行奠定基础。施工阶段采用 BIM 技术，有助于各项工作的顺利进行。

（一）BIM 技术的施工可视化应用

BIM 施工可视化的应用具有非常重要的作用，在很大程度上提高了施工速度与准确性，传统模式往往需要反复查阅设计图纸，同时还必须认真分析，接着还需要利用计算机或者人工的模式来做出标记，这期间往往还要通过人工的方式进行空间的构架和关联，所以时常会出错。而 BIM 技术中的可视化特性却能够妥善处理上述一系列难题，模型能够非常直观地显示许多信息，可视化协同管理方法以及三维信息模型与工程项目时间、成本、质量、安全等信息的数据关联及数据库建设等问题，提高建设效率，减少浪费，节约建设成本，为科学、高效、高质量地完成公路工程项目服务。

1. 施工进度模拟

施工阶段，BIM 技术施工可视化最常用于施工进度模拟中。采用 Bentley Microstation、Trimble Tekla、Autodesk Revit 等软件作为建模软件平台进行工程项目的可视化模拟，软件中整合了多种三维模型，加入"时间"这一新维度，衍生出"4D 施工进度"这个新术语。通过时间线工具来实现对项目计划进度的设置和添加，任务到选择集的对应关系清晰，根据进度条的名称和匹配大小写入模型中，实现进度和模型的链接创建模拟，Project 提供了实际施工阶段和计划进度之间的对比模拟，并提供了对施工进度与施工费用等的跟踪，采用图片和动画的方式导入到施工模型中，进度条可采用动画和图片视频的格式进行展示。模拟过程中，根据施工进度计划和任务、工期来绑定每一构件，在此基础上，利用模型对进度进行模拟。

传统模式中，往往采用甘特图来控制施工进度，在图表中把进度条和每项任务相关联，相比于手工绘制的进度条，其效率较高，但还需要各方的负责人进行协调，对实际情况的构件和资料等进行对比，然而，实际工程的进展中，会出现诸多不可预测或发生变化的影响因素，产生错误量，这列错误量不及时修正则不断增加，效果不理想。在 BIM 应用中引入了信息模型，这样就完全将信息间的整合和关联打通，通过已经存在的分类编码信息和计划信息两者的关联性，会自动地将所建立的模型和进度计划两者相互映射结合现有的软件功能，将施工计划的横道图直接从编辑软件中导出，非常方便准确。

通过建立的模型可以查看构件施工的各个阶段和所在阶段所做任务名称，或者通过施工的时间点对构件施工进行各个阶段的检查。因此，当项目的各方面都加进项目施工的进度中后，可以起到计划的控制作用，控制可以从设备进场到后来的临设拆除中实现，而且实际中如果有临时性的问题出现后，例如由于降雨使得工期延迟等，当调整某一环节时，全部的任务均将按照设置的任务关系实现自动调整，且能够非常直观地体现在甘特图上。因此，施工管理团队能够较为准确地分析进度管理过程中存在的问题以及好的做法，编制出科学有效的施工方案。

2. 碰撞模拟检查

施工时，某些错误或许会造成返工情况，这样不仅会造成成本的浪费，而且还会影响到工期，所以还需要对设计成果进行模拟检查，这是十分关键的一项工作。虽然，我们在校核的过程中已经对模型进行了相关的碰撞检查工作，早就把其中存在的不科学的布置排除了，然而，具体施工过程中，往往会受到许多施工方法的干扰，理论上的无碰撞根本无法确保具体施工中也是如此。碰撞主要包括以下两种类型：静态、动态碰撞，对于前者来说，一般用于公路中钢筋和钢束套管间的碰撞作用，并且根据软件分析出来的碰撞相关规则，制定碰撞的范围来进行约束检查；对于后者来说，其主要用来检查现场公路净空等，为机械安全进场提供坚实的保障，设备放置在合理位置，防止存在疏漏，为顺利布置好场地奠定基础。

现场构件的制造还能够利用 BIM 的可视化特性，对那些有厂商预制的构件，能够预先实施安装模拟，利用这种方式对其尺寸是否准确进行检查。在传统模式下，厂房一般是根据设计图纸来生产相关构件，这样制造的构件可能会发生尺寸上的错误。BIM 模型具有相对较高的精确性，常运用于钢结构中，在组装过程中模拟那些特殊的位置，当构件在模拟过程中符合负荷要求时，可以通过这个软件直接输出厂家所认可的构件制造文件，因此，可以直接进行施工下料。

BIM 技术中的现场模拟，用的是三维建模技术，构建起相应的场地模型，预测其中的填挖方，测量安全距离，利用上述一系列的措施，能够适当调整设备的摆放、人员机械的入场先后次序，并且还能够准确估算部分施工成本。

3. 模拟施工流程

基于 BIM 技术采用 Revit、Navisworks 软件实现模拟施工，动态演示各个制作工艺，将施工流程以三维模型的方式直观立体地展现出来，有利于进行项目尤其是特殊节点的技术交底，工人可以直接明了地了解施工中的细节问题，使其在施工前充分了解施工内容和顺序，这样让技术交底更加详细化和可视化。当施工模型全部构建完成之后，可以进行整体观看，由此能够明确地发现其中的不合理之处，更妥善地部署现场的各项任务，有效防止脏乱差等情况。对于大工法节点，能够预先对施工工艺进行模拟，评估工艺是否合理、工序是否科学等，防止施工中发生返工以及危险情况等，关于施工方法的先进性，能够提前商讨并确定。

基于以上输出的成果，能够利用移动端以及电脑端来查看。在模型浏览时，工人无须随身携带比较厚重的施工设计图纸，利用配置了相关浏览软件的 PC 以及手机就能够查看，能够充分弄清楚模型的相互关系，甚至还能够在远程浏览。利用 3ds Max 等软件输出的相关信息以及利用相应的建模软件的三维图纸能够指导有关工人、传输设计意图与施工方案，特别是那些利用说明与图纸不容易看懂的工序，现场翻看模拟施工、可视化工艺指导和技术交底。

（二）BIM 技术的施工管理平台

为了将施工资料和人员进行对应和高效地工作，为后期的统一管理提供良好的条件，BIM 信息施工管理平台应运而生，根据公路工程分类和编码对工程信息模型进行拆分，将施工管理系统数据库中的数据与模型进行匹配，实现系统数据的互融互通。施工平台服务于日常工程生产和管理，要求是常态化、数字化、自动化、智能化，通过过程数据的不断搜集和完善，使数据在各阶段都能共享互通。因此，在管理平台上，各参建单位既是数据的提供者，又是数据的利用者，建设单位可利用平台进行资产管理、掌控施工状况、改进建设管理、提高管理效率、降低管理成本，施工单位则可改进施工组织、提高设备利用率、优化材料和备件库存，充分利用 BIM 数据进行构件加工，减少中间环节，提高加工效率和精度，提升施工组织水平。

1. 模型及资产管理

目前基于 BIM 的施工管理平台，已实现了建设和施工当中的一些管理功能，成本和资金是比较关注的方面。在基于模型的资产管理上，所有建立的模型主体建筑物与在场设备均能够反映项目所需要的材料情况，并且可以通过许多平台软件将各种数据导入，因此可以将这些数据在平台中进行处理和分析，并进行相关的建模，利用后台能够对模型进行管理和自动识别所构建的标码系统，这样的话，将会形成统一的树状管理目录，可以根据平台中结构构建相关的编码以及它们对应的构件属性进行信息的交互和查询。根据当前的一些信息化方法，能够利用一些新方法，把模型信息和实际构件关联，在现场核对和查看每一构件。

在施工开始阶段能够在管理平台上显示出物料、资金来源等的吸纳与采购计划，为建设方的管理提供参考依据。在成本管理上，能分阶段对于项目收入、成本与实际成本进行三算对比与分析，利用平台进行显示，根据曲线图管理工作能够一起分析并发现成本增加等异常状况，确定更加科学的措施对项目成本进行有效控制。施工中，每一个环节均能够根据需要提取工程量，提前计算出各步所需的物资量，根据各种清单，可以预测各种工作，比如将各种生产要素的使用进行分析和预测。

项目资产的成本，可以作为 BIM 中施工的一个管理维度，以此，在三维模型、进度维度基础上，形成一个可视化的 5D 施工管理模型，直观地查看物质调配和成本管理情况。迄今，5D 施工管理模型在建筑施工领域更为广泛应用，公路工程领域在进一步研究和改善模型，优化数据支持技术后，逐步融合达到切实应用。基于 BIM 的造价管理，可精确计算工程量，快速准确提供投资数据，减少造价管理方面的漏洞，另外还可减少返工和废弃工程，减少变更和签证，降低工程造价成本。

BIM 技术施工平台管理，充分集合了"互联网＋"、物联网、云计算、大数据等新一代信息技术，加强了科技创新，极大降低了时间和经济成本。在已经实现建设完成通车的南沙大桥项目中，建设施工阶段攻克了跨平台系统架构和多源数据采集技术及大尺度 BIM 模型轻量化处理和图形渲染技术，解决了原先庞大的数据容量和平台难融合问题，BIM 管理平台集合了更丰富的 Tekla、Revit 等软件模型，参数化模型的建立，设计模型向施工模型的转换更加便捷。基于 BIM 技术的不断发展，施工阶段施工图审核、深化设计以及过程的检查监控更加可靠，基于 BIM 模型精细化管理，更有效管理项目投资和质量、进度。

2. 施工协同管理

在协同管理上，平台能够录入项目有关人员的信息，且对他们的权限进行设定，接着按照项目流程把相应的功能分配给有关人员，能够使施工全程实现协同工作。比如，在全部工作流程的协同中，施工方有关职工按照现场实情将进度信息录入，监理公司职工认真审核以后上报，业主相关职工批准后通知对应环节，平台自动更新进度信息，在此基础上，按照其关联性将绑定的模型构件更新，然后有关方均能够收到通知且能够查看更新后的信息。

在采购中，当职工向平台报送采购信息时，审批人能够在第一时间收到提示，在模型上看见购买时间、成本、供货方等诸多方面的资料，然后做出相应的批复，协同同样是以网络为基础的，且能够随时更新，所以能够利用移动端或网页端来查看。

平台还将录入有关文档，统一管理全部资料，在上面能够统一查看全部文件。在工序管理时，各个工序中的责任人以及最新工程用量信息资料，均会在施工进度模拟时与模型进行关联，比如，能够利用不同构件颜色来描述各个区域的工序状态，这样我们就会对工序情况一目了然，能够随时对其他工序信息进行查询，及时发出更新提醒，同时还能够对有关文档的电子版进行直接关联申报、审批等。在技术交底时，能够与全部的施工相关方联合，把所有的项目工作和 BIM 模型结构结合起来，进行三维的技术交底工作，更加直观明了。

工程项目的工序管理在施工中属于其中的有机内容之一，计量管理过程中，由管理工作者与监理单位相关负责人来管理计量人员以及工作流程，充分确保计量结果满足合同要求，在此基础上，还需要评估工作内容、计量流程和水平，改善效率、尽可能地避免犯错。由此，计量工作的许多成果能够通过平台申报，监理单位的相关负责人员利用平台对资料进行查验，对质量做出检查，对符合要求的工序做出审批，业主人员同样能够利用平台进行查验，这样就可以非常直观地掌握各个数据的详细量化情况，且可以按照模型的信息自动生成数据和输出存档。

（三）BIM 技术的施工集成应用

当 BIM 模型应用到施工现场，并发生作用了，才意味着 BIM 技术在施工阶段的切实落地。大型项目施工复杂，施工风险大，为确保施工方案安全可靠、质量保障，并提高施工效率和管理水平，让进度有保证和成本可控，须建立起可靠的 BIM 模型，进行虚拟化施工模拟，分析施工工序、进度计划、资源配置是否合理可靠，不断优化改善施工方案，进而缩短工期、减少浪费、提高利润，实现在施工阶段的进度、质量、安全、成本的集成控制。

1. 虚拟模型的施工过程协助

基于完备的数据库和良好的分析能力，BIM 技术将设计模型分解为施工信息，以 WBS 任务按构件分类和编码标准将项目分成多个小块，方便管理和控制，这些基础性工作要求遵守整体性、系统性和可追溯性的原则。基于施工图设计 BIM 模型建立施工虚拟模型，基于平台开展施工方案深化、施工场布、施工组织计划、专项施工技术方案模拟、施工技术交底、进度管理、质量管理、安全管理、成本管理等施工全过程管理和控制。

（1）图纸复核。与设计阶段图纸复核一样，运用 BIM 软件碰撞检测及净空检查，根据建立的 BIM 模型，查找模型内的存在冲突点和图纸缺陷，形成施工图纸问题报告，及时反馈进行图纸修正。

（2）深化设计和可视化技术交底。对于复杂单体结构，可使用 BIM 软件对设计图进行深化设计。如在钢箱梁生产制造、预制节段梁等配筋密集、形式复杂的结构，采用 Tekla 进行深化设计，通过深化设计得出钢筋的长度、数量、用量、形式等，直接指导施工。复杂结构的模板工程，也可采用 BIM 软件进行深化设计，以确保模板支设、加固等方案满足施工要求。复杂关键结构或部位，如钢箱梁制造、海中锚碇施工、沉管隧道施工等，利用 BIM 可视化特点施工，BIM 三维可视化技术交底，即使欠缺专业知识的操作工人也可以直观三维模型，理解结构构造和施工工艺，确保工程建设按照设计理念进行。

（3）进度管理。BIM 协同管理平台以 WBS 任务分解成多个小块，关联集成三维模型、属性，模拟施工，加入时间维度，动态控制进度，分析进度管理过程中存在的问题，优化组织和资源投入，编制出科学有效的施工方案。

（4）质量和安全管理。BIM 技术强化了施工信息管理，当前 BIM 项目协同管理系统结合大数据技术，普遍配有平台端＋手机移动端系统，集合公告发布、图片新闻、热点讨论、项目信息、资料查询、图纸查阅、最新标准规范查询下载、质量、安全隐患现场移动排查、整改通知单和落实整改通知单网页端打印输出等功能模块，实现了数据的实时采集、上传、发布、任务预警、业务表单输出、数据统计分析等功能，遇到问题，直接衔接到 BIM 模型对应的位置上，提高了项目管理质量和效率。

质量管理模块平台为质监站、监理方、业主方及施工方提供功能支持，包括现场质量隐患排查、质量审批流程、质量报表、首件工程及工序流程卡、测控中心测量复核等模块，通过集成现场质量隐患问题、实验室检测记录、质检表格、工序流程卡以及测量复核等数据，协同进度管理、实验室管理、BIM 数据更新，还可实现基于 BIM 三维模型的施工组织设计与技术交底、测量复核状况查询以及质量数据溯源分析等协同工作，并为计量支付模块提供支付条件依据和支付证据。质量管理模块同时纳入拌和站监控、工地试验室检测、预制厂构件厂管理模块，数据实时上传系统。

安全管理模块同样针对质监站、项目施工方、监理方以及业主方，主要功能包括安全隐患排查、现场视频监控、结构应力监测、现场人员管理（ID 卡身份识别，进出场时间）、安全技术交底及教育、风险源动态识别及管控、安全专项方案以及特种设备监控、危险性较大工程管理、应急演练及预案管理等，通过与计量支付、进度管理以及监控监测模块协同工作，还可用于安全隐患处理、安全生产奖励、风险管理以及安全事故追溯。

施工前通过高质量的技术方案模拟，完善施工图、可视化交底、方案预演，施工中实时掌控和管理，可以大幅提升质量与安全管理水平。

（5）变更和成本管理。BIM技术将清单和模型挂接，每个部位都可实时自动统计施工图工程量清单，数据共享，实现管理协同。变更管理模块相关设计参数、工程量、费用、图纸等信息可同步更新BIM系统和计量支付模块的相关信息，详细记录每次各类变更信息，并进行变更前后比较及变更分析。BIM三维建模技术，模拟施工，比对进度，预测场地摆放，优化施工组织方案，准确估算和控制成本。

（6）数字化制作和信息传递。在统一的BIM模型架构上，将预制品几何尺寸提供给生产厂家，进行工厂化预制。而且，竣工验收阶段，BIM技术把设计、施工、监理等所有信息集成到一个模型中，建立了一套完整的BIM数字化资产，便于后期的运维管理单位使用和检索。

2. 可视化的对比决策

采用BIM技术为项目决策提供可视化依据和集成控制。BIM模型实现可视化指导施工组织进行技术交底，快速完成净空检查以及优化施工工序和方案，通过平台协同，材料管理、首件工程、工序报检、质量隐患排查及相关档案等都可在系统中同时可视化展示，业主、监理、施工等各方在质量管理方面判断更加精确和高效；分析工程项目与周围环境的相互影响，为项目征地拆迁方案提供直观的数据支持，为节点决策提供依据；采用BIM技术直观对比进度计划与实际进度，直观展示进度安排、整合各子项进度、检查界面冲突、进度对比和纠偏，极大缩减数据采集时间，快捷分析解决项目施工进度存在的问题，及时调整施工计划；在成本管理上，分阶段的收入、成本与实际成本三算对比与分析，利用平台显示，根据清单预测工程的资源投入。

3. 参与方协同

类似于设计阶段BIM技术可以帮助实现协同设计，它也为施工阶段的业主、承包商、供应商、设计人员等参与方提供了三维交流平台。利用 BIM 技术具有三维直观、多专业协同的特性，通过 BIM 模型进行碰撞检查，优化工程设计，减少施工实施阶段的错误、返工及损失。施工阶段，工人利用碰撞检查优化后的三维模型，进行施工模拟、施工交底，提高多方协同工作的效率，同时施工质量更有保障，而且，提前解决了碰撞问题，可以节约施工成本，减少返工，加快施工进度，带来的经济效益非常可观。

在施工过程中，不仅会有上个阶段所传递的施工图纸，还会有涉及各类合约、各种进度、供货清单等承载了各种信息的文档资料，要从浩如烟海的文件中准确获取所需信息难度非常之大，由此带来的各种协调调度上的困扰比比皆是，BIM 技术较好地解决了这个难题，各个参与方都能从中获得所需信息，从而避免了信息的不对称和混淆；BIM 技术为依托平台，项目各参与方能够进行协调，通过方案演示往往更易达成统一，选择最优方案和最佳解决办法，从而降低了项目风险，减少了可能发生的摩擦，效率和效益也相应获得提升。

（四）BIM 新型技术的引用

工程一方面引入大量常规 BIM 技术，另一方面，还引入了现在比较流行的 VR、3D 打印技术。通过 3D 打印机以及相关软件，转换 BIM 建模软件导出的数据格式，适当调整以后，打印出公路的每一构件，从而得到其模型，在此基础上，把它引入到相应的展示沙盘中。

BIM 实施人员和项目管理人员可分布于不同地区，他们摆脱了空间的限制协同工作，但他们无法保证自己时刻处于现场来搜集资料。BIM 实施人员和项目管理人员为尽快将施工现场发生的问题处理好，确保其实施的正确性，利用软件输出的 VR 浏览格式，结合 VR 眼睛等信息化设施，身处异地就能够模拟、调试模型，对高空坠落、起重伤害、物体打击、触电等多方位安全 VR 体验，提升工人上岗安全培训及安全教育效果。采用三维激光扫描技术构建三维点云模型，通过与 BIM 模型对比输出实体偏差，提高质量检测效率。管理人员佩戴全景巡检设备，按规划好的巡检路线对施工现场的质量、安全、进度进行巡查，项目决策者可以在任何地方查看到 360° 的全景巡检情况，极大缩减工作量。为便于各参建单位掌握实时施工进度，定期通过无人机、全景相机采集现场施工全景数据，通过与模拟数据对比分析，更形象直观地分析进度情况。

（五）BIM技术施工阶段应用实例

以某公路大桥的施工为例，探讨在公路施工阶段BIM技术的应用。

某公路大桥工程的现场坐落在中俄两国的交接位置，起点与终点分别在中、俄两地，是两国联合建设的公路大桥。其设计长度、宽度以及主航道跨径分别为1284m、14.5m、143m，上部结构形式为：矮塔斜拉形式。桥墩为实体式墩身，桥墩上部为双柱式V形方墩。基础是扩头式桩基础。该桥位于严寒地区，属于跨江特大桥。这个项目的建设是"一带一路"的重要基础设施，为充分确保项目质量，施工中采用了先进的BIM技术。

1. 协同环境搭建

协同工作主要体现在设计阶段和施工阶段的协同。设计阶段中，模型设计和各方的分工，是基于PW协同平台，统一管理有关内容。在施工阶段引入了5D施工管理平台，这样的信息模型是有云技术进行支持的，并且将发挥同一平台、模型格式的优越性，使诸多问题得到了很好的解决。

管理目录下面有多个目录，包括基础资料、模型设计等，从整体上管控项目。协同平台中储存着施工管理平台的有关程序，能够直接使用，随时查看施工进度。通过该平台能够在很大程度上提高工作效率，提高幅度大约为25%，还在很大程度上提高了机械效率，提高幅度为15%，施工过程中，由于进度偏差造成的成本保持在50万元人民币以下。平台中储存了大量内容，管理文件的数量在300份以上，工序报验在160项以上，成本清单在600份以上。

2. BIM模型建立

相对于设计阶段的模型，施工阶段的BIM模型比较细致，种类更加丰富，一方面涉及公路、地形等模型；另一方面，还涉及机械、场地等。模型基于同一平台，利用二次开发建模软件，可把相关信息自动附加在模型上，且符合施工要求。

公路工程的建模，主要包括以下两方面内容：

（1）上部结构建模。上部结构建模过程中，因大多数是钢结构，到现在为止，其构件的建模一般软件就可以胜任，值得注意的一个问题是，其梁段基于公路和路线参数的布置功能却不太成熟，进行二次开发后，设计了自动实现上部结构组装的建模工具。这个过程中引入了 ProStructures 软件来进行建模。

（2）下部结构建模。主桥与引桥，先构建标准件的模型库，下部结构分为三种标准库，通过相互合作的参数化建模功能，并将其参数化后的构件模型进行组装，再结合路线的要素进行布置。桥墩的参数可以进行调整，并可以根据桥墩台号在标准库中进行选择，通过计算进行布置，同样的墩身和桩基础尺寸可以按地面高程自动调整，模型包含的信息数据，会自动进行分类编码的附加。下部建模时，根据统一的标准，按照满足项目需要的二次开发功能，这样可以明显改善工作效率，提示幅度超过 35%，同时精度满足相关要求，以充分确保技术交底工作顺利进行。通过综合分析我国在这方面的研究进展不难得知，在公路项目 BIM 建模中，今后亟须设计出一种更加优秀的建模工具，以进一步改善工作效率。

除此之外，还需要按照施工进度计划对场地、机械等进行建模。然而，因该工程的工期较短，再就是模型数量非常烦琐，构建时并未积累经验，再加上相关软件功能的限制，由此必然会多消耗人力与时间成本。引入 BIM 协同平台以后，项目使用的总时间减少了。今后施工构件模型库会逐渐积累，同时相关软件也会不断改进，必然会有更大的提升。

3. 模型检查与交底

建模完成后，通过软件输出精确用量，复核和验证设计阶段的图纸成果，特别是在钢筋用量上，相比于实际的设计钢筋用量，设计的用量多出了 100 根钢筋。这样的复核工作会体现在碰撞模拟检查中，对现场相关情况进行碰撞检查，并在第一时间之内找出其中存在的不足，防止了施工环节的错误。

在技术交底中，根据相关模型，输出了能够通过手机或 PC 机查看的模型文件，相关人员能够在现场查看，极大地提高了便捷性，输出的 3DPDF 文件能够利用计算机，无须在配备有关软件即可查看，为充分确保交底质量，输出的模型标志了那些关键位置，且在重点构件模型上关联了对应的文件资料。

4. BIM 技术对装配式桥梁的施工应用

装配式桥梁相比混凝土现浇整体抗震性能较差，装配式结构的稳定性很大程度上取决于搭接节点连接方式，连接方式多采用湿接缝处理，湿接缝新老混凝土的连接难做到彻底的混凝土结构连续性，且接缝处往往又正好是预应力混凝土桥梁结构受力最为薄弱的部位，所以构件节点连接方式是装配式桥梁的难点，BIM 技术的可视化三维构件设计平台，在预制构件设计时进行力学分析及环境模拟，精确厂商预制构件，为创新预制构件拼装节点连接方式提供了条件。此外，BIM 技术完善管理平台，开发物联网和 BIM 集成的预制结构现场装配服务平台，及时掌控施工图和模型模拟信息，实现生产、运输、安装信息实时传递，避免返工返件，让质量和安全更加可控。将 BIM 模型与有限元模型采用相同的参数进行驱动，实现 BIM 模型与有限元模型的协同。在构件预制阶段，根据现实捕捉、三维重构技术，可实现预制构件的虚拟预拼装，判断已预制完成构件是否满足设计要求，若误差超限，根据虚拟预拼装结果，调整后续预制构件的制造尺寸，以使成桥后误差在可控范围内。

5. 施工进度模拟和施工工艺动画模拟

在施工阶段，其可视化应用得到充分运用，为充分确保现场布局的合理性以及安全性，通过无人机来拍摄工程项目的现场，预先设置好无人机的程序，科学设置航拍线路，最终得到许多有效的影像资料，对现场管理工作的顺利进行提供参考依据，实景模型与现场机械模型有机结合，入场前提前模拟了现场安全距离等，为尽快完成现场布置工作提供坚实的保障。利用相应的软件来计算土石方，可以得到很好的数据，为计量结果奠定基础。

在施工进度模拟上，模型导入 5D 施工管理平台，一方面把甘特图文件导入其中，自动关联形成带有进度信息的模拟模型，能够对其模拟情况进行查看。另一方面，它还支持实际进度与分段计划的导入，自动调整模型和进度信息，利用平台以及现场具体状况，现场人员能够上报月度计划，而监理方按计划进度做出审核，在批准之后，平台接着就会更新计划，在此基础上，与过去的计划比对，管理工作者能够利用平台对新、旧计划的模拟情况进行查看，对其中的影响因素进行分析，按照更新后造成的工序的变化，分析施工用料等。

在施工工艺指导动画的应用上，构建相关模型，通过建模软件制作了主桥工艺动画。特别是对其下部结构施工的水上作业过程，制定了指导内容，按实情对机械行进速度等做了 1:1 的模拟，在此基础上，还研究了施工便桥的受力情况，且与施工工艺动画有机融合，为工人全面掌握施工方法提供良好的条件。

三、公路运维阶段的 BIM 技术

相对于设计、施工阶段来说，运维阶段的时间较长，这期间面临着更多的不确定因素。对于全生命周期 BIM 理念，应把设计阶段、施工阶段和运营维护阶段数据有机衔接和延续，数据不断搜集和完善，并在各阶段互联互通、交互共享、全员参与。各参建单位既是数据的提供者，又是数据的利用者，消除数据孤岛、信息化集成管理，让设计、施工阶段数据向运维阶段有效传递。

（一）BIM 运维管理平台应用

对于公路工程来说，在运维阶段引入 BIM 技术，能够明显减少数据冗余，提供统一的管理模式，从而提高公路寿命。公路全生命周期的管理应用框架中，在运维阶段，基于同个管理平台，每一个阶段的资料均存储于云端 sever 中，不管操作者如何变换，均可以利用移动端或网络端由模型对资料进行调取，文档与数据协同管理，项目信息可追溯。

1. 协同管理

公路工程项目的运营时间十分漫长，特别对于那些特大型工程，参与主体明显要比设计、施工阶段的多。不仅涉及国企、政府单位等，而且还涉及保养、维护单位，各方的工作性质、内容存在着很大的差异，往往存在着这样的情况：同个项目的运管单位须分别管理各自的事项。比如，在公路铁路一体桥项目中，由公路、铁路两个单位来管理其运营情况，两者在自己的权限范围内行事，同时，两部分的施工以及维护标准存在着一定的差异，所以对于同一个公路建筑但各种信息是分离的。鉴于此，在工作流转中，需要一个更加合理、完善的管理模式，BIM 技术的统一平台的理念恰恰能够满足这个需求。

在统一的协同管理平台中，信息的共享排在首位，公路有关数据资料均是开放性的，均处于该平台之中，相关主体按照各自需要，能够自由地进行查看与调用，方便自己更好地工作。比如，在分析、预测公路健康数据时，如果手头的资料不足，那么就能够按照各自权限来进行调取，在传统模式下，要想获得相关资料，须经历很长的时间，需要利用Email 或者电话等方法向设计机构索要。

人员及其工作的管理中，有关人员的个人信息、公司状况等诸多资料，均一目了然、容易查询。某项工作内容所处的工作流程位置、负责人的业务职能，均能够通过模型来调取，工作成果会在第一时间上报且进入后续的审批与复核程序。基于云技术，各方均能实现异地协同，在平台中将全部的制度、标准制定好等。

比如公路巡检时找出异常情况，然后将维修需求上报。在这种情况下，平台会按照预先设计好的规则将信息传输给有关管理单位，该单位会按照有关标准将维修任务分配给相应的维修队伍。后者会根据实际情况制订相应的计划，然后开展维修工作，管理单位有责任也有义务监管整个维修过程，维修之后把成果上报到平台中，接着有关主体就会接到通知。平台中一方面会统一管理模型、信息、人员、工作流程等方面内容，另一方面，还会实现对设备、原料等事项的管理。

2. 数据管理

要想确保运维管理平台正常运行，必须有相应的数据库，所以，在构建平台以前，应当预先构建起符合要求的 database，且使数据相互联通。在公路运维阶段，常用到以下三个系统：

（1）综合管理系统，负责其他信息系统数据的调配和管控，管理各方的沟通与工作下发，可联通平台中每一个环节的信息，整理它们且编制相应的计划、流程以及标准等。综合管理系统负责提供多种类型的数据接口，支持大数据量运算。

（2）分析评估管理系统。具体来说，分析评估管理系统主要负责连接其他系统的数据库信息，按照预先设置的规则转换数据内容，在此基础上，评估数据信息。把数据变化曲线存储为经验数据，判断与评估养护管理信息，找出其中存在的问题。

（3）健康检测系统。具体来说，健康检测系统主要是按照模型编码分类情况把设备管理系统与数据采集系统获取的相关信息传输至分析评估系统，按照每一个子系统确定的规范进行分析，确定其中的超限数据，据此确定相应的解决方法，编制出新的运维计划，提前预测各种问题，为后续工作的顺利进行奠定基础。对路政管理系统联合数据采集系统得到的各种路况信息，进入分析评估系统后，按规范确定措施。

平台中包含模型及许多数据库信息，在很大程度上改善了管理的准确性与合理性，为管理工作的顺利开展提供了坚实的保障，传统模式在优化（引入 BIM 技术）以后具有了良好的实时性与主动性，同时还可以预测管理工作的趋势，使其更具合理性与计划性。

（二）BIM 结构健康监测应用

公路运营阶段，公路的健康状态检测扮演着关键的角色。进入新世纪，我们已经进入到一个崭新的信息时代，与此同时，传感器设备制造水平也有了很大的提高，该设备应用到检测中，基本上利用它来实时监测公路的路况相关信息，设备获取的相关信息，可以接着传输至相应的管理系统，在此基础上进行分析计算，据此采取相应的养护措施。

传统模式下，主要是通过二维信息来进行。一方面，随着运营期的延长，难免会出现定位不准确的问题，这样就必须进行相应的推算；另一方面，许多离散的数据在运营时会丢失。如在传感器布点中，主要是根据二维信息来进行，根本不能兼顾到三维信息，由此可能会漏掉许多关键部位，或是其数量不能满足要求。或在超出预警值的时候，必须按照 database 中存储的传感器信息以及相关数据才会准确定位预警位置。

引入 BIM 技术的模型，监测点布置变得十分直观、一目了然。模型能够导入相关软件，利用这种方式来分析公路基础的受力情况，在平台中可作为分析评定的预警依据，然后编制布点规则，平台将按该规则向用户提示哪一个位置适合布点，然后提供科学合理的方案，管理工作者主要是结合三维空间来布点，模型接着将会统计布点的数目，这样就会完成相应的自检工作，同时还能够提前模拟布点情况。模型各个布点位置以及检测相关数据，能够利用鼠标单击监测点模型，利用这种方式对相关规则进行查看。

BIM 技术应用中的工况模拟应用，可结合检测数据来模拟公路运维阶段的相关情况。关于交通管控，主要是利用摄像头等进行建模，根据车辆模型过桥的模拟结果编制相应的管控措施，利用模型确定合理的监测位置。关于公路应力与应变检测，据平台中积累的资料，构建模拟模型，例如应力变化曲线模型，它能够与主体模型相结合，按照模拟结果编制相应的预防方案与方法。再如应变模型，根据模拟的时间点能够分析问题的根源。而对于各种突发问题，能够直接构建有关模拟模型，用来模拟现场情况，并确定科学合理的预防措施与方案。

（三）公路巡检与维护的应用

公路的检测具有非常重要的作用，该项工作一方面可以使用实时性检测的方法，另一方面，还应当辅人工巡检的方法。一般情况下，巡检主要涉及的类型包括：日常性养护、特殊性与周期性质量检查等。所以，公路施工中或许遗留这样那样的问题，同时，随着项目的投入使用，或许会导致构件的损坏问题，部分损坏甚至会对道路的通行情况造成负面作用，有时还会造成严重的事故，各种设备根本无法充分体现现场情况，因此，还须开展巡检工作。

大型的公路工程项目现场跨度往往非常大，同时还有大量项目要进行检查，包括排水管道、桥面是否受损及其严重性以及各种附属设施是否正常等。日常性的巡检涉及繁重的任务，必然要消耗许多人工，如果参与巡检的人工数量相对较少，那么就必然会消耗相对较长的巡检时间；反之则会减少时间消耗，并且还存在着人工缺乏的问题。上述各方面均将消耗很多成本。同时，如果检查时间太长，晚上或许会影响到工作的效果。部分大桥的有些部位，在设计或者施工阶段存在着问题，提供的人工登陆手段不足，导致人员不容易到达，同时还具有一定的危险，在人工检查过程中可能会发生事故。

定期巡检过程中，尤其是应当认真检测公路质量安全性，全面检查所有危险部位，绝不能留下空白地带，比如主梁跨中位置，往往是采用人眼、辅助以设备摄取影像来进行。人工往往不容易到达检查位置，有时候还必须借助于船只来进行。正是由于上述的一系列原因，使得检查工作消耗很长的时间，同时还充满了危险。

我们已经进入到一个崭新的信息时代，与此同时，公路检测设备有了很大的发展，业界人士推出了更多的信息获取方法，比如关于桥面的巡检，到现在为止，市面中推出了相应的车载扫描仪器。与此同时，巡检机器人开始引入小型场地的检查中，该设备的"眼睛"是摄像头能够自动对障碍物进行判断，能够实现异地控制，或者预先设定设备的检查路线，使其完成相应的巡检工作。现阶段，无人机巡检日益普及，尤其是在那些特大桥场景中，许多不容易到达的位置能够通过该设备来检查，该设备具有相对较高的速度，同时还有着良好的平稳性，由此就无须再靠人员攀爬的方法来进行检查，在很大程度上减少了时间的消耗。

  在巡检中引入该技术，基于运维管理平台中存储的信息资料，能够在第一时间利用 Internet 把公路主体的损害情况上报，平台按预先设置的规则显示，且建立相关档案。还能利用实景建模的方法，结合巡检结果构建病害部位模型，这样无须亲临现场就能够及时规划好应对方案。且基于 BIM 可视化的应用，结合实景和模型，编制完科学合理的养护方案以后，可对其中特殊节点的工艺进行模拟，为现场提供全面有效的指导，还能够及时对方案是否科学合理进行检验。关于后期经济效益的评估，BIM 技术由于平台和模型的统一性，能够得出比较准确的结果，以供参考。

参考文献

［1］王振峰，张丽，钱雨辰.公路工程招投标与合同管理［M］.武汉：华中科学技术大学出版社,2020.

［2］白会人.公路工程项目管理与成本核算［M］.哈尔滨：哈尔滨工业大学出版社,2015.

［3］王琨，庄传仪，刘晓红.公路工程经济分析与成本管理［M］.徐州：中国矿业大学出版社,2014.

［4］郝铭.公路工程施工技术与质量控制［M］.北京：北京工业大学出版社,2019.

［5］王秀敏，葛宁.公路工程施工组织与管理［M］.天津：天津大学出版社,2018.

［6］宋强.试论公路工程施工安全管理［J］.交通企业管理,2007(12):56.

［7］樊振杰.探析公路工程施工管理中的安全技术交底［J］.中国水运（下半月）,2011,11(04):123.

［8］任万鹏，王会芳，朱其涛.公路工程施工信息化管理应用的探索［J］.公路,2020,65(09):382-387.

［9］冯立滨，孙文侠.公路交通工程质量符合性检查工作现状及思考［J］.公路,2019,64(08):356-358.

［10］马海涛，姜云，王云海.公路工程安全生产危险源管理方法研究［J］.公路交通科技,2014,31(09):95-100+107.

［11］章玉全.路网改造施工中的安全管理与控制［J］.筑路机械与施工机械化,2010,27(06):58-61.

［12］田建.公路工程安全管理现状的评价及对策探讨[J].中外公路,2008,(04):246-248.

［13］王孝贤.公路工程安全管理现状的评价及对策［J］.建材发展导向,2022,20(08):181-183.

［14］孙德波.公路工程施工现场安全管理标准化建设与提升路径［J］.居

业,2022,(03):166-167+173.

[15] 曾磊,向崎,范东,等.公路工程安全管理双重预防体系与系统设计研究[J].中外公路,2021,41(03):398-403.

[16] 蔡萍.公路工程投标决策及投标技巧[J].工程技术研究,2021,6(23):96-99.

[17] 郑艳凤.公路工程施工招投标阶段的工程造价控制探讨[J].建设科技,2021(22):29-31.

[18] 张斌.公路工程项目中招投标管理的应用方法研究[J].交通世界,2021(24):155-156.

[19] 杨传萍.公路工程施工招投标阶段的造价管理探究[J].居舍,2021(16):148-149+155.

[20] 和洁琼.招标控制价对公路工程造价管理的价值[J].黑龙江交通科技,2021,44(05):217-218.

[21] 谢玥.公路工程招标投标工作中存在的问题[J].四川水泥,2021(03):222-223.

[22] 马晓平.公路工程招标控制价编制探析[J].城市建筑,2020,17(14):157-159.

[23] 张道龙.浅析公路工程投标中施工组织设计的编制[J].建材与装饰,2020(02):235-236.

[24] 梁晋霞.公路沥青混凝土路面施工技术[J].交通世界,2022(10):64-65.

[25] 周雁玲,曹大富,王琨,等.预应力混凝土连续梁桥施工过程中徐变效应分析[J].工业建筑,2022:1-10.

[26] 许明,文苑锋.高速公路交通工程施工目标管理模式探索[J].公路,2004(11):187-190.

[27] 王方平,殷颖.浅谈高速公路涵洞构造物工程的施工监理[J].公路,2003(1):148-150.

[28] 王俊田.浅谈公路工程施工项目经理的选择[J].公路,2001(5):91-92.

[29] 王俊蒲.公路工程土方施工机械组合设计的探讨[J].筑路机械与施工机械化,2007,24(3):51-52,58.

［30］陈永平.高速公路改扩建工程扩堑爆破施工技术［J］.筑路机械与施工机械化,2003,20(3):37-38.

［31］汪小平.关于公路工程施工成本控制的几点思考［J］.事业财会,2003(4):80.

［32］孙相军,高幸,吴唤群,等.公路工程施工管理中的资源配置及程序实现［J］.中外公路,2001,21(6):50-53.

［33］陈国娥.加强高速公路现场施工的工程质量管理［J］.四川理工学院学报(社会科学版),2005,20(3):61-62.

［34］沈冰,蒋文权.对高速公路施工中工程质量管理的几点思考［J］.重庆交通学院学报,2006,25(z1):119-121.

［35］白礼彪,张璐瑶,孙怡晨,等.公路工程项目组合施工进度风险防范策略［J］.中国公路学报,2021,34(9):203-214.

［36］刘飞.公路工程施工质量管理系统研究［J］.中南公路工程,2006,31(6):93-95.

［37］尹如军,蔡健,梁谋智.公路工程施工机械的组织与管理［J］.筑路机械与施工机械化,2000（04）:47-49.

［38］余常俊.高速公路拓宽工程的安全施工技术［J］.公路,2004(1):130-135.

［39］程强,谢建明,孙振堂.成南高速公路高边坡工程信息化施工［J］.公路,2004(6):13-17.

［40］宋波.公路工程施工生态环境保护管理思路分析［J］.中国住宅设施,2021(08):11-12.

［41］马海龙,赵永辉,陈宝光,等.公路工程管理信息化与云平台的研究及应用［J］.广东交通职业技术学院学报,2020,19(04):6-9.

［42］何锋.基于BIM技术公路工程管理中的研究与应用［D］.西安:长安大学,2019:13-53.

［43］任恩旗.公路施工企业成本管理存在的问题及对策研究［J］.建筑经济,2021,42(2):26-28.

［44］王佳宇.高速公路竣工验收环境影响调查方法初探［J］.低碳世界,2018(01):279.

[45]曹长剑,刘建军,尹岩.浅析道路竣工验收中的安全审核[J].公路,2011(12):136.

[46]宋金美.新形势下公路运输经济发展路径探究[J].中国商论,2021(16):111.

[47]赵顺清,孙辉.BIM＋在公路工程项目管理中的应用研究[J].公路,2020,65(09):231.

[48]金拴仙.浅议如何加强公路工程预算管理[J].商品与质量,2015(13):55.

[49]张志明.价值工程责任成本管理在公路工程中的应用研究[J].建材与装饰,2018(30):209.

[50]杜红云,陈晓明.公路工程施工项目成本管理探讨[J].价格月刊,2008(8):84-86.

[51]刘展雄.谈公路工程成本管理和控制[J].会计之友,2007(16):35-36.

[52]宋国玺.基于精细化理念的公路工程施工管理模式探析[J].中国经贸导刊,2017(17):51-52.